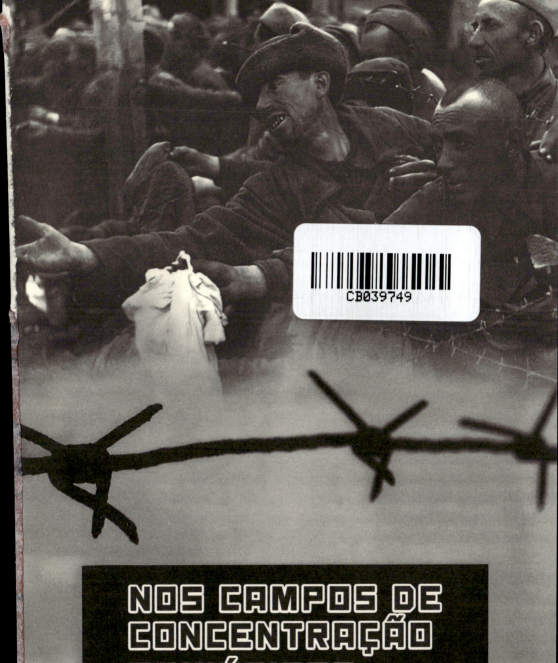

NOS CAMPOS DE CONCENTRAÇÃO SOVIÉTICOS

RELATO DE UM PRISIONEIRO

NOS CAMPOS DE CONCENTRAÇÃO SOVIÉTICOS

RELATO DE UM PRISIONEIRO

VLADIMIR V. TCHERNAVIN

Tradução:
Fábio Alberti

COPYRIGHT © FARO EDITORIAL, 2022
Todos os direitos reservados.
Nenhuma parte deste livro pode ser reproduzida sob quaisquer meios existentes sem autorização por escrito do editor.

Diretor editorial **PEDRO ALMEIDA**
Coordenação editorial **CARLA SACRATO**
Preparação **VALQUIRIA DELLA POZZA**
Imagem de capa **LEBRECHT | ALAMY STOCK PHOTO**
Imagens internas **DOMÍNIO PÚBLICO**

Avis Rara é um selo de Ciências Sociais da Faro Editorial.

Dados Internacionais de Catalogação na Publicação (CIP)
Jéssica de Oliveira Molinari CRB-8/9852

Tchernavin, Vladimir V.
    Nos campos de Concentração Soviéticos: Relato de um Prisioneiro / Vladimir V. Tchernavin. — São Paulo : Faro Editorial, 2022.
    352 p.

    ISBN 978-65-5957-164-2
    Título original: I speak for the silent : prisoners of the Soviets

    1. União Soviética - História — Revolução, 1917-1921 2. Prisioneiros políticos 3. Comunismo 4. KGB I. Título II. Drummond, Regina

22-1415   CDD 947.084

Índice para catálogo sistemático:
1. União Soviética - História — Revolução, 1917-1921

1ª edição brasileira: 2022
Direitos de edição em língua portuguesa, para o Brasil, adquiridos por FARO EDITORIAL

Avenida Andrômeda, 885 – Sala 310
Alphaville – Barueri – SP – Brasil
CEP: 06473-000
www.faroeditorial.com.br

SUMÁRIO

Apresentação   7

Parte 1 — Nós Somos Trabalhadores em Murmansk

Capítulo 1 — "Abra! É o GPU!"   15
Capítulo 2 — Pescarias no Extremo Norte   21
Capítulo 3 — Planos de Cinco Anos para a Pesca   31
Capítulo 4 — "Um Milhão e Meio de Toneladas"   39
Capítulo 5 — Trabalho Forçado   47
Capítulo 6 — Face a Face com o GPU   57
Capítulo 7 — Rumo a Moscou   67
Capítulo 8 — Os Corvos Negros Avançam   75
Capítulo 9 — 48 Execuções   83
Capítulo 10 — Os Verdadeiros Sabotadores da Rússia   91

Parte 2 — Nós Somos Prisioneiros em Leningrado

Capítulo 11 — Prisão   97
Capítulo 12 — Cela 22   101
Capítulo 13 — "Você Será o Número 49"   105
Capítulo 14 — Bandidos Têm Direitos   113
Capítulo 15 — Segundo Interrogatório   119
Capítulo 16 — A Vida na Prisão   125
Capítulo 17 — Velhos e Jovens   133
Capítulo 18 — Padres, Trabalhadores e Poetas   141
Capítulo 19 — Gepeístas, Espiões e Estrangeiros   149
Capítulo 20 — Uma Bala na Cabeça   155
Capítulo 21 — "Jamais Confie no Interrogador"   163
Capítulo 22 — "Beco Tairoff"   169
Capítulo 23 — Novelistas   177
Capítulo 24 — Uma Doença que Se Alastra   183
Capítulo 25 — Transferidos para Kresti   187

Capítulo 26 — "Isso Não É Julgamento"   191

Capítulo 27 — Tortura na Cela dos Piolhos   197

Capítulo 28 — O "Comboio"   203

Capítulo 29 — Dinamite e Imaginação   207

Capítulo 30 — A Cela da Morte   215

Capítulo 31 — Meu Filho Traz uma Mensagem   223

Parte 3 — Nós Somos Condenados de Solovki

Capítulo 32 — O Trem dos Condenados   229

Capítulo 33 — "Bem-vindo à Prisão de Solovki"   235

Capítulo 34 — Trabalhos Forçados: Madeira   245

Capítulo 35 — O Símbolo do Elefante   251

Capítulo 36 — Veguerashka   257

Capítulo 37 — Admitido para o Trabalho   261

Capítulo 38 — Trabalho Escravo e Grandes Empresas:
um Estado dentro do Estado   267

Capítulo 39 — Guardas – Espiões – Educadores   277

Capítulo 40 — Os Três Pilares de Solovki   283

Capítulo 41 — A Pena Prossegue   291

Capítulo 42 — Que Preço Paga um Fugitivo?   299

Capítulo 43 — Explorando o Terreno   307

Capítulo 44 — Vendido: um Condenado   317

Capítulo 45 — Preparando a Fuga   323

Capítulo 46 — Liberdade ou Morte   331

Notas — 345

APRESENTAÇÃO

O socialismo soviético é uma daquelas épocas tão monstruosas, tão monumentais em seu sadismo e crueldade, que uma descrição geral de sua realidade não satisfaz a compreensão: é preciso ter contato com o relato pessoal, ler as histórias em primeira pessoa, ouvir o testemunho de quem vivenciou e (eventualmente) sobreviveu ao terror. Só assim podemos sentir a fome e o desespero diário, sofrer a perseguição e a prisão arbitrária, ser deportados ao gulag e vislumbrar, ao lado das vítimas, a miséria humanitária e espiritual a que o socialismo as condenou. E só assim podemos compreender também as estratégias de sobrevivência, as técnicas para manutenção da sanidade, os resquícios de solidariedade e senso de humor daqueles que se mantinham humanos em meio ao inferno da utopia.

Vladimir Tchernavin apresenta-nos essa realidade com maestria; a sua escrita corre como um bom filme, com aventura, suspense e análises de excepcional clareza, como numa mistura de documentário e *thriller* em que logo nos vemos ao lado do protagonista, sofrendo com ele e torcendo pelo sucesso de seus planos de fuga.

Tchernavin era um ictiólogo, um cientista especialista em peixes, que até cerca de 1929 pôde viver em paz, pois a companhia de pesca em que trabalhava ainda conseguia manter alguma autonomia institucional. Mas, com o fracasso da coletivização da produção agrícola, o governo central soviético recorreu à produção de pescado como uma possível solução para a penúria dos centros urbanos; e foi assim que a companhia de Tchernavin passou a receber uma série de ordens irracionais e metas completamente inatingíveis, evidenciando todo o arbítrio e todo o caos decorrentes da ilusão do planejamento central da economia.

Os diálogos e demais ocorrências do dia a dia recontados por Tchernavin comunicam o desespero de quem se vê obrigado a conviver com a natureza distópica da burocracia soviética. Muitos temiam criticar as metas absurdas com medo de serem acusados de "sabotagem", enquanto outros temiam até mesmo comparecer a um evento em que uma opinião desfavorável fosse apresentada. Se o planejamento central da economia dava errado e a população continuava na miséria, a culpa somente poderia ser da conspiração de sabotadores inimigos do proletariado; a própria ideia do planejamento central, a ideia fantasiosa e desumana do controle global do sistema produtivo, jamais era questionada. Com o tempo, a sua própria companhia tornou-se alvo do regime, e muitos de seus colegas foram presos e executados.

Tchernavin também foi preso, e aqui o livro adentra o mundo do aparato soviético. De modo a aumentar a pressão sobre ele e forçar uma confissão, o governo soviético prendeu Tatiana, sua esposa. Em 1931 Tchernavin foi condenado ao campo de concentração de Solovki, com uma pena de cinco anos, e, por meio de seus escritos, temos uma das primeiras descrições do gulag, de seu funcionamento interno, de sua lógica política e econômica.

O livro detalha também a engenhosidade empreendida por Tchernavin para executar seu plano de fuga para a Finlândia, junto com a esposa e o filho. Fato marcante aqui é a sua preocupação com a possibilidade de encontrar algum ser humano durante a fuga, pois certamente a sua família seria denunciada, dada a existência de recompensas a quem ajudasse a encontrar fugitivos. O fato demonstra o que muitos já apontaram antes: a utopia socialista não representou apenas um fracasso de ordem econômica, mas também de ordem moral, um fracasso do espírito, destruindo os laços básicos de humanidade e solidariedade que lastreiam qualquer sociedade minimamente saudável.

O testemunho épico deste autor é conhecido e citado em obras clássicas, como no monumental documentário *Gulag* (1999), de Angus Macqueen (que entrevista Andrei Tchernavin, o filho de Vladimir e Tatiana Tchernavin) e no livro *Gulag: A History*, de Anne Applebaum. Mas a primeira vez que ouvi falar do livro de Tchernavin foi em *Witness*, de Whittaker Chambers, uma autobiografia de um dos grandes personagens do comunismo no século XX.

Whittaker Chambers foi um dos principais líderes comunistas dos Estados Unidos, chegando inclusive a atuar como espião soviético nos anos 1930. Desiludido com a real natureza do regime, Chambers acabou se tornando um ativo opositor do comunismo (suas denúncias contra a rede de espionagem nos EUA culminaram no julgamento do chamado caso Hiss). Em *Witness*, Chambers conta como o livro de Tchernavin foi fundamental para a sua mudança de opinião; muito embora ele já houvesse começado a duvidar da pureza do comunismo, o livro o ajudou a entender a realidade dos fatos e, como ele diz com lirismo, a escutar os gritos dos inocentes em meio à ausência de voz daqueles escravizados e aprisionados em nome da irrealizável utopia proletária.

Este relato é uma aventura épica de sobrevivência ao socialismo; mas é também uma declaração de amor à liberdade, um testemunho de quem decidiu lutar e manter as esperanças mesmo em meio à violência mais cruel, ao mais tirânico dos regimes, à mais injusta das circunstâncias. Deve-se reconhecer que essa é, pelo menos, uma história feliz que o comunismo foi capaz de produzir: a história de quem se livra de suas amarras e logra fugir para uma terra em que o homem é dono de sua própria vida, e não mero instrumento dos que insistem em incluir a vida alheia em seus devaneios. Tchernavin conseguiu alcançar a única utopia possível em um país comunista: a fuga com a família para uma terra com liberdade.

GUSTAVO MAULTASCH é diplomata e Ph.D. em administração pública pela Universidade de Illinois-Chicago. Foi Network Fellow do Centro de Ética de Harvard (2013-2014). Seu livro sobre liberdade de expressão será lançado pelo selo Avis Rara, da Faro Editorial.

AO LEITOR

Eu conto a minha própria história porque acredito que apenas dessa maneira poderei cumprir a obrigação moral que um destino generoso me impôs quando me ajudou a escapar do terror soviético — o dever de falar por aqueles cujas vozes não podem ser ouvidas. Em silêncio eles são enviados aos campos de concentração na condição de prisioneiros; em silêncio eles são torturados e mortos por balas soviéticas.

Nada neste livro é inventado, e eu mantenho cada uma das afirmações que fiz. Em alguns casos, a fim de proteger certas pessoas, fui obrigado a ocultar a identidade delas; mas indiquei esse fato em cada caso específico. Todas as pessoas que descrevo aqui são reais, e tudo, até o detalhe mais insignificante, é verdadeiro.

Este livro contém a narrativa do que acontece com um cientista russo sob o regime soviético. Mais que isso, é a história de muitas — se não a maioria — das pessoas da área da educação na União Soviética nos dias de hoje.

Enquanto você lê, peço que tenha em mente que eu falo a respeito de mim mesmo apenas porque isso me permite contar a história de outros. Leve em consideração também que na União Soviética pessoas inocentes ainda são julgadas por "sabotagem", e que homens instruídos ainda são forçados, por meio de tortura, a "confessar" crimes que nunca cometeram.

Lembre-se também de que milhares de homens e mulheres russos instruídos ainda padecem nas celas imundas das prisões do GPU e em barracas frias dos campos de concentração, vestidos em andrajos e famintos, sucumbindo à exaustão em meio aos infortúnios da mais desumana escravidão.

VLADIMIR V. TCHERNAVIN
Dezembro de 1934

PARTE 1

NÓS SOMOS TRABALHADORES EM MURMANSK

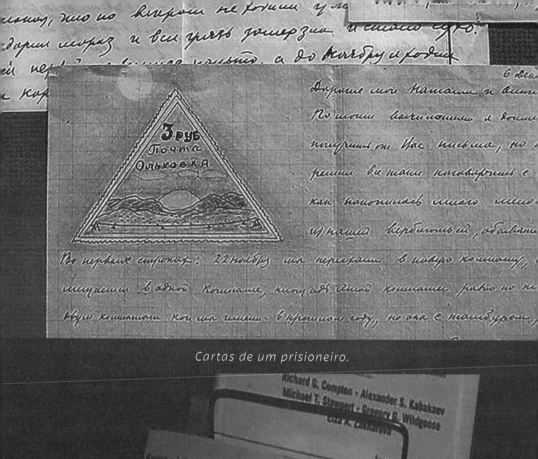

Cartas de um prisioneiro.

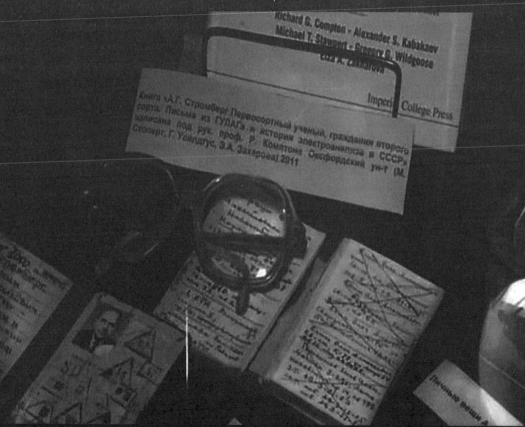

Exibição de pertences e cartas de um prisioneiro de um gulag.

CAPÍTULO 1

"ABRA! É O GPU!"

Eu não conseguia dormir. Era uma noite no fim de março em Murmansk, muito além do Círculo Polar Ártico. O vento uivava do lado de fora do meu alojamento — um quarto e uma cozinha minúsculo — e uma corda congelada, que servia de varal para pendurar a roupa, batia contra a parede de madeira da casa. A aurora boreal brincava no céu, e como que em resposta os fios elétricos emitiam ruídos, ora um zumbido baixo, ora o barulho de uma sirene de navio a vapor. Minha mulher e meu filho pequeno estavam em nossa casa em Leningrado, e como de hábito eu passava a noite sozinho em meu quarto. Não era uma moradia bonita de ver: a mobília se resumia em duas mesas, três cadeiras, uma estante de livros e um sofá.

No sofá, que me servia de cama, eu tentava dormir. Subitamente escutei um ruído na casa e alguns passos. Imaginei que algo havia acontecido no porto e os marinheiros tivessem vindo à procura do assistente do administrador da frota pesqueira. O pobre homem não tinha um instante de paz, nem de dia nem de noite. Apurei os ouvidos e prestei atenção. Sim, estavam batendo na porta dele.

As batidas cessaram. Duas horas depois começaram a bater vigorosamente na minha porta. Odiei a ideia de ter de me levantar. Pensei que fosse algum engano. Talvez um marinheiro bêbado batendo na porta errada. As batidas continuaram. Levantei-me do sofá e fui até a porta sem vestir nada sobre as minhas roupas de dormir.

— Quem está aí? — perguntei.

— Abra! — alguém ordenou.

— Quem é você e o que quer?

— Abra!

— Que absurdo é esse? Está tentando entrar na casa de uma pessoa às duas da manhã! Quem é você e o que quer?

— Abra logo de uma vez! É o GPU.

GPU são as iniciais da expressão em russo que significa Diretório Político do Estado, uma organização soviética da polícia política secreta que substituiu a polícia secreta conhecida como Tcheka (e antecedeu a KGB). Embora similar em alguns aspectos ao serviço secreto de outras nações europeias, o GPU tem funções muito mais abrangentes no que diz respeito à jurisdição e também à administração do poder na URSS. GPU é uma forma abreviada da sigla oficial OGPU, ou Diretório Político do Estado Central; embora seja habitualmente usada em referência ao OGPU, GPU é a sigla correta para designar as ramificações dessa organização nas províncias, que frequentemente atuam como unidades inteiramente independentes. O GPU diz respeito ao escritório central dessa organização em Moscou, e é a sigla usada em todas as ordens e comunicados oficiais que vêm de lá, e em discursos, quando se deseja uma nota de autoridade.

— Ah! Nesse caso, entrem, por favor. Se vocês tivessem dito isso antes, eu não os teria feito esperar.

Três homens entraram. Dois usavam o uniforme militar do GPU e portavam revólveres, e o terceiro, um membro do Exército vermelho, tinha um rifle. E lá estava eu diante deles, de camiseta e chinelos.

— Você tem armas de fogo? — eles me perguntaram.

— Não.

Não consegui reprimir um sorriso. Como eu poderia esconder armas de fogo sob uma camiseta?

Deixei que me revistassem, depois me vesti e me sentei numa cadeira no meio da sala. O soldado da Guarda Vermelha ficou encostado na porta, enquanto os agentes do GPU começaram a vascular as minhas coisas. Eu os observei. O que eles estariam procurando? Os homens reviraram tudo o que havia na minha mesa, que estava atulhada de manuscritos e anotações que eles não poderiam entender. Estranhamente, voltaram a colocar tudo no lugar com algum cuidado; parecia que os meus documentos não interessavam a eles. Então remexeram nos meus artigos de vestuário e tiraram todas as cinzas do fogão. Eu me perguntei o que eles esperavam encontrar escondido num fogão que ainda estava quente.

Eles reviraram a minha cama e também verificaram cada um dos livros. Em minha estante havia vários sacos pequenos de aveia e açúcar do armazém da cooperativa. Eles esvaziaram os sacos cuidadosamente e examinaram o conteúdo.

Mas o que eles procuravam, afinal? Já fazia horas que estavam nisso, entregues à tarefa de revistar um quarto pequeno onde não havia praticamente nada. Nem mesmo tinham lido os meus papéis. A coisa toda começou a ficar cansativa, e eu parei de observá-los. Ocorreu-me que se eles me prendessem agora e começassem a me arrastar de uma prisão para outra, minha mulher não saberia o que havia acontecido comigo, pois eu não poderia avisá-la, e ela ficaria ansiosa e angustiada. Por fim, um dos homens se voltou para mim e me perguntou se eu tinha um machado.

— Para quê?

— Vamos ter que arrancar o assoalho — ele respondeu friamente.

Isso me deixou perplexo. Era estranho entrarem na casa de um cientista no meio da noite, vasculharem sacos de açúcar em busca de alguma coisa, tirarem cinzas do fogão e, como se não bastasse tudo isso, destruírem o chão de uma habitação que pertencia ao governo.

— Sim, eu tenho um machado — respondi, e fui pegá-lo na cozinha.

Porém agora, para a minha surpresa, a energia deles parecia ter se esgotado. Depois de confabularem por alguns minutos, decidiram poupar o assoalho. O espetáculo chegara ao fim. Os homens preencheram uma declaração atestando que nada de incriminador havia sido encontrado durante a busca, e então partiram. E eu não fui preso, afinal. Por que realizaram todo esse procedimento na minha casa? Eu não fazia a menor ideia.

Já eram seis da manhã. O que eu deveria fazer? Agora que eles haviam se retirado, eu fiquei nervoso e zangado.

— Idiotas! — gritei. Quem poderia saber o que procuravam? Que comédia estúpida!

Eu já não tinha mais sono, mas me sentia agitado depois de passar a noite sem dormir. Sentia que precisava de uma bebida. Procurei vodca na minha estante, mas havia acabado, então acendi o meu fogão de acampamento para preparar um pouco de chá. Enquanto eu fazia isso, o meu vizinho do lado bateu à minha porta levemente.

— Você não está dormindo? Posso entrar?

— Sim, claro! Entre! É um prazer vê-lo. Eu só estava fazendo um pouco de chá. Estou quase congelando e não tenho nenhuma vodca.

— Vou buscar um pouco de vodca, então. Eu também gostaria de uma bebida. Não dormi a noite inteira.

NOS CAMPOS DE CONCENTRAÇÃO SOVIÉTICOS

Quando ele voltou, trouxe uma garrafa já bastante vazia.

— Isso mal basta para duas pessoas, mas é só o que tenho — ele disse.

— É o suficiente. Você vai ter de me desculpar, não tenho nada a lhe oferecer para acompanhar a bebida.

— Nós não precisamos de nada. Vamos beber como se bebe em Murmansk, com "língua salgada" como aperitivo.

Em Murmansk, mantimentos eram muito escassos e difíceis de obter. Quando não tinham mais nada, os habitantes colocavam uma pitada de sal na língua depois de beber e faziam piada com isso dizendo que estavam comendo língua salgada com sua vodca.

Depois de bebermos a vodca e o chá quente, ficamos mais aquecidos e calmos.

— Eu tive visitantes esta noite — meu vizinho disse, olhando para mim de modo significativo.

— Eu também — respondi. — Eles ficaram aqui cerca de quatro horas, e acabaram de sair. Veja a bagunça que deixaram.

— Todos receberam a visita deles, a não ser o Daniloff; acho que o deixaram em paz porque ele é comunista. Você conhece o meu alojamento — não há nada lá a não ser uma cama e um banco, daí eles quebraram o piso. Eles levaram o meu relógio de prata. Eu comprei o relógio em 1910 na Noruega. Levaram **um suéter velho** do Vasily Ivanovitch e um par de meias da esposa dele, alegando que essas coisas eram contrabando. Ele estava assustado demais para protestar, mas a mulher dele tentou argumentar, dizendo que as coisas não eram contrabando — que ela havia comprado as meias um ano atrás num leilão na alfândega, e que o seu marido havia herdado o suéter. Mesmo assim, eles levaram as coisas. Entregaram-me um recibo pelo meu relógio. Você acha... que eu posso me meter em encrenca por causa disso? Todo mundo aqui sabe que eu já tinha esse relógio desde antes da guerra.

Eu me senti melhor depois de ouvir essa história. Talvez aqueles homens estivessem apenas buscando evidências de contrabando, afinal. É claro que foi uma ação revoltante e estúpida; mas nós vivíamos perto de um porto onde navios estrangeiros atracavam, trazendo carvão e sal, por isso havia a possibilidade de contrabando. E a batida policial foi muito estranha. Eles não levaram um único documento e mal espiaram os manuscritos sobre a minha mesa. Ah, a eterna desconfiança soviética!

Infelizmente, algumas horas mais tarde eu soube que havia sido otimista demais. Scherbakoff, criador da companhia de pesca que recebeu o nome de Companhia Estatal de Pesca do Norte, e Krotoff, membro do Conselho de Administração dessa companhia e administrador da frota pesqueira — ambos colegas meus aqui em Murmansk — haviam sido presos durante a noite. As casas de todos os funcionários não comunistas da companhia, independentemente do seu tempo de serviço, foram revistadas e na maioria dos casos os homens do GPU se mostraram bastante rudes; em dois lugares eles haviam arrebentado o piso.

Estava claro que o GPU de Murmansk se preparava para um grande "caso". O esmero na busca e a destruição de assoalhos destinavam-se a mostrar que o GPU tinha fortes evidências contra as pessoas cujas casas foram revistadas. O grande número de batidas policiais indicava que toda a nossa organização seria atingida. A prisão dos líderes da companhia provava que o GPU estava à procura de algo grande. Todos na URSS sabem que qualquer pessoa pode ser jogada na prisão mesmo sendo inocente; assim, todos nós vivíamos com o mesmo temor em mente — quando nossa vez vai chegar? Tal atitude tendia, sem sombra de dúvida, a minar a eficiência do nosso trabalho. Nós tínhamos a tênue esperança — ou, mais precisamente, nos convencíamos de que havia essa esperança — de que essas batidas e prisões fossem iniciativa apenas do GPU de Murmansk, e que quando Moscou se inteirasse do caso ordenaria o fim dessas ações, para que não prejudicasse seriamente as operações na indústria da pesca.

No momento, entretanto, O GPU não dava trégua. Um a um, todos os funcionários da nossa empresa — a Companhia Estatal de Pesca do Norte, da qual eu era diretor de pesquisa — foram interrogados e, apesar de terem sido obrigados a manter sigilo a respeito do assunto tratado no interrogatório, sob pena de reclusão no campo de concentração de Solovki caso esse sigilo fosse quebrado, as notícias se espalharam rapidamente.

Dessa maneira, em poucos dias todos já sabiam que o GPU procurava provas de atividade de "sabotagem".

CAPÍTULO 2

PESCARIAS NO EXTREMO NORTE

Antes que eu continue a contar o que aconteceu depois da estranha busca noite adentro e da prisão dos meus dois amigos, Scherbakoff e Krotoff, em Murmansk, permitam que eu explique, da maneira mais simples possível, como eu e as pessoas que trabalhavam comigo fomos escalados para um posto avançado num local tão distante da civilização, e como o nosso próprio trabalho — pelo qual nós dispendíamos esforços incansáveis e conscienciosos —, no fim das contas (mas não por nossa culpa), acabaria trazendo apenas miséria e tormento a nós mesmos e à nossa família.

Tecnicamente, e de acordo com muitos questionários aos quais tive de responder durante o tempo em que vivi na URSS, eu pertenço à nobreza. Para o governo soviético, isso significa que eu sou um inimigo de classe, mas — como costuma acontecer na nobreza russa — nem eu nem meus pais possuímos nenhum dinheiro ou propriedade que não tenham sido adquiridos por meio de nosso próprio esforço e trabalho honesto. Eu tinha quinze anos quando o meu pai faleceu. Tive uma irmã mais velha e quatro irmãos mais novos; o mais novo era uma criança de três anos. Uma vida de privações e incertezas nos aguardava.

Quando eu era bem jovem, consegui me juntar à expedição do famoso explorador de Altai e da Mongólia, V. V. Sapojnikoff, na função de zoólogo coletor de espécies. Com ele, eu tive o primeiro contato com a natureza selvagem, e muitas vezes visitei lugares que ainda nem figuravam nos mapas. Em um certo verão, nós percorremos um território sem estradas a cavalo por mais de 2 mil quilômetros. Esse foi o início do meu trabalho de exploração, que eu mais tarde continuei a realizar de maneira independente. Durante algum tempo atuei como zoólogo nessas expedições, até que passei a liderar uma série de expedições científicas às Montanhas Altai e Sayanskii, à Mongólia, às Montanhas Tian-Shan, a Amur, região de Ussurisk na fronteira da Sibéria com a Manchúria, e à Lapônia.

Eu acreditava que o estudo regular era desnecessário e que poderia ter sucesso sem ele. Já ganhava a vida desde muito jovem e estava envolvido em várias atividades, tais como preparação de materiais científicos e esboço de gráficos de anatomia. A necessidade de ganhar mais dinheiro me levou a pensar em estudar ictiologia – a ciência dos peixes –, um assunto que me parecia ter ampla aplicação prática. Dessa forma, empenhei-me em obter conhecimento acerca do mar e me tornei exímio no uso de remos e velas. Mas por fim eu percebi que o trabalho especializado no qual eu desejava me engajar exigia treinamento técnico, e então ingressei na universidade. A guerra interrompeu os meus estudos, e, quando retornei à vida privada, eu estava incapacitado, inválido. No início cheguei a pensar que nunca mais recuperaria a saúde, mas, depois de um ano, consegui deixar de lado as minhas muletas e, embora ainda mancasse, participei de uma expedição científica rumo à região de Amur.

Mais tarde recebi um diploma da universidade e me foi oferecido um emprego estável. Pouco tempo depois, porém, a Revolução interrompeu o curso normal da minha vida, e a instituição onde eu trabalhava foi fechada pelos bolcheviques. Mas não perdi nada na Revolução, pois, como muitos outros, eu não tinha nada a perder.

Durante a desorganização geral que se seguiu à reviravolta na Rússia – quando a fome e o frio foram um infortúnio a ser enfrentado não apenas por mim, mas também por minha mulher e pelo terceiro e mais novo membro da nossa família, que necessitava de calor e de leite – eu tive vários empregos, e todos seriam considerados de alto nível no mundo "capitalista" e me permitiriam oferecer à minha família uma vida confortável. Mas na URSS o único emprego que me permitia um rendimento razoável era um curso que eu ministrava no Instituto de Agricultura. Eu me candidatei a esse trabalho porque ele me garantia uma garrafa de leite por dia; e às vezes os professores desse Instituto recebiam algumas beterrabas e um pouco de farinha e aveia que integravam a ração do gado pertencente ao Instituto.

Apesar da fome e do frio, durante aquele inverno eu consegui terminar a minha tese e receber meu diploma. Tendo o meu trabalho acadêmico chegado ao fim, concordei em participar de uma expedição à Lapônia, organizada pelo "abastado" Conselho Supremo da Economia Popular. Antes do início da viagem, tentei obter quinze quilos de sal, em vez dos milhões de rublos que eu deveria receber pelos três meses de duração da expedição. Minha família poderia trocar esse sal nas aldeias por batatas e leite. Meu pedido foi rejeitado, com a justificativa de que não havia sal em "tão grande quantidade". Ainda assim eu tomei parte na expedição, pois isso era do meu interesse.

A jornada até o nosso destino — uma distância de 1100 quilômetros — se deu em meio a um clima gelado, dentro de um vagão de carga sem aquecimento cheio de pessoas e de bagagem, e levou catorze dias. Nesses vagões, a morte era uma ocorrência normal entre os passageiros. As condições da nossa expedição eram muito difíceis, mas mesmo assim nós prosseguimos com o nosso trabalho com o mesmo zelo e empenho que costumávamos mostrar antes da Revolução, quando jamais nos submeteríamos a situações tão penosas. Os bolcheviques tinham todos os motivos para se convencerem de que os intelectuais russos estavam trabalhando de maneira cuidadosa e honesta. Novas descobertas de grande importância, e das quais os bolcheviques se gabavam constantemente, eram feitas por cientistas russos sob as condições mais adversas. Mas, durante o trabalho de pesquisa, nenhum dos homens do Partido Comunista jamais ajudou em nada. Eles só apareciam quando e onde havia a possibilidade de obter vantagem para a carreira deles.

Em 1921, quando Lenin declarou uma trégua — a NPE (Nova Política Econômica) —, a vida mudou com incrível rapidez. O país começou a prosperar. Comida e roupas tornaram-se mais acessíveis. As pessoas agora podiam comprar madeira não apenas para usá-la como lenha, mas também para reparos e consertos. Os serviços de iluminação elétrica foram retomados, bem como os serviços de bonde e táxi. A vida estava retornando ao seu aspecto "burguês" sob a liderança dos próprios bolcheviques. Eles adotaram um novo lema: "Um comunista deve ser um industrial e um investidor".

Mas o que os intelectuais e os cientistas ganharam com essa mudança? Suas condições de vida melhoraram, de modo geral, mas nada que se comparasse aos avanços no padrão de vida de outras classes da população. A cruzada em prol da economia afetou diretamente e de maneira mais dura todas as instituições científicas e educacionais. Os fundos destinados a elas eram tão mirrados que qualquer datilógrafo que trabalhasse no comércio ou na indústria era mais bem pago do que professores e cientistas experientes. Ao mesmo tempo, devido aos contínuos aumentos nos preços de aluguel, transporte urbano e ferroviário e tarifas de correio, bem como de itens de consumo

NOS CAMPOS DE CONCENTRAÇÃO SOVIÉTICOS

essenciais, tornava-se extremamente difícil a vida para cientistas que não eram vinculados a nenhuma organização industrial.

Apesar dessas adversidades de cunho material, os cientistas russos continuavam a trabalhar como antes. Nessa época, contudo, os bolcheviques, que haviam se fortalecido com o advento da NPE, começaram a perseguir com vigor todo e qualquer trabalho teórico que, de acordo com o seu julgamento, estivesse em desacordo com as teorias marxistas. Eu percebi que o meu trabalho teórico e científico havia chegado a um impasse. Eu me sentia como que diante de um muro intransponível. A vida era difícil. A carreira que eu havia escolhido quando ainda era muito jovem, e à qual havia me dedicado de modo tão obstinado e persistente, parecia estar com os dias contados. Eu teria de desistir do trabalho puramente científico — durante algum tempo, pelo menos — e buscar algo mais prático.

No início de 1925, época particularmente próspera para a NPE, foi-me oferecido o cargo de diretor de produção e pesquisa da Companhia Estatal de Pesca do Norte, a organização estatal que havia sido criada para cuidar do negócio de pesca da região no Oceano Ártico. Eu aceitei essa oferta na esperança de ter uma oportunidade de retornar ao trabalho de pesquisa. De fato, após algum tempo *consegui* deixar o setor de produção e organizar em Murmansk um laboratório biológico e tecnológico.

O trabalho da Companhia Estatal de Pesca do Norte era realizado na parte do Oceano Ártico denominada Mar de Barents, cujas praias são em sua maior parte território russo: a costa de Murman da Península de Kola, a Península de Kanin e a costa da Lapônia continental. Áreas de pesca russas existiam na região desde o século XVI, mas as condições de vida eram tão duras que cerca de 500 famílias apenas haviam se estabelecido na costa de Murman como colonos; outros pescadores iam para lá apenas na temporada de pesca.

A costa de Murman é excepcionalmente rude. Suas rochas de granito declinam em degraus íngremes e descem abruptamente direto para o oceano. Quase não possui vegetação, apenas os despenhadeiros protegidos do vento são escassamente cobertos com grama e, eventualmente, pequenos salgueiros polares e bétulas anãs. No restante da região, a única vegetação que se vê são musgo e trepadeiras. Pedaços de neve permanecem na praia durante o verão. O oceano, contudo, jamais congela, e em temperaturas de 50 graus abaixo de zero ou mais, a água negra e o gelo flutuante são cobertos por uma densa névoa branca. No inverno, o sol não nasce. Os assentamentos dos

PESCARIAS NO EXTREMO NORTE

"colonos" são feitos em locais protegidos da ação dos ventos, como enseadas profundas, ou construídos como ninhos de pássaros nas montanhas acima do nível da maré, que às vezes alcança a altura de 5 metros. A algumas dessas habitações só é possível chegar com o auxílio de uma escada de madeira – com uma das extremidades apoiada em barcos flutuantes e a outra alcançando a entrada das cabanas castigadas pelo vento e pela chuva.

Os colonos ganhavam a vida pescando, e eles, assim como os homens que apareciam na região apenas na temporada de pesca do verão, usavam os métodos primitivos que seus ancestrais empregavam três ou quatro séculos atrás – os mesmos toscos e perigosos barcos a remo, espinhéis (ganchos enfileirados numa linha com pequenos peixes como isca para atrair o bacalhau), pescaria com linha de mão, com peso, gancho e isca de peixe de metal. Com semelhante equipamento, é óbvio que a pesca só podia ocorrer próximo da praia e dependia inteiramente do clima e da aproximação de peixes de águas profundas.

Tentativas de adotar métodos mais modernos e de chegar mais longe em mar aberto foram feitas antes da guerra, mas fracassaram devido à insuficiência de capital. Antes da guerra, estavam em atividade no Mar de Barents apenas quatro navios de pesca de arrasto russos.

Depois da Revolução, e antes da chegada dos Vermelhos a Arcangel, uma companhia de pesca havia sido formada pelo industrial Bezzubikoff com a participação dos sindicatos. Doze barcos pesqueiros foram adquiridos do governo e remodelados para ser usados na atividade de pesca, mas, quando mal haviam iniciado suas operações, a companhia teve de parar em virtude da chegada dos Vermelhos. Esses pesqueiros e suas instalações perto de Arcangel tornaram-se, então, a base da organização de pesca do Estado Soviético no Norte.

Apesar de ter começado a operar com uma empresa já estruturada, esse empreendimento estatal enfrentou grandes dificuldades nos seus primeiros anos. Os sovietes, ou conselhos operários, de Murmansk e de Arcangel se encontravam quase em guerra aberta uns contra os outros. Era uma grande confusão, em razão do então vigente "poder de governo aos sovietes locais". Como a base dos barcos pesqueiros era em Arcangel (um porto que ficava coberto de gelo sete meses por ano), a empresa inteira era considerada propriedade de Arcangel, e as autoridades de Murmansk não permitiam que os navios pesqueiros entrassem em seus portos, que ficavam abertos o ano inteiro. Dessa maneira, os pesqueiros só podiam operar cinco meses por ano.

Todas as ordens, ameaças e argumentos do "Centro" foram completamente inúteis. Só em 1924 que as facções beligerantes se uniram a fim de organizarem uma nova empresa, a Companhia Estatal de Pesca do Norte. Os Sovietes de Arcangel e de Murmansk passaram a ser "acionistas" da empresa, e a base de operações de pesca foi transferida para o porto de Murmansk, livre de gelo.

Murmansk, a principal cidade da província, foi fundada em 1916 de modo a servir como terminal para a nova via férrea, construída apressadamente a fim de transportar para São Petersburgo suprimentos militares fornecidos pelos aliados. A cidade situa-se na Baía de Kola, num ponto onde a baía se encurta para 1,5 quilômetro, parecendo-se mais com um rio largo do que com uma baía oceânica. Apenas pela maré, que chega a subir mais de 4 metros, e pelo cheiro de água salgada é que se pode saber que se trata de parte do Oceano Ártico. Aqui, praias altas e rochosas se inclinam na baía, e a cidade se ergue sobre um pequeno e íngreme planalto. Durante a Primeira Grande Guerra a cidade contava com alguma estrutura — locais de desembarque, oficinas de reparos, uma central elétrica temporária, um sistema rudimentar para trazer água de um lago na montanha acima da cidade, e apenas as construções mais indispensáveis, erguidas como quartéis. Não havia propriamente casas na cidade, mas sim os chamados "baús", habitações feitas com chapas de aço corrugado arqueadas na forma de semicilindro e assoalhadas na base. Nada de ruas nem calçadas, nem cavalos, nem automóveis; no inverno, os lapões usavam renas para se deslocar. A correspondência chegava de trem, duas vezes por semana. O inverno durava pelo menos oito meses, dois dos quais sob completa escuridão, pois o sol não aparecia no horizonte.

As autoridades da cidade — membros do GPU, do comitê executivo e de outras organizações soviéticas indispensáveis — eram comunistas, banidos para essa região desolada como punição por furto e bebedeira. E essas pessoas se esforçavam ao máximo para ser chamadas de volta.

Aqueles de nós que estavam em Murmansk em 1925 para assumir funções específicas no trabalho de organização e condução dessa nova indústria do Estado encontravam-se lá por vontade própria, pois naquele tempo os profissionais especialistas não eram obrigados a realizar tais trabalhos, e todos poderíamos conseguir emprego em qualquer outro lugar. Mas o aspecto inovador e a meta — o grande desafio — do empreendimento, planejado em uma escala inédita, fizeram diferença para nós. Esse seria o primeiro grande projeto russo de desenvolvimento da pesca. Nós, assim como os ingleses e os alemães, agora nos lançaríamos na exploração do mar aberto, construiríamos os alicerces de uma formidável indústria.

Desde o início do nosso trabalho, o negócio começou a se desenvolver com extraordinário sucesso. Os peritos da Companhia de Pesca do Norte, por meio da sistematização dos dados que recebiam, aprenderam a conhecer o Mar de Barents e seus peixes como nenhuma outra organização científica que trabalhava na região havia feito.

Nós não esperamos elogios nem reconhecimento por nosso trabalho – os soviéticos não tinham o costume de fazer isso –, mas isso não nos impediu de adorá-lo, apesar das condições terríveis sob as quais tínhamos de viver. Antes da nossa chegada, os pescadores locais costumavam capturar cerca de 9 mil toneladas de peixes anualmente; graças ao nosso trabalho esse resultado cresceu rapidamente, e em 1929 chegou a 40 mil toneladas. Tal resultado foi alcançado devido não apenas ao acréscimo de novos barcos pesqueiros, mas principalmente por aperfeiçoamentos básicos no trabalho: pesca durante o ano inteiro, aceleração da circulação de cada pesqueiro e o aperfeiçoamento da técnica de pescaria.

Os métodos de cura do peixe também foram radicalmente alterados. Em vez de bacalhau fedorento e inadequado para ser levado para casa, nós produzimos peixe branco e limpo, não inferior ao de Astrakhan. Além disso, pela primeira vez a Companhia conseguiu entregar peixe fresco aos mercados de Leningrado e Moscou, e por fim também obteve êxito na exportação de peixe para o mercado inglês. Nenhuma outra companhia de pesca na URSS conseguiu igualar o nosso sucesso.

O empreendimento inteiro foi reorganizado, e com ele a própria cidade de Murmansk. Um porto grande e impecavelmente equipado foi instalado ali. Também foram construídos um enorme armazém de concreto reforçado com capacidade para 5 mil toneladas, com tanques de concreto para a salga de peixe, uma fábrica de refino de três andares, de concreto reforçado, para a produção de óleo de fígado de bacalhau, uma fábrica para a produção de ração e farinhas a partir de resíduos de peixe. Tudo isso foi realizado no espaço de quatro anos. Estavam a caminho uma instalação frigorífica e uma fábrica de barris; um ramo da ferrovia foi estendido até o porto; um sistema de distribuição de água foi instalado para uso no complexo, sem mencionar uma oficina de reparos para navios e uma central elétrica temporária, já que a central da cidade era incapaz de nos fornecer eletricidade na quantidade de que necessitávamos. Guinchos elétricos foram instalados para descarregar navios.

Murmansk começou a prosperar graças à base sólida de uma indústria em crescimento. Casas construídas pela Companhia Estatal de Pesca do Norte foram posicionadas de maneira a formarem na cidade as primeiras ruas propriamente ditas. A população da cidade estava aumentando. A partir de uma população de cinquenta famílias, a cidade cresceu da seguinte maneira: em 1926 tinha 4 mil habitantes; em 1927, 7 mil; em 1928, 12 mil; e em 1929, 15 mil.

A construção e a obtenção de novos navios eram as maiores dificuldades que enfrentávamos. Para nós, o número perfeito seria o de dezessete novos navios pesqueiros, pois dezessete dos nossos antigos, cedidos pela Marinha e reformados, seriam tirados de circulação para manutenção devido à idade. Contudo, as fábricas russas não os construíam. Para encomendá-los no exterior era preciso moeda estrangeira, e obter autorização para tal despesa era extremamente difícil. A encomenda devia ser feita através do Comissariado de Comércio Exterior, que não gozava de boa reputação quanto a honestidade, e um comunista que nada sabia acerca da transação tinha de ser enviado ao exterior para a elaboração de contratos com as várias firmas envolvidas. Não é nenhuma novidade que um comunista, quando se encontra na Europa "podre e pervertida", se entrega de bom grado à perversão; e o nosso comunista não foi exceção à regra. Contudo, a nossa Companhia Estatal de Pesca do Norte conseguiu, durante esses cinco anos, adquirir um navio pesqueiro no exterior e construir quatro. Assim, junto com os navios antigos, nós contávamos, por fim, com uma frota de 22 barcos.

Ao longo desses anos, a indústria de pesca em toda a URSS, assim como todas as outras indústrias soviéticas, foi obrigada a planejar sua produção. Considerando os riscos do nosso trabalho, não é difícil perceber que muitos obstáculos devem surgir no caminho. É um desafio e tanto ser capaz de prever, com um ano ou mais de antecedência, quanto peixe será pescado numa certa região e quanto equipamento será necessário, e, além disso, determinar com antecipação o custo e o preço de venda do produto final. As cotas estabelecidas aumentavam de ano para ano; porém, apesar da severidade das condições sob as quais os nossos pesqueiros tinham de operar, e apesar das condições de vida duras na região de Murmansk, a Companhia Estatal de Pesca do Norte conseguiu concretizar suas metas todos os anos. Durante esses anos de crescimento, a empresa obteve um lucro real — um acontecimento tão excepcional na indústria de pesca soviética que a nossa companhia foi apelidada de "Corvo Branco".

Vários motivos levaram ao nosso sucesso. Um deles foi o fato de que o empreendimento era novo, bem organizado e contava com a aplicação de novos métodos e um empenho contínuo para o aperfeiçoamento do trabalho. E em grande parte esse êxito se deveu à pequena, mas altamente eficiente equipe de peritos sem vínculo com partidos e ao contingente excepcionalmente bom de capitães do mar — marinheiros natos, acostumados desde a infância às duras condições de navegação do Ártico. Com algumas poucas exceções, todos esses homens trabalhavam na Companhia Estatal de Pesca do Norte desde a sua fundação, em 1920. Uma equipe de trabalhadores tão estável era uma rara exceção numa empresa soviética, já que nessas empresas a rotatividade de empregados era alta. Era preciso ser um homem forte para suportar as agruras de trabalhar sob as condições impostas pela região do Ártico, e nesse trabalho só conseguiam persistir aqueles que eram realmente dedicados a ele. Além desses motivos, a pesca passou a ser feita o ano inteiro, novas populações de peixes foram encontradas, as operações de carga e descarga dos navios foram aperfeiçoadas — tudo isso se traduziu para nós em produção crescente por vários anos sucessivos, e assim fomos capazes de honrar cotas estabelecidas cada vez maiores.

Nós obviamente percebemos que um estado de coisas tão afortunado não poderia durar para sempre, e que chegaria o ano em que, devido a ordens insensatas vindas de cima, não seríamos capazes de alcançar a meta de captura de peixes necessária para satisfazer o planejamento anual.

Até 1929 nos deixaram trabalhar em paz, relativamente falando — tanto quanto é possível na URSS. Nenhum dos nossos peritos havia sido preso ou executado pelo governo soviético. Até que a nossa companhia atraiu a atenção do governo, e esse foi o início do fracasso e da ruína de todo o negócio.

CAPÍTULO 3

PLANOS DE CINCO ANOS PARA A PESCA

Para que se compreenda melhor o controle soviético sobre a indústria na Rússia, seu efeito sobre a Companhia Estatal de Pesca do Norte e sobre todos os que a ela estavam ligados, passo a explicar o procedimento geral do planejamento soviético. Como já disse, nos primeiros anos exigiu-se que os planos contemplassem o prazo de um ano, estabelecendo uma meta que em alguns ramos da indústria não podia ser atingida. Como decorrência da extrema instabilidade dos programas econômicos e políticos do governo — era raro que se passasse um ano sem que mudanças radicais fossem feitas nos arranjos que haviam sido planejados — a catástrofe atingia muitas indústrias, o que provocava perdas consideráveis.

Como é possível falar seriamente em planejamento econômico em um Estado em que as decisões de governo se impõem sobre tudo e são tomadas da noite para o dia, onde os que estão no poder mudam de ideia com facilidade, todos os fatores que controlam a indústria são incessantemente submetidos às mais drásticas mudanças e o slogan do momento é mais importante do que qualquer plano?

Foi sob essas condições que, em 1924, algumas organizações receberam ordens para elaborar, juntamente com o seu habitual plano anual, um plano de trabalho de cinco anos. No ano seguinte, todas as indústrias deveriam se preparar para um plano de cinco anos no período de 1925-1930. A algumas indústrias foram solicitados planos que abarcassem dez ou até quinze anos. Durante o período de 1º de outubro de 1925 a 1º de outubro de 1928, um plano de cinco anos tinha de ser elaborado novamente a cada ano — isso porque, devido às mudanças drásticas nas condições políticas e econômicas, o plano traçado originalmente não podia ser levado a cabo no ano seguinte. Dessa

NOS CAMPOS DE CONCENTRAÇÃO SOVIÉTICOS

maneira, além do primeiro plano de cinco anos de 1924, um plano provisório, foram elaborados quatro novos planos de cinco anos durante um intervalo de quatro anos. O último deles, o do período de 1928-1933, tornou-se mundialmente famoso como o *Plano Quinquenal* – o *Piatiletka*. Todas as indústrias receberam instruções rígidas e detalhadas para a preparação do novo plano de cinco anos, e a menção a qualquer plano anterior foi considerada um gesto contrarrevolucionário. Piadas sobre o número de anos que duraria o primeiro ano da *Piatiletka* tornaram-se populares. Segundo as instruções recebidas de cima, o trabalho deveria ser realizado de uma "nova maneira". Os "índices de produção" exigiam das empresas um crescimento sem precedente. Enormes somas de *chervontzi* – a moeda soviética enormemente desvalorizada – foram investidas, bem como uma quantia limitada de moeda estrangeira. A julgar pelos discursos dos líderes e pelas informações veiculadas através da imprensa, estava claro que o Plano Quinquenal se assemelhava mais a propaganda política do que a um plano de desenvolvimento da indústria – uma propaganda que serviria para marcar e ao mesmo tempo mascarar uma guinada à esquerda e um retorno ao experimento comunista pré-NPE.

Para nós, que tínhamos de lidar com os problemas reais de produzir segundo as diretrizes desse Plano Quinquenal, o plano consistia em uma infinidade de folhas de tabulação de dados, as quais nós chamávamos de "lençóis", porque eram bastante grandes. Os cálculos realizados por peritos em estatística para os próximos cinco anos deveriam representar trabalho futuro e resultados em estrita concordância com as instruções recebidas. As requisições de material precisavam estar terminadas para cada um dos cinco anos, embora projetos preliminares não pudessem ser preparados antes da aprovação do plano. Havia sido possível preparar os planos anuais com algum grau de exatidão porque as pessoas à frente de várias empresas possuíam experiência. Contudo, o Plano Quinquenal exigia um desenvolvimento que nenhum empresário era realmente capaz de visualizar, e eram necessárias estimativas baseadas em pura imaginação de forma a atingir os "resultados de referência".

Cada unidade ou departamento de uma indústria elaborava o próprio plano de cinco anos com muito cuidado. Então a direção da indústria reunia todos esses planos e os enviava ao "Centro", em Moscou. Lá, eles eram novamente combinados em unidades maiores, até que em cada comissariado toda uma indústria estivesse representada; por fim, os planos de todos os comissariados eram enviados à Comissão de Planejamento do Estado e incorporados a um plano geral final. Os resultados eram uma profusão de tabelas de dados por meio das quais era possível, por exemplo, saber onde e em que quantidade seriam produzidos telhados de ferro, calçados, caviar, ferraduras, tratores, trigo, porcos, ovos, leite, manteiga, peixe, e assim por diante; e saber também como esses produtos seriam usados em algum momento do Plano Quinquenal. Essas tabelas também mostravam quanto custariam os artigos produzidos em cada um dos cinco anos, a quantidade e a qualidade da mão de obra necessária, em um dado momento, em qualquer ramo da indústria, os salários para cada tipo de trabalho — enfim, todos os detalhes possíveis e imagináveis. Esse foi o plano decretado com severidade para cinco anos vindouros. Diante da crescente escassez de alimentos e de outros artigos de primeira necessidade, o sacrifício exigido para os primeiros dois ou três anos de vigência do plano era desmedido, mas os benefícios futuros foram largamente divulgados, com promessas de que, no final do processo, o plano resultaria em salários mais altos e em uma abundante oferta de comida e de roupas.

Não demorou para que a imprensa estatal — não havia outra na URSS — começasse a divulgar a notícia de que algumas empresas haviam decidido executar a sua parte no Plano Quinquenal em quatro, três ou até mesmo dois anos, enaltecendo isso como uma grande demonstração de entusiasmo por parte dos trabalhadores. Isso levava a crer que num intervalo de tempo relativamente curto algumas empresas não apenas já haviam completado o seu plano como também o tinham superado. Porém se o Plano Quinquenal tivesse sido realmente viável, qualquer desvio — seja por superação das metas, seja por descumprimento das metas em qualquer empresa — causaria obrigatoriamente uma desordem geral. Por exemplo: se a nossa companhia de pesca tivesse capturado o dobro da quantidade de peixes estipulada no plano, teria sido imediatamente necessário o dobro de sal, o dobro de material de embalagem, o dobro de meio de transporte e de mão de obra. Se o ramo de construção de navios tivesse superado sua cota de barcos pesqueiros antes do tempo fixado, não haveria instalações portuárias disponíveis para recebê-los, e a indústria pesqueira não teria condições de colocá-los em uso.

E foi assim que, em lugar do desenvolvimento ocasionado por um plano bem organizado, tivemos o caos. Houve uma catastrófica escassez de materiais de construção, e muitas empresas estatais enviaram agentes e representantes especiais a várias cidades da URSS, e, por meio de contato pessoal e corporativo, eles se empenharam em desviar para outras indústrias material que já tinha destino certo. Muitas vezes foi preciso usar material substituto de qualidade inferior. Muitas construções acabaram ficando sem telhado ou sem vidro para as janelas. Algumas fábricas estavam sem máquinas. Havia fábricas cujo maquinário era guardado em celeiros, porque as instalações não estavam prontas. Havia escassez de mão de obra qualificada, e em muitos lugares a saída era empregar mão de obra inferior.

Não demorou muito para que o Bureau Político do governo começasse a interferir diretamente no trabalho dos diferentes ramos da indústria — chegando a afetar até empresas distintas — e, como veremos no caso da indústria da pesca, a aumentar as suas cotas do Plano até mesmo na metade de um ano, de modo que no fim do primeiro ano da *Piatiletka* ficou claro que nada restava do chamado Plano Quinquenal projetado apenas um ano antes, e tanto a indústria quanto o governo estavam trabalhando e construindo aleatoriamente.

Antes da introdução do Plano Quinquenal, na nossa Companhia Estatal de Pesca do Norte nós, assim como outras empresas, nos empenhávamos em desenvolver nosso negócio, obter verbas maiores, aumentar nossa produção e acelerar a construção de navios e de novas instalações. Naqueles dias éramos constantemente atrasados pelo "Centro", e tínhamos de nos desdobrar para obter benefícios para a própria empresa. Agora acontecia exatamente o contrário, pois o "Centro" nos enviava instruções categóricas para "expandir" num ritmo que não correspondia nem ao fornecimento de materiais a ser obtidos nem à mão de obra disponível.

Dessa forma, por exemplo, no início de 1928 — após dois anos de esforço — nós, enfim, obtivemos autorização para adquirir dez navios de pesca no estrangeiro. Essa autorização, entretanto, foi cancelada antes que o nosso representante, que já havia partido para a Alemanha, tivesse tempo de fechar o negócio. Começamos a duvidar de que nossos dezessete barcos pesqueiros ultrapassados pudessem ser substituídos antes de sofrer mais desgaste ou afundar. Agora, no entanto, tudo havia mudado repentinamente, e no fim do ano, depois do início da *Piatiletka*, fomos instados a considerar, ao planejar nossas operações para os próximos cinco anos, a construção de setenta novos navios de pesca e um aumento de 175 mil toneladas na quantidade de peixe capturada. Isso significava administrar um enorme empreendimento. Nossa base de navios pesqueiros, construída em 1926-1927, não tinha condições de lidar nem com um terço de uma frota de navios dessa monta, e o nosso píer mal tinha tamanho suficiente para os navios que já possuíamos. Seria necessário realizar um trabalho maciço de construção e expansão, sob condições extremamente duras e a qualquer custo.

No verão de 1929 — quando as condições, sobretudo em Murmansk, haviam se tornado tão difíceis que nos perguntávamos se conseguiríamos levar a cabo algum trabalho de construção, quando os trabalhadores estavam debandando porque as rações de comida eram insuficientes, quando, apesar de todos os esforços, a produção se mantinha 10 ou 15 por cento aquém da meta do plano, a Companhia Estatal de Pesca do Norte recebeu de Moscou, por telégrafo, as seguintes instruções lacônicas: *Mudem o Plano Quinquenal, baseando os novos cálculos em 150 novos navios de pesca e uma captura por navio de 3 mil toneladas por ano, em vez das 2,5 mil estipuladas anteriormente.* Três telegramas consecutivos intensificaram ainda mais as exigências de resultados, elevando o número de navios para 500 e a quantidade de peixes capturada anualmente para 1,5 milhão de toneladas! (Pouco tempo depois disso, foi anunciado que, devido ao excepcional avanço, o Plano Quinquenal seria concluído em quatro anos, mais exatamente no início de janeiro de 1932. No intervalo de três anos, portanto, nós tivemos de aumentar nossa captura anual normal de 40 mil toneladas para 1,5 milhão de toneladas — ou seja, um aumento de quase quarenta vezes.)

A ordem foi transmitida sem nenhuma orientação nem explicação alguma. Era categórica e definitiva.

Se levarmos em consideração que toda a Rússia pré-Guerra (que na indústria da pesca competia pelo primeiro lugar no mundo) havia produzido em todas as suas áreas de pesca juntas — Mar Cáspio, Mar de Azov e Mar Negro, Sibéria e o Extremo Oriente — apenas 1 milhão de toneladas de peixe por ano, e que essas áreas de pesca chegavam a ser milhares em número, e a mão de obra empregada nelas compreendia centenas de milhares, veremos claramente quão irreais e impraticáveis eram os cálculos do novo plano para um empreendimento de pesca fundado somente alguns anos antes e que, como se isso não bastasse, se situava para além do Círculo Polar Ártico, numa cidade de apenas 15 mil habitantes.

O que aconteceu? O presidente do Conselho de Administração da empresa decidiu imediatamente que devia ir a Moscou, deixando para outras pessoas a difícil e desagradável tarefa de resolver o problema. Uma breve descrição desse homem talvez explique o que leva um indivíduo com um cargo tão importante a se comportar de maneira tão covarde. T. A. Mourasheff

– que era um comunista, é claro – havia sido esperto o suficiente para assimilar algumas ideias superficiais a respeito do negócio de pesca. Ele era capaz de falar persuasivamente sobre os negócios da companhia e passava aos leigos a impressão de que era um homem de negócios experiente. Mourasheff, que antigamente era telhador, tinha sido deportado para Kem em 1905 por participação em atividades do Partido Socialista. Lá ele se casou com uma professora, que aparentemente o sustentou até que eclodiu a Revolução Bolchevique. Nessa época ele se tornou comunista, deixou Kem e sua mulher e viajou para Leningrado a fim de fazer carreira. Obteve imediatamente o importante cargo de superintendente de recursos hídricos e do sistema de esgoto, mas fez alguma bobagem e foi então enviado a Murmansk de modo a dirigir a indústria de pesca. Quando a Companhia Estatal de Pesca do Norte foi formada, Mourasheff virou seu presidente. Ele não conhecia o negócio, nem gostava dele, mas acreditava que para um grande homem como ele o cargo poderia servir de trampolim para uma posição de maior responsabilidade no "Centro". Como a vida em Murmansk era difícil e tediosa, ele passava grande parte do seu tempo em supostas viagens de negócios a Moscou e Petrogrado, fazendo tratamentos para emagrecer em balneários, mas viajava principalmente para o exterior, onde passava meses a fio.

Eis uma cena bem típica desse homem. A nova mulher dele – não sei ao certo se era a terceira ou a quarta –, uma estenógrafa do *Torgpred* de Berlim (Organização Comercial Soviética), estava vindo diretamente da Alemanha no *Bolshevik*, navio de pesca recém-adquirido. Todas as autoridades de Murmansk e os trabalhadores das áreas de pesca, junto com uma banda, reuniram-se no cais para receber o novo navio. Quando a embarcação chegou, Mourasheff, como presidente da companhia, subiu à ponte de comando e fez um discurso, gabando-se do fato de que os bolcheviques tinham conseguido obrigar os alemães a escrever no navio construído para a URSS o nome *Bolshevik*, uma palavra que, segundo Mourasheff, impunha respeito em toda a Europa.

Para a grande ocasião, Mourasheff havia trocado o terno importado e o caro casaco de pele que geralmente vestia por um sobretudo velho e gasto, mas a estenógrafa estrangeira de pé no convés denunciou-o irremediavelmente com a saudação que fez a ele.

– Nós viemos saudar a chegada de quem? – os trabalhadores gracejavam. – Do novo navio ou da quarta mulher?

– Não, essa é só a terceira, eu já disse!

— Que nada, é a quarta! Como se a gente já não tivesse mulheres demais aqui!

Mas essas demonstrações de mediocridade não eram o único defeito dele. Ele estava sempre disposto a denunciar os melhores trabalhadores — de cuja honestidade ele próprio não tinha a menor dúvida — e também seria capaz de trair os interesses da empresa, se isso pudesse beneficiá-lo de alguma maneira ou se o salvasse de algum perigo.

CAPÍTULO 4

"UM MILHÃO E MEIO DE TONELADAS"

Depois que Mourasheff, o presidente do Conselho de Administração, foi para Moscou, seu assistente — o vice-presidente, um astuto arrivista — convocou uma "ampla reunião" do conselho a fim de se livrar da responsabilidade que pesava sobre seus ombros. Ele exigiu a presença de todos os peritos e gerentes de departamento "apartidários". O vice-presidente, assim como seu predecessor, era um trabalhador do campo vindo do distrito de Arcangel que havia se juntado ao Partido depois da Revolução. Ele era um bêbado analfabeto que tinha servido no GPU e, sendo um representante do Comitê Executivo de Arcangel, estava disposto a colaborar para a ruína do empreendimento de pesca em Murmansk. Ele e seus aliados comunistas não sabiam nada a respeito do negócio de pesca, e não queriam nem ao menos tentar aprender; sabiam bem que poderiam obter tudo o que desejassem por meio do GPU, e acreditavam que evitar responsabilidades era essencial no mundo dos negócios. Um dos vice-presidentes da empresa tornou-se bastante hábil nesse aspecto. Ele escrevia em relatórios: "Encaminhar para fulano de tal para dar solução". Existe um relatório (que provavelmente ainda se encontra nos arquivos da Companhia Estatal de Pesca do Norte) em que esse vice-presidente, no escritório da indústria de pesca em Leningrado, fez a seguinte anotação: "Encaminhar para o escritório de Murmansk". Alguns dias depois, quando retornou a Murmansk e percebeu que ninguém ainda havia se encarregado das pendências apontadas no relatório, ele escreveu estas palavras debaixo da sua anotação anterior: "Encaminhar ao escritório de Leningrado", e despachou o relatório de volta.

O vice-presidente abriu a "ampla reunião" solenemente, lendo um telegrama que o presidente da companhia havia enviado depois de chegar a Moscou. No telegrama, o presidente repetia as exigências e afirmava que elas eram definitivas: 500 navios de pesca e 1,5 milhão de toneladas de peixe por ano até o dia 1º de janeiro de 1933 — e ele insistia para que todos na equipe se esforçassem ao máximo para que o plano fosse levado a cabo.

Depois disso, o vice-presidente falou. E então nós compreendemos o real motivo para que tivéssemos de realizar uma tarefa tão terrivelmente fora do comum. Ficou claro, pelas palavras dele, que a ordem tinha vindo diretamente do Bureau Político, e não das organizações de Moscou a cargo da indústria de pesca. A questão tinha raízes profundas. Camponeses levados à força para fazendas coletivas haviam matado todo seu gado e outros animais de criação, de modo que o país se viu sem carne, manteiga e leite, e não havia esperança de obter esses produtos nos anos que se seguiriam. No início tomou-se a decisão de criar porcos, que se reproduziam rapidamente, mas esse projeto não teve êxito. Então o peixe surgiu como alternativa. Em 1919 e 1920, a população urbana não morreu de fome graças aos peixes. Peixes são abundantes no mar, não precisam ser criados, vigiados nem alimentados — precisam apenas ser pescados. Os peixes, portanto, podem auxiliar na sobrevivência da população no período de "desorganização e desenvolvimento e, com isso, ajudar a consolidar as bases do socialismo. Dessa maneira, a pesca já não era mais simplesmente um problema econômico, havia se tornado um problema político. Assim, a quantidade total de peixe que deveria ser capturada foi calculada pelo "Centro" e depois distribuída proporcionalmente aos vários distritos. A parte que coube à Companhia Estatal de Pesca do Norte chegou a 1,5 milhão de toneladas. Cada barco de pesca teria de capturar 3 mil toneladas de peixe por ano, portanto o número de embarcações teria de aumentar para 500. O dinheiro necessário para essa expansão foi destinado, ou melhor, prometido.

O vice-presidente falou durante duas horas, mas foi impossível compreender a atitude dele em face da nova demanda. Ele anunciou os cálculos com euforia: "Um milhão e meio de toneladas! Isso não é nenhuma brincadeira! Esses cientistas (apontando para mim) dizem que a Inglaterra vem desenvolvendo sua indústria de pesca há muitos séculos, e que tem muitos portos e 2 mil navios pesqueiros — e eles pescam apenas meio milhão de tonelada por ano, mas nós, em três anos, veremos nossa companhia capturar sozinha 1,5 milhão de toneladas por ano! Uma empresa apenas, pescando três vezes mais do que toda a Inglaterra!".

"UM MILHÃO E MEIO DE TONELADAS"

Nesse momento ele evidentemente se lembrou de que nós, na verdade, não tínhamos nada, que dezessete dos nossos 22 navios pesqueiros estavam obsoletos, que as novas embarcações construídas na Alemanha não eram confiáveis e que nós não possuíamos ancoradouros para acomodar o grande número de navios sugerido. Então, coçando vigorosamente a cabeça e outras partes do seu corpo, ele prosseguiu: "Bem... Em resumo, é necessário realizar um grande esforço. Resumindo, é necessário, camaradas, tentar e... e... ter coragem, e enquanto isso, em resumo, é necessário falar sobre o assunto, porque o problema é muito sério, muito sério. Bem, quem gostaria de falar sobre isso, então?".

Para nós "falar sobre o assunto" não era uma tarefa fácil. O vice-presidente e os outros homens do Partido sabiam tão bem quanto nós que era impossível realizar tal tarefa e que levar o plano adiante resultaria inevitavelmente na ruína do empreendimento — e provavelmente de todo o negócio de pesca russo. A verdade, porém, é que eles não se importavam nem com a empresa nem com a indústria de pesca russa! Tempos atrás, esse mesmo vice-presidente se encontrava na indústria madeireira; pois ele acabou destruindo o empreendimento e entregando os seus técnicos e especialistas para o GPU. Agora estava prestes a tomar parte na destruição da indústria de pesca, e sem dúvida nos denunciaria. E depois se transferiria para algum outro negócio. A filiação ao "Partido", juntamente com a obediência à "linha de pensamento" predominante, garantia a ele total isenção de responsabilidade. Os homens do Partido sabiam perfeitamente bem que nós é que acabaríamos arcando com as responsabilidades. Eles agora esperavam que falássemos, e sem dúvida se divertiam em silêncio com isso. "O que vocês vão dizer agora? Estão metidos numa encrenca? Peritos, cientistas, como vocês conseguirão escapar dessa enrascada agora?"

Eles sabiam muito bem que se um de nós se atrevesse a expressar o pensamento que todos tínhamos em mente — isto é, que a tarefa não poderia ser levada a cabo — esse indivíduo imediatamente seria acusado de sabotar o trabalho da Companhia Estatal de Pesca do Norte. Uma vez expressado, tal ponto de vista seria considerado um ataque temerário realizado pela "classe inimiga" e teria como consequência o GPU, a prisão, o campo de prisioneiros de Solovki ou a morte. Por outro lado, se permanecêssemos em silêncio, então dentro de um ano, ou dois anos no máximo, quando o plano fracassasse, nós seríamos responsabilizados por não termos feito objeção a ele e o próprio plano seria atribuído a nós como sabotagem, e como consequência viriam o GPU, a prisão, o campo de Solovki ou a morte.

Ficar em silêncio a respeito do assunto pelo menos serviria para adiar o dia do ajuste de contas. Apesar disso, nós todos nos manifestamos e, sem usar palavras perigosas como "impossível" ou "inviável", assinalamos cuidadosamente todos os obstáculos: que o Plano Quinquenal adotado em 1928 (que orientou os trabalhos que já tinham sido realizados por um ano), juntamente com os projetos das novas construções que já estavam em andamento, seria cancelado pelo novo plano. Todo o trabalho de construção teria de ser interrompido e seria necessário elaborar um novo plano e novos projetos em conformidade com as novas tarefas. Seria inútil continuar a construir uma fábrica de barris e instalações frigoríficas para 175 mil toneladas de peixe quando a meta havia sido alterada agora para 1,5 milhão de toneladas. Novos planos de construção, com todos os seus esboços e especificações preliminares, teriam de ser realizados. Os projetos seriam obrigatoriamente tão gigantescos, complexos e variados que precisaríamos aumentar nossos escritórios para trabalhar nisso. Além do mais, uma construção tão colossal necessitaria de uma extensa sondagem na faixa costeira do golfo e na região adjacente, e o custo desse novo trabalho poderia chegar a bilhões de rublos.

Sob as condições mais favoráveis, seria possível começar a trabalhar nos projetos preliminares em janeiro de 1930. Para terminá-los levaria um ano; portanto, não seria antes de janeiro de 1931 que eles, junto com o novo plano, seriam apresentados para aprovação. Então, de acordo com a rotina estabelecida, eles teriam de passar por diversas organizações administrativas: A Diretoria de Pesca, a Diretoria de Construção, o Comitê Técnico Científico e, de forma a receber a aprovação final, teriam de ser submetidos ao Comissariado do Povo. Muitos dos projetos teriam de passar por estágios adicionais: o Comitê de Refrigeração, o Comitê do Porto, o Comissariado da Saúde Pública, o Comissariado da Marinha e da Guerra, e muitos outros. Se tudo corresse sem percalços e nenhum projeto fosse recusado, esse procedimento de rotina levaria metade de um ano, de modo que os projetos preliminares estariam finalmente aprovados em julho de 1932, e só então os planos finais, esquemas de trabalho e especificações seriam iniciados. E estariam terminados em 1933. Mas o Plano Quinquenal, como todos nós sabíamos perfeitamente bem, tinha de ser executado até o dia 1º de janeiro 1933. Portanto, até 1º de janeiro de 1932 éramos obrigados a ter já em funcionamento 300 navios pesqueiros e a elevar nossa captura a 1 milhão de toneladas por ano. Mas nessa data nem mesmo os projetos preliminares estariam prontos. Como seria possível superar tais dificuldades?

> "UM MILHÃO E MEIO DE TONELADAS"

Chamava atenção o fato de que a linha férrea de via única de Murmansk já enfrentava dificuldades para movimentar carga disponível, e a expansão projetada exigiria a movimentação diária de 200 vagões de peixe apenas, sem mencionar outras cargas. Uma segunda linha férrea teria de ser construída — o que não seria nada fácil, pois teria de cobrir 1,5 mil quilômetros sobre montanhas e através de pântanos.

E havia a questão da mão de obra! Murmansk tinha uma população de 12 mil a 15 mil pessoas apenas, e as habitações já estavam superlotadas. Com a expansão, o número de trabalhadores teria de ser elevado para no mínimo 50 mil homens, os quais, junto com suas famílias, fariam a população local subir para 200 mil pessoas. Para viabilizar tamanho crescimento seria necessário construir não apenas casas, mas também casas de banho, escolas, armazéns, canalização, uma central elétrica, e assim por diante, e esse desenvolvimento imobiliário acarretaria um aumento adicional da população. Uma empresa de pesca não podia se encarregar da construção de uma nova cidade e de uma via férrea; mas sem essa construção não seria possível cumprir as metas do plano para a pesca.

O treinamento das tripulações dos navios também apresentava dificuldades consideráveis: 25 mil homens para a manutenção de 500 navios, incluindo 2 mil tripulantes e o mesmo número de mecânicos, com mais 300 comandantes e 300 mecânicos para o preenchimento de vagas anualmente. Além disso, os comandantes precisariam ser especialmente treinados na arte da navegação, e também teriam de saber como procurar ajuntamentos de peixes, como capturá-los e como lidar com eles. Antes, com apenas 22 navios, nós já enfrentávamos dificuldades para manter uma equipe completa de comandantes e mecânicos. Agora, nos três anos que restavam do Plano Quinquenal, nós precisaríamos construir uma frota inteira. De que maneira faríamos isso? Um diploma de comandante, ou mesmo de mecânico, exigia a graduação em uma escola preparatória, e um curso especial de quatro anos na escola de tecnologia naval. Apenas em Archangel havia uma escola que preparava comandantes para a navegação no Mar do Norte, e essa escola formava a cada ano somente 25 comandantes e 25 mecânicos. De modo a alcançarmos o número suficiente de comandantes, nós precisaríamos de oitenta dessas escolas de tecnologia, com prédios, instrutores, materiais escolares, e assim por diante, sem mencionar os 4 mil jovens saudáveis com ensino secundário dispostos a dedicar sua vida à navegação no difícil Oceano Ártico em pequenos e sujos navios pesqueiros. Como se isso não bastasse, nós precisaríamos de operadores de rádio, e de muitos especialistas e técnicos nas mais variadas funções, como especialistas em pesca de arrasto, em salga, etc.

Aconselhamos que tudo fosse imediatamente levado ao conhecimento do governo, porque não tínhamos o direito de esconder a verdadeira situação. Sabíamos muito bem que, apesar dos argumentos convincentes que apresentamos, apesar de todo o absurdo evidente do plano, ninguém nos daria ouvidos — mas pelo menos estávamos cumprindo nosso dever.

Um dos representantes dos "trabalhadores de cooperativa" contestou nossa argumentação. Ele era apenas um garoto, um genuíno comunista e um "marxista convicto", com seu boné na cabeça e uma estúpida expressão implacável estampada no rosto. O que ele disse era mais do que conhecido por todos e poderia servir para qualquer ocasião — citações, principalmente, de editoriais de "*Pravdas*" provincianos publicados em todas as cidades, de Vladivostok até Murmansk.

— Camaradas! Nosso Partido e o governo, sob o comando incontestável do nosso líder, Camarada Stalin, estão sem dúvida empreendendo esforços nunca antes vistos em prol do desenvolvimento da nossa indústria. Eles certamente estão pondo em prática o lema "ultrapassar e superar" os países capitalistas que se debatem nas garras de uma crise mundial, e graças aos esforços combinados do proletariado isso está se tornando realidade.

— É necessário, camaradas — ele prosseguiu —, nos desdobrarmos em esforços e ter coragem, como tão corretamente enfatizou o nosso camarada presidente. A meta do Partido e do governo deve ser inquestionavelmente cumprida e superada, levando a cabo a *Piatiletka* em um *mínimo* de quatro anos.

Palavras como "mínimo" e "máximo" eram sempre usadas incorretamente por esses oradores.

O jovem foi em frente:

— Nós ouvimos aqui várias recomendações e vários fatos. Qual a utilidade disso? Parasitas burgueses penetram nas fileiras do proletariado por meio dos caprichos do inimigo de classe; isso também não tem nenhuma utilidade. Camaradas, temos de nos unir como uma intransponível parede de aço e lutar com toda a nossa determinação proletária e senso crítico saudável. Devemos desferir um duro golpe contra aqueles que merecem. Devemos nos engajar numa luta impiedosa contra digressões esquerdistas, bem como contra tendências direitistas, que representam o maior perigo em dado estágio de desenvolvimento, venha de onde vierem. Certamente nós todos, como um só homem, defenderemos o plano e a linha geral do entusiasmo dos trabalhadores. Devemos colocar em prática os lemas "máximo de trabalho" e "competição socialista" sem esquecer nem por um minuto a liderança, a iniciativa e a criatividade dos trabalhadores. Nós, camaradas, devemos inquestionavelmente não apenas cumprir...

— Basta, Kolka! Pare de tumultuar — interrompeu uma pessoa do seu lado, da mesma espécie de comunista "consciente". — Faz quatro horas que estamos sentados aqui, e eu ainda tenho de comparecer a mais duas reuniões hoje. Atenha-se ao assunto que está sendo discutido, seja objetivo e apresente a proposta dos trabalhadores.

— Tudo bem, camaradas. Como já está ficando tarde, inquestionavelmente, vou direto ao ponto: proponho não apenas cumprir a meta determinada pelo governo, mas, é evidente, ultrapassá-la em 120 por cento. Proponho também que sejam totalmente ignoradas as objeções levantadas pelos oponentes, e que a *Piatiletka* seja levada a cabo em um mínimo de dois anos e meio. — Depois de dizer isso, ele se sentou.

A proposta dos trabalhadores não foi discutida. O Conselho Diretor, contudo, decidiu enviar para a diretoria de Pesca de Moscou um relatório assinalando todas as dificuldades que comprometiam o cumprimento do plano de metas, e solicitando instruções.

A reunião foi encerrada. O vice-presidente, com uma expressão preocupada estampada no rosto, foi falar com o "representante" que havia discursado na reunião. Foi possível ouvir o vice-presidente repreendendo-o.

— O que significam esses absurdos todos que você falou? Nós não sabemos o que fazer. Este não é o momento de hostilizar esses peritos — pelo contrário, nós precisamos muito deles neste momento.

Em sua defesa, o representante respondeu o seguinte:

— Dentro do verdadeiro espírito bolchevique de enfrentar um problema sem fazer rodeios, camarada presidente, eu reconheço o meu erro, mas tudo isso é inquestionavelmente resultado de uma dor de cabeça que me acometeu. Eu bebi demais ontem.

Gulag na Sibéria.

CAPÍTULO 5

TRABALHO FORÇADO

Saímos da reunião completamente desanimados e conversamos abertamente uns com os outros:

— Não faz sentido continuar trabalhando para a companhia por muito mais tempo.

— Pois é. Dentro de um ano o plano deles vai fracassar, e eles vão começar a procurar um "culpado". Quando isso acontecer, boa sorte para quem tentar provar sua inocência...

— Mas eles não podem nos mandar para um lugar pior do que Murmansk.

— Nunca se esqueçam da máxima soviética — um dos colegas advertiu:
— "Quem não está na prisão... vai estar. Quem estava na prisão... vai voltar pra lá".

Por fim, outro colega falou:

— Eu entreguei meu pedido de demissão ao presidente depois daquele primeiro telegrama sobre os 150 novos navios de pesca, mas ele respondeu "pedido recusado" e acrescentou que não me "aconselhava" a fazer tal "solicitação".

Apesar disso, quando mais tarde fiz uma viagem a Moscou, pedi que me transferissem para algum outro lugar, ou que me demitissem. O diretor-chefe do setor de pesca, um comunista, respondeu exatamente assim: "Nós consideramos seu trabalho na Companhia Estatal de Pesca do Norte tão valioso que não podemos permitir sua partida. Se for necessário *nós encontraremos, com a ajuda do GPU, uma maneira de fazer você trabalhar*".

Pelo visto, as pessoas contaminadas por um liberalismo decrépito acreditavam que, se não podíamos nem nos demitir nem conseguir transferência para outro posto, todos nós da companhia éramos obrigados a trabalhar e não éramos homens livres. Não discutirei essa questão aqui, mas isso me leva a falar da inequívoca escravidão — trabalho forçado — com que me deparei pela primeira vez em Murmansk em 1928, até que a minha vez chegou.

Naquele outono (1928), submetida às exigências prementes do Plano Quinquenal, a Companhia Estatal de Pesca do Norte enfrentava um problema: ter de encontrar especialistas altamente qualificados, como engenheiros e construtores de navios, que quisessem enfrentar o clima vil de Murmansk e condições de vida miseráveis quando poderiam facilmente arrumar ocupação em Leningrado, Moscou ou alguma cidade do sul.

Todos os esforços da companhia foram inúteis. A situação parecia desesperadora. O intercâmbio de trabalho propunha recrutar, mediante contrato, estudantes do primeiro ano de várias escolas técnicas especiais, dando a eles bolsas de estudo por quatro ou cinco anos até que se graduassem. Mas nesse intervalo a *Piatiletka* já teria de estar concluída, e esses jovens estariam ainda terminando seus estudos. Os trabalhos de construção tinham de se iniciar imediatamente. A companhia precisava de engenheiros que já tivessem experiência. Não havia tempo para treinar novos homens.

Por fim, um dos trabalhadores comunistas teve a brilhante ideia de recorrer ao GPU. Nós tínhamos ouvido rumores de que o GPU tinha à sua disposição um grande número de engenheiros de todas as especialidades, mas não acreditávamos de fato nisso. O comunista Bagdanoff, gerente da nossa companhia, foi encarregado de investigar o assunto. Os rumores foram então confirmados, e ele partiu para Kem, o centro de administração do famoso campo de concentração de Solovetzki, com instruções de adquirir uma equipe inteira.

Bagdanoff retornou após alguns dias, e tinha completado sua missão com sucesso. Mas sua passagem por Kem teve um efeito intenso, e mesmo sendo um comunista ele não conseguiu guardar suas impressões acerca do lugar. Não se conteve e falou — até mesmo com aqueles de nós que não eram do Partido — sobre sua experiência em Kem.

— Vocês acreditam que lá (*a administração do campo de Solovetzki*) eles usam à vontade expressões como: "Nós vendemos!", "Damos desconto por quantidade!", "Mercadoria de primeira!", "A cidade de Arcangel oferece 800 rublos por mês pelo X, e você oferece só 600!"... "Que mercadoria! Ele ensinou em uma universidade, é autor de diversos trabalhos científicos, foi diretor de uma grande fábrica, antes da guerra era considerado um engenheiro estupendo! Agora ele está cumprindo uma sentença de dez anos de trabalhos forçados por sabotagem; isso significa que ele fará qualquer tipo de trabalho que exijam dele... E você fica aí, pechinchando 200 rublos!". Mesmo assim eu barganhei, e eles finalmente concordaram em diminuir o preço, porque nós compramos em grande quantidade: quinze engenheiros. Eu escolhi homens extraordinários! Veja só a lista: K., engenheiro de construção naval, um dos melhores na URSS; ele costumava receber mantimentos de terceira categoria por ser cientista. P., engenheiro elétrico, foi diretor da indústria elétrica em Moscou. K. e E. são arquitetos com larga experiência. E todos eles foram condenados por "sabotagem", o que significa que farão um trabalho esmerado.

— Quais são os termos dessa compra? — eu perguntei, e essa pergunta pareceu tão monstruosa que eu baixei a voz sem perceber.

— Os homens que nós compramos estão inteiramente à nossa disposição — respondeu o gerente. — Nós podemos designá-los para qualquer tipo de trabalho e para qualquer posição de responsabilidade. O GPU se responsabiliza por eles, e eles estão sob a vigilância do GPU local. Se escaparem, a culpa não recairá sobre nós. Mas o GPU tem certeza de que eles não escaparão, porque todos têm esposas e filhos vivendo em outras cidades, e que são na verdade reféns.

— Nós pagamos mensalmente ao GPU — ele prosseguiu — 90% do aluguel combinado, e os 10% restantes damos ao prisioneiro de acordo com seu trabalho. Como pagamos por eles um preço muito mais alto do que o estabelecido por tabela, eles são classificados como peritos no que diz respeito ao trabalho, então o limite de tempo não se aplica a eles. Se quisermos, poderemos mantê-los trabalhando 24 horas por dia. O advogado do GPU riu quando disse que nós não transgrediríamos as leis trabalhistas se desrespeitássemos as determinações de horas trabalhadas, porque os prisioneiros são vendidos como peritos em suas áreas e têm de trabalhar assim.

— Canalhas! — o gerente acrescentou, depois de um instante de silêncio, lembrando-se da cena da compra.

— Então você assinou um acordo por escrito?

— Mas é claro! É possível confiar no GPU sem um contrato?

— E tudo isso está declarado no contrato?

— Certamente que sim. O advogado aprovou o acordo, e o diretor do campo, bem como o chefe do departamento, assinaram. Tudo foi feito como manda o figurino.

— E você chegou a ver os... "aquelas" pessoas? — nós perguntamos.

— Não, eu não os vi... Foi um tanto embaraçoso. Até quiseram mostrá--los a mim, mas eu os comprei com base nas informações sobre cada um.

— Eles chegarão logo a Murmansk?

— Assim que enviarmos nosso primeiro pagamento. O processo é muito simples: eles dizem que se receberem nossa mensagem até uma hora da partida do trem, enviarão imediatamente o grupo inteiro. Eles não dão muita explicação aos prisioneiros lá.

— E se eles se recusarem a trabalhar ou não se adaptarem ao trabalho?

— Também tratamos dessas questões. Caso haja alguma queixa da nossa parte, o homem comprado é imediatamente retirado do trabalho e enviado de volta para o campo de concentração, onde será disciplinado. E no lugar dele nos enviam outro homem com a mesma especialidade e as mesmas qualificações.

— E se eles não tiverem ninguém assim? Porque esses são homens realmente excepcionais.

— Se não tiverem ninguém assim? Do que você está falando? Eles podem ter quem eles quiserem. Além do mais, têm um bom suprimento de "gente pronta". Alguns dos melhores engenheiros e professores estão agora trabalhando em campos de madeira como lenhadores, sob condições tão horríveis que causam aflição só de ouvir falar. Aqueles que são vendidos têm sorte, pois trabalharão em sua profissão, e, apesar de receberem uma miséria como pagamento, pelo menos receberão alguma coisa.

— Mas como eles viverão? Nós recebemos de 500 a 600 rublos e mal damos conta das despesas, e eles receberão 10% disso — só 50 ou 60 rublos por mês.

— Não é grande coisa, sem dúvida. Mas a companhia tem a obrigação de oferecer alojamento, e o dinheiro bastará para a compra de rações de comida. Acha que eles vivem em melhores condições no campo de concentração? Se eles conseguiam sobreviver lá, vão encontrar um modo de sobreviver aqui.

O contador da companhia calculou quanto o GPU estava ganhando nessas vendas:

— Quinze homens a um aluguel médio de 400 rublos por mês... São 72 mil rublos por ano, menos o pagamento de 10 por cento aos prisioneiros... Isso dá 64,8 mil rublos líquidos por ano.

— Esses são só os quinze homens que foram vendidos para nós — corrigiu o gerente. — Você tem de considerar que o GPU negocia pelo menos mil homens por ano.

TRABALHO FORÇADO

O contador prosseguiu com os seus cálculos:

— Se um aluguel renderia 4,8 mil rublos em um ano, então o total chegaria a 4,8 milhão de rublos. Deduzindo 800 mil rublos para cobrir os 10 por cento e as despesas de administração... Chegamos a 4 milhões. Quatro milhões! E a nossa companhia tem lucro de no máximo 1 milhão. E pense no capital que precisamos desembolsar, e nos riscos envolvidos quando a pesca não é boa! Eles têm um bom negócio lá, com certeza! Nenhuma preocupação, nunca o risco de uma pesca fracassar, sem taxas para pagar — só precisam pegar o dinheiro. É mesmo um negócio e tanto!

Essa "aquisição" impressionou profundamente os empregados da companhia. Nós tínhamos medo de falar nisso abertamente, mas o assunto era muito comentado em segredo.

Os novos engenheiros chegaram em uma época em que o número de funcionários estava sendo consideravelmente aumentado e por isso passaram quase despercebidos entre os muitos rostos novos. Dois deles foram designados para cargos executivos, como chefes do departamento técnico e do departamento administrativo, respectivamente. O novo chefe do departamento técnico era o engenheiro K., homem de idade avançada, mas ainda excepcionalmente dinâmico. Ele seria a pessoa encarregada de supervisionar todos os reparos da frota, o trabalho da oficina mecânica, de fundição e da central elétrica. Também estava a cargo dele a elaboração de projetos para a enorme construção. Não apenas nossa companhia como também praticamente todas as outras instituições e empresas em Murmansk buscavam constantemente seus serviços como consultor. Seus conselhos de especialista eram procurados com frequência por capitães de navios estrangeiros cujas embarcações precisavam de reparos, quando eles vinham a Murmansk a fim de fazer o carregamento da madeira serrada que chegava dos campos de trabalhos forçados de Solovki. É seguro dizer que os estrangeiros que tratavam com ele não percebiam que era um condenado que cumpria uma sentença de dez anos!

O Escritório de Planejamento da companhia também era integrado por engenheiros trazidos dos campos. Esses "homens comprados" viviam nas novas casas erguidas pela companhia — dois ou três homens em cada pequeno quarto. Algumas tábuas dispostas sobre um cavalete serviam como camas, bancos e um tampo eram a mobília. Eles trabalhavam de manhã cedo até tarde da noite e jamais falavam de si mesmos ou da vida que levavam antes nos campos de concentração. Ninguém lhes fazia perguntas. Sabia-se, porém, que esses homens tinham família em situação de necessidade extrema, as quais eles não podiam ajudar, e que algumas haviam sofrido confisco de todos os bens que possuíam em casa.

Quantos anos mais eles estavam destinados a viver dessa maneira? Esse pensamento era assustador. No entanto, os trabalhos forçados a que eram submetidos não eram do pior tipo. Havia outra forma de trabalho forçado, a de Cabo Zeleny — com a qual eu também tive contato enquanto trabalhava na Companhia Estatal de Pesca do Norte —, que era terrivelmente pior. Como parte do Plano Quinquenal, uma operação de construção em larga escala deveria ser realizada em Murmansk. Um cais especial seria construído, onde os navios poderiam transportar carvão, a alguma distância da base de navios, de modo a evitar a penetração de pó de carvão nos armazéns usados para produtos de pesca destinados à exportação para a Inglaterra. O lugar escolhido situava-se vários quilômetros ao norte da cidade, do lado oriental da baía, perto do Cabo Zeleny, onde a terra ficava muito acima da água e tinha de ser dinamitada e nivelada. A companhia decidiu contratar um empreiteiro para a escavação e a remoção de terra, mas não havia empreiteiros particulares na URSS, então a companhia não abriu licitações, mas enviou especificações a diversas empresas de construção do Estado, solicitando que fizessem seu preço.

Inesperadamente, entre os poucos concorrentes, o GPU se apresentou com a promessa de que poderia fazer o trabalho por um valor 10 por cento menor do que a oferta mais baixa, e em um prazo mais curto do que o exigido nas especificações. A companhia *tinha* de aceitar essa oferta do GPU. Uma das funções do GPU era vigiar as atividades econômicas de todas as empresas. Se a oferta do GPU não tivesse sido aceita, a companhia certamente teria sido processada por "desperdiçar o dinheiro do povo". Sendo assim, acabou sendo assinado um contrato com o GPU para o trabalho em Cabo Zeleny, que envolvia o desembolso de várias centenas de milhares de rublos.

O motivo para o baixo custo do trabalho e da produção do GPU não era mistério para ninguém: eles usavam como mão de obra apenas pessoas condenadas. De camponeses a homens da mais elevada instrução, muitos dos quais com diplomas universitários. A equipe de engenheiros e técnicos também era composta de prisioneiros.

Os trabalhadores e o pessoal da supervisão foram retirados do campo de Solovetzki — onde cumpriam sentenças de três a dez anos por "atividades contrarrevolucionárias" e "sabotagem" — e levados para Murmansk. Não eram pagos por seu trabalho; não havia limite de horas trabalhadas; aqueles que não cumpriam suas cotas — planejadas em dezesseis horas por dia — tinham de permanecer em seu trabalho até completarem suas tarefas, e, além disso, não recebiam sua ração de pão e o jantar, e ficavam proibidos de voltar ao acampamento à noite. É desnecessário dizer que o GPU não pagava nenhum prêmio para o fundo de seguro social; em outras organizações, esses prêmios correspondiam a até 22% do total da folha de pagamento. O GPU também não fornecia nenhuma roupa, como outras empresas eram obrigadas a fornecer; os trabalhadores usavam as roupas com as quais estavam vestidos quando haviam sido presos — muitos deles andavam sem calçados e seminus. Para aqueles que trabalhavam nas obras do Cabo Zeleny foram erguidos alojamentos de madeira temporários. A "guarda" uniformizada — composta de prisioneiros (criminosos, delinquentes e homens do Partido que cumpriam pena por roubo e outros crimes) — tinha acomodações melhores e recebia maior quantidade de comida.

O trabalho era realizado da maneira mais primitiva: com as mãos, com pás, picaretas e barras de metal. A mecanização torna-se supérflua quando se dispõe de um suprimento ilimitado de mão de obra. A única despesa era com comida para os prisioneiros, e ainda assim não passava de 1 quilo de pão preto (assado pelos próprios prisioneiros a partir do trigo fornecido pelas organizações estatais por um preço baixo) e um "jantar" de duas porções: "sopa", isto é, água com uma pequena quantidade de grãos de aveia, e "cereal", isto é, grãos de aveia com uma grande quantidade de água. Com um sistema como esse, não é difícil constatar que quase todo o dinheiro recebido pelo GPU nesses contratos se transformava em lucro.

Os habitantes da cidade de Murmansk sabiam muito pouco sobre a vida desses prisioneiros. Era proibido falar com eles ou se aproximar dos seus alojamentos. No início a aparência faminta deles causava horror, seus rostos inchados ou macilentos, suas roupas em farrapos e seus pés descalços, mas com o tempo as pessoas começaram a se acostumar à visão deles — a sensibilidade dos cidadãos soviéticos tornou-se entorpecida. Os trabalhadores e os camponeses de Murmansk estabeleceram um relacionamento de negócios clandestino com os prisioneiros miseráveis. Alguns desses prisioneiros arranjavam um modo de fazer pequenos trabalhos de reparo em utensílios domésticos, os quais, devido a uma completa falta de artigos desse tipo no mercado, não podiam ser substituídos nem consertados em nenhum lugar. O procedimento era realizado da seguinte maneira: quando os prisioneiros eram levados para o trabalho, o artigo que necessitava de reparo era mostrado a eles de uma certa distância, e então colocado dentro de um velho barril que estava próximo. Na manhã seguinte, o utensílio consertado era devolvido junto com um pedaço de papel comunicando o preço do serviço, que era sempre incrivelmente baixo. No dia seguinte, o pagamento seria deixado no barril. Como os prisioneiros conseguiam realizar esse trabalho — às vezes bastante difícil — à noite e com grande discrição é um mistério. É algo que só pode ser feito por homens que passaram muito tempo na prisão e são motivados pela extrema necessidade.

Embora eles estivessem isolados, os mais impressionantes incidentes na vida desses prisioneiros do GPU chegavam ao conhecimento de todos na cidade. O primeiro foi uma epidemia de tifo em Cabo Zeleny, que, com a imundície e o amontoado de gente nos alojamentos, se espalhou com inacreditável rapidez. Alguns casos apareceram na própria cidade e houve pânico. A fim de isolar a epidemia, o GPU confinou os doentes em alojamentos especiais, onde eles foram deixados para morrer sem nenhuma ajuda nem cuidados médicos. O segundo incidente foi uma tentativa de fuga — duas tentativas, na verdade. Apenas o desespero poderia levar uma pessoa a fazer semelhante coisa. A região ao redor de Murmansk é bastante acidentada: há colinas e grandes rochas amontoadas em tamanha desordem que é quase impossível manter o senso de orientação; as planícies são tomadas por pântanos intransponíveis. Entretanto, dois grupos de quatro homens cada um conseguiram barcos a remo, atravessaram para o lado ocidental da Península de Kola e seguiram na direção da fronteira finlandesa. Um dos grupos foi cercado por nativos, aos quais foi prometido um saco de farinha pela captura dos fugitivos. Os outros quatro homens morreram de fome e por exposição às intempéries. Os homens capturados foram fuzilados.

Um terceiro incidente foi a execução do engenheiro Trester, que tinha supervisionado a construção das casas do GPU e desfrutava de considerável liberdade de ação. Houve rumores de que, quando a construção foi concluída, Trester foi conduzido de volta a Kem sob forte guarda. Lá, de acordo com o falatório, ele foi acusado de "sabotagem" e fuzilado porque a construção foi concluída com duas semanas de atraso. Mais tarde eu descobri que as coisas não aconteceram exatamente dessa maneira. Na verdade, pelo atraso na construção Trester foi sentenciado a um ano de confinamento numa solitária no campo de Solovetzki, e um agente do GPU atirou nele enquanto o levava para sua cela. Eu não me lembro do nome desse agente, mas ele era muito conhecido por sua espantosa crueldade e por assassinar prisioneiros frequentemente e sem motivo. Tais casos eram relatados geralmente como "morte durante tentativa de fuga".

Essas eram as únicas coisas que a população de Murmansk sabia a respeito da vida dos escravos do GPU, graças aos quais o Plano Quinquenal estava sendo realizado.

Ilustração de um gulag russo feita por um ex-prisioneiro.

CAPÍTULO 6

FACE A FACE COM O GPU

Para resumir minha narrativa: nós, os homens "apartidários", estávamos desanimados e apreensivos enquanto os meses do verão de 1930 avançavam. A força de trabalho da companhia havia aumentado enormemente. Chegaram dois novos membros para o Conselho de Administração – comunistas, é claro. Eles não conheciam nosso trabalho e admitiam abertamente que antes de serem nomeados para os cargos na Companhia de Pesca tudo o que sabiam sobre peixe é que vai bem acompanhado de vodca. Agora um deles era o chefe de mecanização e racionalização de toda a empresa, enquanto o outro se encarregaria de comandar a construção da base de navios de pesca, que, segundo a *Piatiletka*, seria o maior e o mais moderno porto de pesca comercial do mundo. Os dois haviam trazido consigo de Leningrado as próprias equipes, completas, de engenheiros a datilógrafos, e andavam pela base de peito estufado, dando ordens e criticando tudo em voz alta.

Nossa empresa, que havia desempenhado com sucesso seu trabalho prático, iria agora sentir o efeito de planos totalmente fantasiosos. A meta dos novos administradores não era o desenvolvimento dos negócios com a pesca; seu único interesse era a construção. Como eles poderiam usar agora nossa refinaria para óleo medicinal, se a capacidade de produção dela era de apenas mil toneladas por ano, quando o novo plano exigia uma fábrica com capacidade para produzir 15 mil toneladas? Os jornais divulgavam todos os dias incrementos igualmente ambiciosos nos planos das outras indústrias. O programa da indústria da borracha estava sendo aumentado em dez vezes; a produção do polo de equipamentos pesados em oito vezes, e assim por diante. Novos redatores e "diretores" de indústrias citavam essas notícias como realizações formidáveis, mas nós sabíamos que isso significava apenas a destruição do que já havia sido conquistado. A *Piatiletka* estava se tornando a ruína de toda a indústria.

Era triste ver nossas instalações de refrigeração — que nós tínhamos construído após sonhar com elas por tantos anos — demolidas porque sua capacidade, planejada um ano e meio antes, era agora considerada pequena demais. As fundações da fábrica de barril foram abandonadas, porque os planos estavam sendo mudados. Os embarcadouros, extremamente necessários para fazer frente ao crescente número de navios pesqueiros, permaneciam inacabados, à espera de planos novos e mais grandiosos. A visão do caos era de cortar o coração. Até onde pude eu tentei evitar o cenário de construção destrutiva. Passava meus dias — das 8 da manhã às 11 da noite — no meu laboratório, e, como já informei no início deste livro, durante o resto da noite eu ficava sozinho em meu quarto.

Depois da noite de março em que ocorreu a busca no meu pequeno alojamento, como já relatei, rumores que se espalhavam por toda parte nos fizeram crer que nós, homens "sem partido", estávamos numa situação cada vez mais perigosa. A velocidade do trabalho iniciado sob o novo plano estava sendo observada com rigor; algo sinistro pairava no ar, sem sombra de dúvida. Quanto mais impossível era a nossa tarefa, mais claramente nós ficávamos marcados como vítimas daqueles que a impunham. Comunistas também estavam sendo interrogados; era a oportunidade deles de acertar velhas contas, de se livrar de possíveis rivais e de aumentar as próprias chances de promoção ao nos destruir. Isso não era segredo. Não demorou para que todos soubessem que eles estavam "ajudando o GPU a descobrir os sabotadores".

O sistema de interrogatório era bem óbvio:

— Você acha que "atividades de sabotagem" são possíveis na nossa companhia?

Geralmente o comunista interrogado acreditava que essas atividades eram perfeitamente possíveis.

— É possível que os especialistas tenham mentalidade antiproletária ou antissoviética e sejam, portanto, "sabotagem"?

— Camarada, a mentalidade dos especialistas é indubitavelmente antiproletária, e eles sem dúvida podem ser "sabotadores".

Assim que declarações desse tipo são dadas, o agente interrogador adota um tom de ameaça.

— Você sabe qual é a punição para falso testemunho? Pertencer ao Partido Comunista não vai salvá-lo de uma coisa dessas. Palavras não vão sustentar seu depoimento. Pode comprovar suas acusações com fatos?

A sofrível testemunha acusaria os especialistas de qualquer coisa, e faria isso de bom grado, mas tinha medo de acabar prejudicada. O interrogador, percebendo então que o homem estava pronto para concordar com qualquer coisa, agora o ajudaria fazendo-lhe perguntas capciosas, para as quais esperava respostas afirmativas.

— O responsável pelo fracasso na captura de peixes no ano passado foi Krotoff, com suas atividades de sabotagem, não foi?

— Com toda a certeza, camarada — a testemunha responderia, aliviada.

— Ele não reteve os navios no porto intencionalmente?

— Sim, camarada, foi o que ele fez, sem dúvida.

E assim testemunha e examinador chegavam a um completo acordo.

O GPU podia obter, e obtinha, a quantidade que quisesse desse tipo de "testemunho", não apenas de comunistas, mas também de alguns dos homens sem partido apavorados por ameaças de prisão imediata. Chegou ao meu conhecimento, por exemplo, que um dos capitães veteranos, S., deu seu testemunho dessa mesma maneira. Isso era de grande valor para o GPU, porque a evidência fornecida pelos comunistas era considerada pobre até mesmo pelo GPU, mas S. era um trabalhador veterano e não tinha partido, era um especialista com muitos anos de experiência. Pobre homem! Ele era mentalmente instável. Em duas ocasiões havia sofrido ataques de insanidade no mar, e em ambas as vezes o navio foi conduzido para o porto pelo seu imediato. S. não podia ser colocado num hospital porque estava tudo lotado. Pelos serviços que prestou à companhia, deram-lhe um trabalho em terra. Ele não acreditava que estivesse doente; ainda queria ir para o mar, e considerava que havia sofrido uma injustiça. Tinha um medo terrível do GPU. Disseram-me que um dos seus camaradas, também comandante veterano, perguntou-lhe se ele não se envergonhava do seu testemunho.

— Mas como posso me envergonhar, se o GPU me mandou fazer isso? Eu não quero acabar fuzilado. Além do mais, que isso lhes sirva de lição por terem chutado um velho para fora do seu emprego!

A situação se tornava ainda mais desesperadora pelo fato de que não se exigiam da "testemunha" fatos, mas uma explanação de cunho psicológico por meio da qual qualquer ato simples poderia ser interpretado como algo intencional, com o objetivo de causar dano à indústria. Além disso, se uma

NOS CAMPOS DE CONCENTRAÇÃO SOVIÉTICOS

"testemunha" não nega categoricamente a possibilidade de intenção de sabotagem, o GPU presume que houve de fato intenção.

E minha vez enfim chegou. Certa manhã, recebi um aviso para comparecer ao escritório do GPU às 6 horas daquela mesma tarde. Informei isso ao presidente da companhia e também ao maior número de colegas que pude, esperando que, no caso do meu desaparecimento, minha esposa tomaria conhecimento do que havia ocorrido. Quantas pessoas na URSS saem de casa depois de uma convocação como essa e nunca mais retornam! Eu também tive uma oportunidade para enviar um breve recado para Leningrado, contando à minha esposa sobre a busca e as numerosas prisões, a fim de que ela se preparasse para qualquer emergência.

Aproximei-me lentamente do grande prédio do GPU. Como a maioria das casas em Murmansk, ele não era cercado. A sujeira ao redor era a mesma que a de qualquer outro lugar. Na frente do prédio, porcos se regozijavam rolando na sujeira.

A antessala era dividida por uma repartição baixa, atrás da qual se encontravam dois homens com uniforme do Exército Vermelho. Um deles estava girando a alavanca de um telefone antigo. O outro bocejou enquanto me examinava.

— O que você quer?

Sem dizer uma palavra, eu lhe entreguei a intimação.

— Você vai ter de esperar.

Eu me sentei num banco e fiquei observando com tristeza os ponteiros do relógio, que se moviam muito lentamente. Os homens conversaram sobre o que se podia comprar no armazém da cooperativa. Por fim, um dos soldados veio até mim.

— Vamos!

Ele caminhou atrás de mim por um corredor. "Será que já estou preso?", eu me perguntei. O corredor era largo, sujo e escuro. Do lado direito havia uma fileira de portas trancadas por cadeado — as celas onde Scherbakoff e Krotoff, talvez os homens mais respeitados da companhia, deviam estar. No final do corredor, o guarda me disse para esperar. Então ele bateu de leve numa das portas e me conduziu para o interior de um escritório sem pintura, com divisórias de madeira, duas mesas e três cadeiras. Uma mulher estava sentada a uma das mesas — imaginei que fosse a estenógrafa. Fiquei estupefato quando ela falou, pois eu não fazia a menor ideia de que o agente do GPU seria uma mulher.

— Sente-se, camarada Tchernavin. Nós temos uma longa conversa pela frente.

Ela apontou para a cadeira diante da sua mesa. A luz da lâmpada brilhava no meu rosto, mas a mulher se manteve na penumbra. Ela era pequena, magra e frágil, de cerca de 30 anos. Pele morena. Tinha feições duras e uma boca grande e desagradável. Diante dela havia dois maços abertos de cigarro barato *"Poushka"*, que ela fumava sem parar, atirando os tocos no chão. Suas mãos tremiam.

Era a primeira vez que eu me reunia com um membro do GPU. A conduta da minha interrogadora me parecia ridícula, embora ela não parecesse muito bem enquanto me interrogava. Às vezes falava de maneira sincera e amigável, e então, de súbito, esquadrinhava meu rosto com um olhar penetrante. Num momento ela era ameaçadora e raivosa, e no outro gentil e quase carinhosa. Mais tarde eu descobri que esse é o método padrão de interrogatório usado pelos agentes do GPU. Na ocasião do interrogatório, porém, o comportamento dela fazia lembrar uma encenação teatral de segunda categoria num palco de província. Teria sido bastante divertido se eu não soubesse que estava totalmente à mercê dessa mulher desequilibrada e de seu aliado, um letão alto num uniforme militar, que parecia estúpido e preguiçoso.

O interrogatório continuou por seis horas, e os dois interrogadores se revezaram duas vezes. Quatro das seis horas de interrogatório foram dedicadas a uma só frase: *"Pior para eles; tudo isso é absurdo, e deixem que eles assumam as consequências".*

Quem disse isso? Quando? Em que circunstâncias? Não me lembro de ter ouvido essa frase alguma vez, e mesmo agora eu não sei de onde eles tiraram isso.

— Como você explica essa frase? — a mulher perguntou. — Você não vê "sabotagem" nela?

— Sabotagem? — respondi, confuso.

— Isso mesmo, sabotagem! De que outra maneira você poderia explicar isso? Estou muito curiosa para ouvir sua explicação. — Isso foi dito de modo ameaçador.

— Eu não entendo essa frase — respondi. — Não faz sentido para mim: não sei do que se trata, não sei quem disse isso, não sei em que circunstâncias foi dita e nem quando foi dita.

— Camarada Tchernavin, tentar se esquivar das perguntas não vai levar a nada.

— Não posso responder a perguntas que não entendo.

— Você entende perfeitamente que a pessoa que disse essa frase — não vou citá-la pelo nome ainda — referiu-se à *Piatiletka* como um "absurdo" imaginado pelo governo soviético.

— Como eu poderia saber disso? — respondi, tentando num grande esforço me lembrar se havia pronunciado essas palavras em alguma ocasião. Não consegui, porque eu não podia ter dito isso. Mas quem poderia? Talvez tenha sido o Mourasheff, o comunista presidente da companhia; de vez em quando ele não media palavras para falar do Plano Quinquenal.

— Agora você pode admitir que isso é sabotagem — a mulher insistiu.

— Perdão, mas por que seria sabotagem?

— Então você acha que isso é certo?

— Eu não disse isso.

— Então é errado? Responda à pergunta! Isso é certo ou é errado? — ela insistiu, cada vez mais zangada. — Estou esperando!

— Dizer que a *Piatiletka* é um absurdo está errado.

— Apenas errado? Pois eu acho que é deplorável.

Eu fiquei em silêncio.

— Então você não vê sabotagem nessa frase? — ela persistiu.

— Eu não compreendo como alguém pode ver sabotagem numa frase. No meu entendimento, sabotagem é uma ação que causa dano a uma empresa, e não uma frase tirada aleatoriamente da fala de uma pessoa desconhecida, em circunstâncias desconhecidas, numa conversa qualquer.

— Você sabe mesmo o que é sabotagem! — ela exclamou. — Só está esquecendo que as palavras vêm primeiro e as "ações" vêm depois. Então você não enxerga elementos de sabotagem nessa sentença?

— Não.

— Camarada Tchernavin — a mulher disse, repentinamente deixando de lado a atitude ameaçadora e adotando uma postura amigável. — Nós o temos na mais alta conta como especialista, e sinceramente desejamos seu bem. Ouça o meu conselho: não seja tão teimoso. Veja aqui... — Ela apontou para um envelope volumoso sobre a mesa — Esse é o "caso" da sua esposa. Se contar a verdade agora e nos ajudar de maneira sincera, nós destruiremos isso, mas, se continuar com a mesma conversa, nós tomaremos as devidas providências a respeito desse caso, e o único culpado por isso será você.

"Mas que grande absurdo", eu pensei. "Não pode haver 'caso' nenhum em Murmansk contra minha mulher. Ela esteve aqui apenas uma vez, por dez dias, cerca de um ano atrás; ela não conhece ninguém neste lugar e não pode ser acusada de coisa nenhuma, ainda que esse envelope esteja cheio de folhas.

Dei de ombros em resposta a essa ameaça.

— Não estou escondendo nada e não tenho nada a esconder. Estou dizendo a verdade.

Então o homem assumiu o interrogatório. Ele começou a enumerar metodicamente todos os erros, reais ou imaginários, cometidos na Companhia Estatal de Pesca do Norte durante seus dez anos de operação. A maior parte desses erros ocorreu antes da fundação da companhia: em 1920, uma baleeira ficou presa nos campos gelados; em 1921, alguém comprou um arpão na Noruega e, na opinião do GPU, pagou um preço alto demais por ele. Em 1925, a pesca de arenque foi menor, segundo ele, do que deveria ter sido; em 1927, um dos guindastes elétricos ficou fora de operação durante algum tempo. Em janeiro de 1929, os navios pesqueiros foram à região da Corrente do Golfo para a pesca do bacalhau, quando, de acordo com o GPU, eles deveriam ter ido para a região da Ilha do Urso. E assim por diante.

Ele falava devagar, citando muitos detalhes, consultando com frequência anotações diante dele — evidentemente, acusações ou testemunho de várias pessoas. Ele parecia ter a intenção de me aniquilar com cada uma dessas acusações.

— Você está vendo a quantidade enorme de evidências que temos? É claro que nós compreendemos que alguns erros podem ter acontecido na produção, mas aqui eles parecem ser sistemáticos. É claramente um caso de sabotagem.

A agente feminina retornou, e eles continuaram juntos o interrogatório.

Eu não consegui me calar diante do que havia acabado de ouvir:

— Mas considerem os resultados gerais que obtivemos com o trabalho de pesca! Eles não provam conclusivamente que não pode ter ocorrido nenhuma atividade de sabotagem ao longo do tempo? O trabalho da companhia vem se expandindo continuamente, o volume de pescas está aumentando, o tempo que os navios ficam parados no porto está diminuindo. A companhia tem lucro, que é repassado ao Estado. E esse enorme empreendimento vingou onde antes não havia nada. Como podem levantar suspeitas de sabotagem? Por exemplo: você diz que em 1929 a pesca foi intencionalmente realizada no lugar errado. Para que isso acontecesse, os comandantes e as tripulações dos navios pesqueiros teriam de estar mancomunados com os

NOS CAMPOS DE CONCENTRAÇÃO SOVIÉTICOS

"sabotadores" na administração da companhia; caso contrário, as tripulações jamais arriscariam perder os prêmios que recebem por boas pescarias. Quem acreditaria numa coisa dessas?

— Camarada Tchernavin, nós estamos falando apenas sobre fatos rigorosamente comprovados, e nesse caso nós temos o testemunho de um camarada muito competente — disse em tom de reprovação a agente do GPU.

— Eu não conheço nenhuma pessoa mais competente do que nossos comandantes quando se trata de saber onde encontrar peixe! — respondi, começando a ficar irritado.

— Eu posso citar o nome deles. Eles são especialistas do Instituto Oceanográfico que trabalham sob as ordens do professor Mesiatzeff. Tenho aqui o testemunho deles provando que os navios foram deliberadamente conduzidos para as regiões de pesca erradas.

— Mas isso é absurdo! Eu me lembro perfeitamente de que em janeiro os resultados da pesca foram muito bons. Nós não precisávamos da ajuda do instituto para saber que havia peixe nas proximidades da Ilha do Urso; nós já sabíamos disso, e nossos comandantes também. Eles não foram para lá porque havia peixe em abundância muito mais perto.

Eu conhecia o professor Mesiatzeff. Suas relações com o GPU não eram nenhum segredo. O sucesso profissional dele se devia à sua afiliação ao Partido, não à sua habilidade científica.

— Talvez você possa encontrar tempo para nos fornecer uma declaração por escrito sobre suas considerações a respeito do trabalho do Instituto Oceanográfico? — Sugeriu educadamente o interrogador. — O que acha, por exemplo, da estimativa deles a respeito das reservas de peixe no Mar de Barents?

— Eu não estou familiarizado com o trabalho do instituto nesse sentido — respondi fazendo-me de desentendido. Eu não tinha a intenção de me deixar apanhar nessa armadilha e ser preso como "delator".

— E você, pessoalmente? O que você pensa sobre a possibilidade de encontrar no Mar de Barents a quantidade de peixe requerida pelo plano?

"Esse é o objetivo principal do interrogatório", imediatamente pensei, "e foi deixado para o final." Eles sem dúvida pretendiam me acusar de não acreditar na *Piatiletka*. A base para tal acusação poderia ser uma opinião expressada por mim ao Conselho de Administração — a de que seria aconselhável fazer uma estimativa sobre o estoque provável de peixe no Mar de

Barents antes de dar início à construção de 300 ou 500 navios para realizar operações lá...

Finalmente, depois de solicitarem uma resposta escrita à última pergunta que me fizeram, eles me advertiram solenemente:

— Nós estamos surpresos com a sua inflexibilidade, pasmos diante do seu óbvio empenho em proteger alguém em vez de nos ajudar a expor as deficiências da companhia. Nós não o estamos acusando de nada, mas você terá de nos provar, por meio dos seus atos, sua sinceridade e sua lealdade ao governo soviético. É necessário que você nos convença de que não nutre simpatia pelos sabotadores. Esperamos que você nos forneça informações importantes, e que faça isso de livre vontade. Vamos lhe dar tempo para pensar. Você pode entrar em contato conosco por telefone, e nós o ouviremos, em qualquer dia, a qualquer hora. Não queremos interferir em seu trabalho.

Eles me fizeram assinar um acordo comprometendo-me a não falar a respeito do interrogatório e depois me dispensaram. Saí do prédio para a noite gelada. E só então me dei conta de que estava extremamente cansado. E extremamente vulnerável.

CAPÍTULO 7

RUMO A MOSCOU

Na manhã seguinte, quando eu entrei no escritório do presidente da companhia, o comunista Mourasheff, ele estava batendo ferozmente na campainha do telefone e gritando:

— Alô! Eu não consigo falar! Sempre que vou falar a ligação cai! Está ouvindo, camarada? Por que não responde? Eu sei que você está aí! Se o GPU não tem um eletricista capaz de consertar sua linha para que você possa ouvir, eu lhe envio um aqui da companhia! Não, não adianta, é inútil! — Ele jogou o fone de lado e se voltou para mim.

— Que inferno! Desde as últimas prisões eu não consigo usar o telefone. Às vezes eu não consigo ouvir nada, nem um simples bom-dia. E então você foi interrogado? Conte-me como foi. Ninguém vai nos escutar.

— Eu assinei um acordo de sigilo.

— Quanta bobagem! Não precisa disso comigo, nenhuma conversa vai sair daqui! O que eles perguntaram? Mencionaram meu nome?

— Quiseram saber detalhes sobre a construção de navios e sobre suas viagens para o estrangeiro. — Eu sabia que esse era o ponto fraco dele.

— Essa corja! Eu gostaria de ver esses pilantras fazendo algum trabalho construtivo. Tenho de ir para Leningrado. Ninguém lá consegue pensar em mais nada a não ser em prisões e carne grelhada. Ninguém está trabalhando em coisa alguma. Maldição! E você vai ter de ir a Moscou. O Departamento Central de Pesca quer sua presença lá para discutirem o Plano.

— O GPU não me deixará ir.

— Nós podemos resolver isso com o GPU.

Apesar dessa garantia, eu ainda temia que o GPU me impedisse de sair de Murmansk. Mais dois interrogatórios rigorosos aconteceram depois

NOS CAMPOS DE CONCENTRAÇÃO SOVIÉTICOS

daquele em que me ameaçaram devido à minha "insinceridade" — foi como eles tacharam minha recusa em fazer falsas acusações contra meus amigos e colegas de trabalho. Ainda assim, alguns dias mais tarde eles me deixaram partir, embora eu receasse — mesmo já dentro do trem — ser preso antes que o trem deixasse a estação, pois essa era uma prática comum do GPU. Mas por fim eu escutei o apito, e o trem começou a se mover. Eu podia ver pela janela as construções miseráveis da cidade. Quando se aproximou dos alojamentos do GPU, o trem diminuiu a velocidade para permitir que um dos agentes do órgão saltasse do vagão de correio, onde ele estava selecionando cartas para o censor. Essa foi a minha última impressão de Murmansk. O trem ganhou velocidade e eu enfim pude me acalmar.

A primeira parte da viagem me levaria a Leningrado; isso demoraria dois dias, e pelo menos durante esse tempo eu certamente não corria risco de ser preso. Também não acreditava que seria preso ao chegar. Pude ver minha mulher e meu filho de novo. O cidadão soviético não é exigente! Eu me sentia quase feliz naquele momento.

Eu ainda alimentava uma vaga esperança, compartilhada por todos os meus colegas de trabalho, de que em Moscou nós encontraríamos proteção contra a estúpida tirania do GPU de Murmansk; uma pequena esperança de que os comunistas à frente do departamento central de pesca — que representava toda a indústria de pesca do país —, que conheciam havia muitos anos os homens acusados e meu trabalho, não suspeitariam de atividades de sabotagem. Além disso, eu tinha certeza de que eles percebiam que essas prisões estavam desestabilizando toda a indústria.

Felizmente para mim, nosso trem estava quinze horas atrasado. Por esse motivo eu perdi a conexão com o trem para Moscou naquela tarde e pude passar uma noite inteira e um dia em casa. Minha mulher me inteirou das cruéis e insensatas prisões em massa da elite de intelectuais em Leningrado e em Moscou. Jovens e velhos estavam sendo atirados na prisão; gente que era bem conhecida antes da Revolução e gente que havia acabado de sair das universidades soviéticas. Não parecia que se fazia distinção entre aqueles que se abstinham de política e aqueles que haviam participado ativamente nas campanhas bolcheviques, nem entre os homens dedicados à ciência pura e os que trabalhavam como cientistas na indústria. Entre os presos encontravam-se historiadores de reputação mundial, muitos funcionários de museus, engenheiros de todas as especialidades, médicos e, como era de esperar, oficiais do Exército e membros do clero. Essas vítimas tinham uma coisa em comum: todas eram intelectuais. Tratava-se, sem sombra de dúvida, de uma campanha contra pessoas esclarecidas. Dois anos antes, repercutiu pelo mundo a "erradicação dos *kulaks* como classe"; agora era a vez da classe acadêmica. De certo modo, nossa situação era ainda pior do que a dos *kulak*. O camponês próspero ainda podia deixar a sua casa e a sua terra, ir para uma cidade ou para outro distrito, tornar-se um proletário e se misturar com as massas. Nós não tínhamos essa escolha. Nosso capital e nossa propriedade eram nosso conhecimento, nosso treinamento, nossa educação — e era justamente isso que nos tornava invejados e odiados pelos bolcheviques, não importava em que lugar estivéssemos, não importava o que fizéssemos. Somente a morte nos privaria dessa propriedade, e por isso o sofrimento que nos impunham era mais cruel do que o que impunham aos *kulaks*.

Minha casa em Leningrado não havia sido alvo de buscas. O GPU jamais procedia de maneira lógica. Em Murmansk eles tinham examinado o meu suprimento de açúcar e de aveia, e também remexido nas cinzas do meu forno; em Leningrado eles não prestaram atenção em minha verdadeira casa. Eu sabia, contudo, que mais cedo ou mais tarde eles apareceriam para uma batida, por isso inspecionei com cuidado tudo o que eu tinha — velhas cartas, fotografias, manuscritos. Não encontrei nada que pudesse ser incriminador, mas queimei tudo, até as fotografias do meu filho, para evitar que acabassem nas mãos do GPU.

Fui para Moscou sem dificuldade. Três trens saíam todas as noites e chegavam a Moscou na manhã seguinte. Eram trens que contavam com vagões acolchoados, e até com alguns vagões-leito. Nos trens também era possível ter roupa de cama e chá com biscoitos, artigos que haviam desaparecido do mercado fazia muito tempo. Os passageiros eram em sua maioria funcionários do governo, mas havia alguns estrangeiros. Era principalmente em benefício deles que a estação era bem cuidada — às vezes, quando algum estrangeiro importante passava por ali, a estação era temporariamente decorada com palmeiras e loureiros para dar a impressão de prosperidade.

Dois ou três anos atrás, se você chegasse a Moscou seria recebido na estação por agentes hoteleiros que competiriam entre si para tê-lo como cliente; e do lado de fora da estação uma longa fileira de táxis estaria à sua disposição. Mas em 1930 tudo isso havia desaparecido. Era quase impossível encontrar um quarto de hotel, e ninguém nem sequer sonhava em procurar um táxi. Todos disputavam espaço nos degraus dos bondes e a única maneira de passar uma noite era com amigos, ainda que fosse numa cadeira ou numa caixa.

A atmosfera de Moscou — especial, absolutamente única — sempre me comovia. Esse encanto os bolcheviques não podiam destruir, por mais que tentassem. Nessa época o Portão Vermelho ainda estava de pé, embora sua demolição já tivesse sido decidida. A *Rua Miasnitskaya* continuava a mesma; mais perto do centro da cidade, porém, a multidão era imensa, de modo que os pedestres acabavam no meio da rua por não haver mais espaço nas calçadas. Os bondes ficavam completamente lotados, a ponto de não poderem mais recolher pessoas nos pontos. Eram poucos os outros veículos que trafegavam nas ruas. Vez por outra uma decrépita carruagem puxada por cavalos, ou um automóvel de alguma autoridade, correndo muito e buzinando alto. Apesar de todo o alarde bolchevique sobre a motorização da Rússia, havia pouquíssimos ônibus até mesmo em Moscou. Os táxis podiam nunca ser encontrados em suas posições, pois estavam sempre sendo usados pelas organizações governamentais.

As antigas e as novas edificações do GPU permaneciam como monumentos de construção socialista no amplo espaço entre a *Praça Lubianka* e a *Miasnitskaya*. Nunca antes um lugar tão importante havia sido escolhido, nem tanto dinheiro havia sido gasto, para abrigar a polícia secreta. A velha prisão Butyrki, com capacidade para 15 mil presos, acabou se mostrando muito insatisfatória para os objetivos do GPU, e por isso eles construíram uma imensa "prisão interna" dentro dos limites da praça formada por seus outros prédios. Nesse local, perto do escritório central, as técnicas mais modernas podiam ser aplicadas no interrogatório dos prisioneiros. Nenhum estrangeiro jamais imaginaria que um lugar tão terrível existia bem ali, na região central da velha cidade.

Das janelas dos bondes, os habitantes de Moscou observavam com interesse as longas filas diante de algumas lojas.

— O que será que estão distribuindo hoje? — alguém perguntou.

— Vodca. Veja as pessoas com as garrafas. Cada um tem de trazer a própria garrafa.

— Seria melhor se eles vendessem um pouco de comida — outra pessoa disse com tristeza.

A Capela Iverskaya foi demolida, mas a inscrição no antigo prédio da prefeitura diante dela ainda permanece: "A religião é o ópio do povo". Certa vez, um jornalista francês deu outra interpretação a isso: "A religião é a opinião do povo", e citou isso como prova do espírito liberal dos bolcheviques em matéria de religião.

Os portões do Kremlin estavam fechados e guardados por fortes destacamentos de soldados, e quando eles se abriam para que passasse algum automóvel oficial era possível ter um vislumbre da *Praça do Kremlin,* vazia e sem vida. Por trás dos sólidos muros e das baionetas escondia-se o "Governo do Povo", por cuja vontade e exigência muitas das mais dignas pessoas do país foram colocadas atrás de outros muros sólidos e foram igualmente guardadas por sentinelas e baionetas.

A Universidade e o Museu Rumiantseff estavam intactos e em bom estado de conservação, principalmente do lado de fora, para mostrar respeito pela cultura. A Catedral de Cristo Salvador ainda se encontrava de pé na ocasião da minha visita, mas seus dias estavam contados. Atrás da Catedral, na outra margem do Rio Moscovo, um imenso prédio estava sendo construído – a "Casa do Governo". O projeto de construção desse prédio já havia sido mudado várias vezes. O arquiteto e vários bombeiros foram fuzilados em virtude de um incêndio que certa vez aconteceu no andaime. Uma nova ponte de pedra estava sendo erguida diante da "Casa do Governo". A barragem foi feita com lajes de mármore obtidas em cemitérios de Moscou; em algumas delas ainda era possível ver partes de inscrições, como "Aqui jaz", "Sepultado", "Em memória". Dizia-se que as lajes seriam utilizadas para embelezar a cidade.

Na *Rua Prechistenka,* na casa de F. B. Chelnakoff, ficava o famoso Museu Tolstoi, e na casa de Morosoff o museu de novas pinturas francesas, às quais havia sido acrescentado o Acervo de Schukin. Algumas das pinturas tinham sido vendidas, e o povo de Moscou tinha certeza de que essas coleções logo compartilhariam o destino de muitas outras que haviam sido proibidas. Já havia sumido o museu de porcelanas raras, o museu de móveis em Nescoutchnoe, o museu dos "anos 40" e muitos outros. A era do liberalismo soviético e o respeito pelas belas-artes haviam chegado ao fim.

Quando eu ia a Moscou sempre ficava na casa de V. K. Tolstoy, um grande amigo meu que morava na *Praça Zuhoff.* Nós nos conhecíamos desde a infância e crescemos juntos, e nos aproximamos ainda mais por nosso trabalho e nosso interesse na mesma área da ciência.

Tolstoy tinha vindo de uma família pobre e que não pertencia à nobreza. Seu pai era médico e não tinha outro rendimento além daquele que obtinha com sua prática modesta. Isso era tudo o que ele podia fazer para garantir a educação dos seus cinco filhos. Eles haviam vivido de maneira muito simples, sem extravagâncias. Até os móveis da casa deles refletiam essa conduta: consistiam de nada mais além de camas e apenas uma quantidade mínima indispensável de cadeiras e mesas.

Enquanto ainda era estudante na universidade, Tolstoy se interessou por ictiologia, e depois de se formar fez desse campo de estudo sua especialidade. Ele se tornou conhecido por seu trabalho de pesquisa sério e científico. Após a Revolução, dedicou-se com o mesmo entusiasmo de sempre ao trabalho prático em larga escala, e por oito anos foi diretor da indústria de peixe estatal nas regiões do Mar de Azov, Mar Negro e Mar do Norte. Durante esse tempo ele publicou diversos artigos sobre questões relacionadas à atividade de pesca, o que mostrou que ainda não havia abandonado completamente a pesquisa. Também fazia palestras de tempos em tempos na Academia de Agricultura de Petrovsky. Em 1929, quando a direção da indústria pesqueira foi transferida da Associação de Pesca para o Bureau Político — mudança essa que estava levando a indústria à ruína —, Tolstoy conseguiu, depois de grande dificuldade, ser transferido da Associação de Pesca para o Instituto Científico de Economia Pesqueira, onde ele se envolveu num trabalho puramente teórico.

Tolstoy não era capaz de agir com dissimulação, nem de se adaptar às exigências do momento. Ele abordou o problema do planejamento da indústria pesqueira com grande persistência, inteligência e conhecimento, empenhando-se com paciência e insistentemente para incutir bom senso e restrições razoáveis nos experimentos frenéticos dos bolcheviques. Tolstoy ficava desesperado sempre que as diretrizes do Partido tendiam a destruir o que havia sido construído com tanto esforço, ameaçando arruinar todo o trabalho com suas exigências impossíveis de cumprir. Ele então se dirigia aos líderes e insistia em lhes provar a insensatez das suas ordens e os danos que acabariam causando ao negócio, sem jamais deixar de considerar as consequências que essa insistência poderia ter sobre a própria situação.

Quando os bolcheviques planejaram previamente a captura de 1,5 milhão toneladas pela nossa Companhia Estatal de Pesca do Norte, Tolstoy se encarregou, por solicitação do Instituto Científico, de um enorme e extremamente interessante estudo de pesquisa, baseado no qual ele provou a ineficiência de se empregar mais de 125 navios de pesca na região restrita do Mar de Barents. Quando Tolstoy leu o relatório acerca dos resultados da sua pesquisa no Instituto Científico, mais tarde, diante do Conselho Técnico da Associação de Pesca, nenhum dos comunistas presentes levantou objeção alguma.

Apresentar semelhante relatório exigiu uma enorme coragem, basta dizer que muitos dos comunistas tiveram medo até de ir à reunião, e aqueles que não puderam se esquivar de comparecer participaram dela em silêncio, embora totalmente cientes de que as metas determinadas pelo governo eram inalcançáveis. Talvez eles até tivessem esperança de que o relatório de Tolstoy levasse a mudanças nessas metas. Ninguém criticou o relatório, mas ninguém tampouco mostrou apoio ao seu autor.

Tolstoy vivia só e com grandes restrições. Mesmo durante o período da NPE ele nunca tinha dinheiro suficiente para se vestir de maneira adequada, até para os padrões soviéticos, e fazia, bem-humorado, piadas a respeito dos buracos em suas botas.

Quando cheguei a Moscou, fiquei muito contente por encontrá-lo em casa. Perguntei imediatamente a ele quais providências estavam sendo tomadas para a libertação de Scherbakoff e Krotoff, meus colegas em Murmansk, e qual era a situação de modo geral.

— Meu amigo — Tolstoy disse —, nós temos feito tudo o que está ao nosso alcance, mas não entendemos o que está acontecendo. Recebemos uma vaga indicação de que o GPU libertará Scherbakoff e Krotoff, mas as prisões estão ocorrendo por toda parte e ninguém se sente seguro. Aqui em Moscou, Patrikeeff, da Associação de Pesca, foi preso, provavelmente porque já serviu no Exército. Frumkin acabou de voltar do Leste, e disse que tudo está em ordem por lá. Apesar disso, também estão prendendo gente lá; mas ele, o chefe, não interfere nisso. Algo incompreensível está ocorrendo. E causa medo imaginar o que acontecerá no fim do ano, porque em todas as regiões, assim como na sua, metas impossíveis foram estabelecidas. No Extremo Leste, por exemplo, eles incluíram no programa a construção de 200 navios de pesca... Em um lugar onde agora existe somente uma embarcação, que aliás é da Alemanha. Eles não sabem nem onde procurar peixe, não sabem que tipos de peixe devem pescar. Eles não sabem se devem pescar no Mar do Japão, no Mar de Bering ou no Mar de Okhotsk. Parecem estar em uma posição pior que a da sua companhia. Nem os japoneses nem os americanos jamais usaram navios pesqueiros naquela região, e agora nós vamos construir 200. Não há homens, não há embarcadouros, não há base — mas a ordem é construir a qualquer custo.

Tolstoy balançou a cabeça angustiado e prosseguiu:

— A meta geral para esse ano, para toda a indústria, é de 1,9 milhões de toneladas de peixe; nós teremos sorte se 60 por cento disso for cumprido.

NOS CAMPOS DE CONCENTRAÇÃO SOVIÉTICOS

Isso significa que haverá mais prisões! Para o ano que vem, a ordem é capturar 2,2 milhões de toneladas. É pura loucura! Ainda bem que desisti de trabalhar na indústria e não tenho mais envolvimento nenhum com planejamento. Isso deixa qualquer um maluco! O trabalho científico é muito mais tranquilo.

Assim que Tolstoy terminou de falar, contei a ele em detalhes o que estava acontecendo em Murmansk. Expliquei-lhe como nosso vice-presidente, Gasheff, decidiu que nós podíamos aumentar a produção em 25% e então tentar cumprir o plano salgando o bacalhau com as cabeças. Falei sobre as prisões que estavam ocorrendo por lá. Também relatei os confiscos e os interrogatórios. Parecia que só conseguíamos falar de coisas desagradáveis e terríveis, apesar da felicidade que sentíamos por ter nos reencontrado.

No dia seguinte, acompanhei Tolstoy à Associação de Pesca, onde Kryshoff, diretor-sênior da Indústria de Pesca, ofereceu-me o cargo de presidente da Comissão de Desenvolvimento do plano para a Região de Pesca do Norte. Eu sabia, porém, que não seria possível terminar o plano no prazo estabelecido, e por isso recusei a oferta. Mas como eu não desejava voltar a Murmansk, aceitei permanecer em Moscou como consultor.

CAPÍTULO 8

OS CORVOS NEGROS AVANÇAM

O verão de 1930 foi repleto de preocupação. Os efeitos do experimento fracassado da *Piatilekta* foram sentidos em todos os lugares. A comida estava se tornando escassa. Mercadorias sumiam das prateleiras — galochas, sopa, cigarros e até papel. Em Moscou, onde eu me encontrava, bolos decorados caros estavam expostos nas vitrines das confeitarias do Estado, mas as padarias não tinham pão. Era quase impossível comprar roupas íntimas ou calçados, mas quem quisesse comprar uma gravata de seda ou um chapéu não teria problema. Nas mercearias havia apenas caviar, champanhe e vinhos caros.

Cidadãos famintos falavam abertamente e com sarcasmo sobre os resultados do plano. De quem era a culpa? Era preciso dar imediatamente alguma explicação a respeito dessa situação.

A justificativa oficial era simplória: a falta de gêneros alimentícios e de mercadorias em geral era causada pelo crescimento do poder de compra das massas e pela elevação do nível cultural dos trabalhadores e dos camponeses! Isso era repetido o tempo todo na imprensa oficial. O slogan era "Obstáculos ao crescimento".

Na avaliação dos soviéticos, o desempenho da *Piatiletka* mostrava-se muito mais rápido do que o previsto, a produção em todos os setores da indústria estava crescendo numa velocidade extraordinária, e era justamente todo esse sucesso que acarretava mais "obstáculos ao crescimento". Essas explicações poderiam parecer bastante convincentes para os visitantes estrangeiros, ou para leitores estrangeiros de jornais soviéticos — e para mais ninguém.

O governo anunciou que a produção de algodão e de beterraba açucareira foi duas vezes maior do que a dos dias do pré-guerra, mas não havia roupas de algodão à venda, e o açúcar era um artigo de grande luxo. Um incrível aumento na produção de todas as bênçãos terrenas estava sendo prometido para 1930-1931.

Os mesmos jornais, contudo, com seus artigos jactanciosos, publicaram as mais sombrias reportagens sobre "danos" ou "falhas" em todos os setores: do carvão, de metalurgia, de madeira, de borracha, o químico, o de calçados e outros. Essas falhas foram atribuídas à "atividade de sabotagem" de determinados especialistas, a campanhas levadas a cabo por elementos estrangeiros e à burocracia de funcionários públicos ligados ao antigo regime.

Em qualquer lugar onde qualquer coisa estivesse à venda formavam-se filas que se estendiam por quarteirões inteiros. Essas filas se tornaram um grande inconveniente para o governo. Na tentativa de encontrar bodes expiatórios, o GPU espalhou rumores — imediatamente acolhidos pela imprensa — de que havia fraude em larga escala na distribuição de ração alimentar. A enorme escassez de carne era justificada por erro no cumprimento das "diretrizes do 16º Congresso do Partido" e por "atividade de sabotagem" de veterinários que, conforme se alegou, injetaram veneno em porcos. Artigos diários eram estampados com títulos espalhafatosos: *"Vegetais se estragam por erro dos produtores"*; *"Quem está interrompendo o fornecimento de vegetais?"*; *"A responsabilidade pelo manuseio e armazenamento não higiênico de vegetais e gêneros alimentícios"*. Houve escassez de vegetais em agosto, quando deveria haver abundância nas hortas. Os jornais, contudo, não mencionaram que na primavera desse ano todos os maiores campos de vegetais haviam sido tomados dos seus proprietários, e os grupos de cooperativa e outras organizações formadas por decreto não conseguiram lidar com o trabalho.

A situação na indústria de pesca era desastrosa. Faltavam homens, ferramentas de pesca, navios e materiais. Mas mesmo nessa situação as autoridades continuavam a intensificar os planos para a indústria, tornando inteiramente impossível a realização satisfatória da tarefa.

Os métodos propostos para corrigir essa situação desesperadora eram de natureza inconfundivelmente bolchevique. Em 7 de agosto de 1930 foi publicada a resolução do Conselho do Comissariado do Povo relacionada aos passos que teriam de ser dados para aumentar o fornecimento de peixe.

"Meta número 1: Realizar todo o trabalho em 'tempo recorde' e no outono para cobrir a pesca insuficiente da primavera."

E então seguiram-se dezessete metas da mesma natureza, das quais a 17ª era a mais extraordinária: *"No prazo de dois meses, elaborar instruções para a pesca em águas profundas e para melhorar o processamento do peixe; tomar medidas para o aprimoramento e a reprodução dos peixes. Assinado — Rikoff".*

Os editoriais de todos os jornais recomendavam que em todas as circunstâncias fossem aplicadas as seguintes medidas (anunciadas como de suma importância): "lutar pelo máximo desenvolvimento dos novos planos", "estimular a competição social e o trabalho extremo", "formar brigadas de trabalho, grupos de planejamento, brigadas de racionalização", e assim por diante, num processo sem fim.

Todas essas medidas, apresentadas pelo governo e por reportagens de alerta, na prática relacionavam-se à mesma ideia de "trabalho extremo" — levar o povo faminto e exausto a um esforço de trabalho adicional.

"Novo plano" significava uma intensificação irresponsável de metas que já eram impossíveis de cumprir. "Brigadas", "cavalaria" e coisas do tipo eram evidências similares de interferência no negócio por *Komsomoltsi* completamente ignorantes, mas extremamente seguros de si, que não realizavam nenhum trabalho, contudo usavam o conceito de "autocrítica" contra aqueles que realmente trabalhavam sob o peso de dificuldades insuperáveis.

Vieram então as prisões de especialistas de todas as categorias e classes, em todos os setores da indústria, nas províncias e no "Centro" — detenções efetuadas em ritmo tão veloz que o GPU parecia estar realizando *a própria Piatiletka* em "velocidade extrema" e cumprindo metas de prisões com enorme eficiência. Os jornais quase nunca escreviam sobre as prisões, mas todos sabiam que sob manchetes como *"Quem está interrompendo o fornecimento de vegetais?"* ocultavam-se prisões de centenas e centenas de pessoas. Engenheiros elétricos, químicos, peritos de todos os níveis da indústria da borracha, especialistas em agronomia e geologia — todos estavam sendo presos. Em agosto, quase toda a equipe do *Gosplan* (Comissão de Planejamento Estatal) estava presa, e a lista de detenções era encabeçada pelo primeiro vice-presidente, p professor Ossadchim.

Dessa maneira, no outono de 1930 — o final do segundo ano da *Piatiletka* — o país se via à mercê de tal escassez de bens de consumo, mão de obra e artigos de primeira necessidade que o desenvolvimento da atividade de construção era impensável — na verdade, já se tornava impossível até mesmo viver ou trabalhar normalmente. Todos percebiam que o ritmo impraticável adotado traria a ruína. Contudo, o governo, em vez de perceber o que se passava e deter esse processo a fim de tentar encontrar alguma maneira razoável de sair dessa situação, empenhava-se em aumentar ainda mais o ritmo, com arrebatamento histérico e obstinação implacável, escondendo-se atrás de "realizações" e "vitórias" fictícias, deliberadamente forjadas. Sua fúria, atiçada pela consciência da própria impotência e deficiência, foi dirigida contra a classe camponesa e os especialistas que trabalhavam mais ativamente. A escassez geral e todos os outros fracassos foram atribuídos a esses últimos pelas autoridades, numa tentativa de levar os trabalhadores a se voltarem contra eles. Os trabalhadores, contudo, permaneceram indiferentes a essa campanha. O país, em meio a gritos vitoriosos — "Cumpram as metas!""Superem as metas!" —, enterrava-se na mais completa pobreza e em uma fome desastrosa.

Por toda parte se sentia a aproximação de algo sinistro. Comunistas e especialistas próximos de comunistas que detinham cargos de importância na indústria da pesca estavam deixando Moscou apressadamente. Eles pressentiam algo, ou até mesmo sabiam de algo acerca do iminente aniquilamento de seus camaradas, e a mão benevolente de alguém os conduzia para longe do lugar que estava destinado a ser destruído.

Kryshoff, comunista e diretor-sênior da indústria de pesca desde o início da Revolução, conseguiu publicar antes de sua partida uma entrevista no jornal *Izvestia* de 2 de agosto de 1930, obviamente como prestação de contas ao GPU. Nela ele se referiu claramente a Michael Alexandrovitch Kazakoff (sem, porém, mencionar o nome dele), acusando-o de apoiar em segredo a ideia da pesca privada e de prejudicar intencionalmente o desenvolvimento da indústria de pesca do Estado implementando medidas para a preservação dos peixes. Foi de Kazakoff — um dos nomes mais importantes da indústria pesqueira — a proposta de que eu assumisse a divisão de planejamento, o que levou ao meu envolvimento no trabalho em Murmansk. Kryshoff sabia bem que sob as condições soviéticas era impossível para Kazakoff refutar semelhante calúnia. É bem possível que Kryshoff tenha feito essa denúncia como agrado ao GPU, a fim de que lhe permitissem deixar o empreendimento que ele próprio havia comandado durante tantos anos e pelo qual devia ter sido o primeiro a ser responsabilizado.

Kazakoff era um homem extraordinário. Muito tempo antes da Revolução, ele já havia trabalhado pela preservação de reservas naturais de peixes do país. Teve papel decisivo em todas as convenções de pesca elaboradas com outros países. Foi unicamente graças à sua inteligência e à sua energia que os bolcheviques conseguiram realizar um acordo com o Japão relacionado a direitos de pesca — e isso apesar do comportamento insuportável dos diplomatas bolcheviques. Ele era conhecedor de leis de pesca e havia ensinado essa matéria no Instituto de Agricultura Petrovsky, em Moscou. Foi para mim uma grande sorte e um privilégio ser seu assistente mais próximo e trabalhar com ele nas conferências sobre a indústria pesqueira para as quais ele foi convidado.

Os governantes comunistas precisavam de alguém a quem culpar pela crescente escassez de comida, e então acusaram Kazakoff de ser o líder dos "sabotadores" na indústria pesqueira. Como eles evidentemente não podiam fornecer provas dessas alegadas atividades de sabotagem, tinham de contar com o método favorito do GPU para obter uma "confissão voluntária do acusado". Ninguém com o mais parco conhecimento dos fatos acreditou nessa confissão, mas o resultado desejado foi alcançado — um homem honesto e incorruptível, devotado ao seu trabalho e ao seu país, foi removido de cena por aqueles que o queriam fora do seu caminho.

Eu o encontrei no dia 11 de setembro. Ele me perguntou: "Não tem medo do que possa lhe acontecer? Quase todos os especialistas mais importantes da indústria da pesca estão sendo presos, e você sabe que os comunistas não gostam nada de você". Apenas algumas horas antes de sua própria prisão, ele não acreditava que estivesse de fato em perigo.

Na mesma edição do *Izvestia* de 2 de agosto de 1930, o comunista T. Mesiatseff, um professor vermelho, tentou provar por meio de investigação científica que a *Piatiletka* preparada para a indústria de pesca do Norte era inteiramente possível e que até aquele momento as embarcações pesqueiras haviam recolhido apenas 5% de sua capacidade de pesca. Além disso, ele telegrafou à Associação de Pesca comunicando que 15 milhões de toneladas de peixe estavam disponíveis somente na região de pesca do Mar de Barents. Essas "descobertas" deram ao GPU amplo material para considerarem "sabotadores" todos aqueles que afirmavam que era impossível cumprir a *Piatiletka* no Norte. Esse embuste foi dirigido principalmente contra o meu amigo V. K. Tolstoy.

Teve início então uma série de prisões de membros da Associação de Pesca e do Instituto Científico da Economia da Pesca. O primeiro a ser preso foi T. G. Farmanoff, de 70 anos, cientista e especialista do Instituto Científico de Economia da Pesca e professor da Academia de Agricultura.

A prisão dele aconteceu como esse tipo de coisa sempre acontece na União Soviética: certo dia o especialista não aparece para trabalhar, e um colega mais atento começa imediatamente a se preocupar. Os otimistas tratam de tranquilizá-lo: "Por que isso? Talvez ele só esteja doente". Em seguida, telefonam para a sua casa, e alguém diz de maneira ambígua: "Ele não pode ir". Então tudo fica claro: ele foi levado preso. Depois disso, todos falam dele com certa cautela e evitam se aproximar de sua mesa vazia, que serve apenas como lembrança de que o homem continua vivo e até agora nem mesmo foi retirado da lista de funcionários. Sua mulher ou sua mãe espera em vão diante da porta fechada de algum comunista influente na ingênua esperança de encontrar nele um protetor para o marido ou para o filho preso pelo GPU: "Ele conhecia tão bem o meu marido, ele nos visitava... Não acredito que ele não vai fazer nada".

Então, uma após outra, seguiu-se a prisão de muitos mais. Circularam rumores acerca do caos completo causado em todos os empreendimentos regionais de pesca.

No Instituto Científico, um dos primeiros a ser presos foi o cientista P. M. Fishson, importante especialista em economia da pesca. Calmo, controlado e dedicado ao seu trabalho, ele se mantinha inteiramente longe de política e evitava até as conversas mais banais envolvendo assuntos sobre o tema. Alguns dias depois de sua prisão, seu irmão, G. M. Fishson, um dos principais trabalhadores na Associação de Pesca, também foi preso. Diferentemente do seu irmão, G. M. Fishson era cheio de vida e de energia. Trabalhava com visível entusiasmo e sempre dava tudo de si, embora tivesse tuberculose. Eu o encontrei na véspera de sua prisão. Ele estava deprimido devido à detenção de seu irmão; pensava apenas no irmão, e não se importava com o perigo que ele próprio corria.

E as prisões continuaram. Tão logo a noite caía, os "corvos negros" (grandes carros fechados do GPU) saíam rugindo pelas ruas de toda Moscou. Mais tarde, porém, para passar despercebido pela população aterrorizada, o GPU engendrou um novo sistema: ao anoitecer, os "corvos negros" eram enviados às várias delegacias de polícia e ficavam escondidos em pátios. Então, os agentes do GPU saíam em grupos, recolhiam suas vítimas e as levavam às delegacias, uma a uma. Quando reuniam um grupo de cerca de trinta prisioneiros, os agentes os amontoavam dentro do automóvel e sem demora o "corvo negro" partia para a prisão de Lubianka ou a de Butyrki, descarregava as pessoas capturadas e voltava rapidamente para apanhar a próxima leva de vítimas.

Por mais estranho que parecesse, às pessoas que não haviam sido presas permitia-se uma inacreditável liberdade de movimento na União Soviética. Desse modo, em agosto de 1930, o meu bom amigo Tolstoy partiu numa viagem de negócios para Baku, de onde ele poderia facilmente ter escapado para a Pérsia, se desejasse. Durante a ausência de Tolstoy o GPU visitou sua residência, sem saber que ele estava fora. Sem dúvida eles não andavam observando os movimentos desse "criminoso político ligado à burguesia internacional", não estavam preocupados com a possibilidade de que escapasse e não mostraram pressa para detê-lo depois de seu retorno a Moscou, onde ele continuou a trabalhar no Instituto Científico até o dia de sua prisão, em 12 de setembro. E até durante os últimos dias de liberdade de Tolstoy, Frumkin, o chefe da Associação de Pesca, procurava-o em busca de conselhos. Enquanto isso, nessa mesma época o GPU já havia preparado "testemunhos" datados de 9 de setembro que "expunham" Tolstoy como iniciador e líder de "atividades de sabotagem" no Mar do Norte e nas regiões do Mar de Azov — Mar Negro.

S. D. Shaposhnikoff, engenheiro e especialista do Instituto Científico, na União Soviética, a principal autoridade na atividade de refrigeração para a indústria pesqueira, estava prestes a partir para a América com o objetivo de estudar o ramo da refrigeração lá. O GPU deu a ele permissão para partir, e então o prendeu na estação de trem.

Aproximadamente nesses dias foi preso o professor M. T. Nazarevski, e pouco tempo depois A. A. Klykoff, um conhecido especialista da área de publicidade.

Tantas prisões foram efetuadas na indústria da pesca que ainda na metade do mês de setembro já não restava mais ninguém para realizar trabalho algum. Na Associação de Pesca, os especialistas foram substituídos por trabalhadores; no Instituto Científico as mesas permaneciam desocupadas, e em alguns escritórios não se via um único ocupante. Aqueles que restavam perambulavam sem rumo, esperando ser presos a qualquer instante.

CAPÍTULO 9

48 EXECUÇÕES

Não tenho palavras para descrever o que senti depois da prisão de meus colegas de trabalho. Eu sabia que estava em um beco sem saída e que não havia nada que eu pudesse fazer. Era por puro acaso que eu ainda continuava livre, e a única explicação para isso era ineficiência por parte do GPU, que não tinha o meu nome em suas listas apenas porque eu havia acabado de chegar a Moscou vindo das províncias.

Sem saber a quem recorrer, nem para onde ir no meio dessa confusão, resolvi solicitar uma licença. Os líderes comunistas, provavelmente afetados pela confusão geral, deixaram de lado suas suspeitas naturais, porque a licença me foi concedida, e eu parti de imediato para Leningrado, para me juntar novamente à minha família.

Eu não tinha esperança num desenrolar favorável para os casos de meus conhecidos e colegas de trabalho da indústria de pesca, pois sabia que o GPU, privando o país de peritos indispensáveis, agia de acordo com instruções recebidas do Bureau Político. Mesmo assim, fiquei chocado quando vi, no jornal da manhã do dia 22 de setembro, as seguintes manchetes impressas em letras enormes:

"DESCOBERTA UMA ORGANIZAÇÃO CONTRARREVOLUCIONÁRIA DE SABOTADORES DO SISTEMA DE ABASTECIMENTO DE ALIMENTOS DOS TRABALHADORES".

E a esse título seguia-se um texto, com letras menores, mas bastante nítidas:

"O GPU descobriu uma organização de sabotadores e espiões contrarrevolucionários no interior do sistema que fornece à população gêneros alimentícios de primeira necessidade (carne, peixe, alimentos enlatados, vegetais). Essa

organização tinha como objetivo causar a fome no país e gerar insatisfação entre os trabalhadores, numa tentativa de precipitar a queda da ditadura do proletariado. As seguintes instituições foram contaminadas por essa atividade de sabotagem: as associações de comércio de carne, de pesca, de enlatados e os ramos correspondentes do Comissariado para o Comércio.

"A organização contrarrevolucionária era liderada pelo professor Riazantseff, antigo proprietário de terra e major-general, e pelo professor Karatigin, que antes da Revolução foi editor-chefe do Jornal do Comércio e da Indústria *e da* Gazeta de Finanças. *Os membros das organizações contrarrevolucionárias pertencem, em sua maioria, à nobreza, são antigos funcionários do tsarismo, militares encarregados do abastecimento, antigos industriais da pesca, empresários da indústria e mencheviques.*

"Essa organização contrarrevolucionária de sabotagem mantinha estreito contato com a Emigração Branca e com representantes do capital estrangeiro, e recebia deles ajuda financeira e orientações. Essa organização se encontra agora completamente desmascarada.

"O caso foi entregue ao GPU".

Após esse anúncio seguiram-se as "confissões" e "testemunhos" dos homens acusados — os mais importantes professores, cientistas e especialistas do país falando de modo incoerente e contraditório sobre atividades de "sabotagem", sobre sua tentativa de causar a fome no país, de receber dinheiro por seu trabalho de sabotagem, verba essa vinda do estrangeiro por vias misteriosas e incompreensíveis. As declarações desses homens eram simplesmente inacreditáveis. Considerando as evidências apresentadas, tais declarações eram absurdas.

Na parte do material "incriminatório", apresentado pelo GPU, que tratava dos líderes da "organização", não havia nem um único documento provando os "fatos" declarados; tudo foi baseado em "confissões voluntárias", mas essas confissões não confirmavam os fatos — pelo contrário, entravam em contradição com eles. Ao mesmo tempo, não era possível encontrar em nenhuma das "confissões" alguma indicação do mais leve desejo da parte do "culpado" de reduzir a extensão do seu "crime" ou de transferir a culpa para outros; pelo contrário, todos eles insistiram que seu papel nessa organização de "sabotagem" foi de liderança, ativo e importante. Aparentemente, eles todos se esforçaram ao máximo para facilitar a própria condenação e execução, e não fizeram nenhuma tentativa de proteger outras pessoas — todos denunciaram muitas pessoas e forneceram muitos "fatos".

48 EXECUÇÕES

É difícil dizer quais meios foram empregados para a obtenção dessas "confissões" e "testemunhos". Embora o quadro verdadeiro desse caso terrível provavelmente jamais seja revelado, uma coisa é certa: toda informação publicada pelo GPU exibia o sinal inconfundível de falsificação cínica e negligente. Os testemunhos dos membros da "organização" são tão caóticos que não apenas são difíceis de analisar como são, em muitos casos, incompreensíveis. Evidentemente, o principal propósito desses testemunhos era mostrar concretamente o que era a "sabotagem" e explicar por que motivo o país era devastado pela fome quando a *Piatiletka* supostamente prosperava com imenso sucesso.

Privados até mesmo da oportunidade de se defenderem numa corte soviética, esses cientistas foram denunciados e presos devido ao visível fracasso do Plano Quinquenal na indústria de alimentos. Após a publicação dos materiais contraditórios e incoerentes, todos aguardavam um desfecho por meio de processo legal e um relatório do GPU trazendo mais esclarecimentos ao caso de modo geral. Mas os eventos se sucederam com muita rapidez. No mesmo dia em que os "materiais" apareceram nos jornais, trabalhadores e funcionários de todas as empresas e instituições da União Soviética receberam ordens para comparecer a reuniões nas quais foram forçados a votar por deliberações que exigiam a execução de "todos os sabotadores".

Em assembleias desse tipo, se uma pessoa verbalizasse algum protesto contra uma possível injustiça na acusação, ou expressasse dúvida quanto à imparcialidade no procedimento do GPU, essa atitude sem dúvida lhe custaria o emprego, e essa pessoa provavelmente seria presa e deportada. Pior ainda: em tais assembleias, uma simples pergunta que parecesse suspeita ou a recusa em votar a favor da resolução apresentada já seriam motivos suficientes para a perda do emprego e possivelmente para a prisão e a deportação. Portanto, as resoluções relacionadas à "organização sabotadora" foram aprovadas por unanimidade, mas é preciso observar, em respeito aos trabalhadores de Leningrado, que nem todas as assembleias transcorreram sem percalços. Tempos depois eu me encontrei com um desses trabalhadores, e ele estava cumprindo pena na prisão porque as autoridades haviam considerado suspeito seu comportamento em uma dessas reuniões.

Nos dias 23 e 24 de setembro, os jornais estavam repletos das resoluções aprovadas com tanto entusiasmo nas assembleias, bem como de artigos, versos e charges desagradáveis, todos exigindo pena de morte. Obviamente o GPU se preparava para uma execução.

Em 25 de setembro o GPU mandou anunciar o seguinte comunicado:

"O Conselho do GPU, depois de investigar, por ordem do governo da União Soviética, o caso da organização de sabotagem contrarrevolucionária no campo do abastecimento público de gêneros alimentícios – os materiais sobre esse caso foram publicados no Pravda em 22 de setembro de 1930 –, condena... (segue-se então uma lista com os nomes de 48 professores, cientistas e especialistas) À MORTE POR FUZILAMENTO.

"A sentença foi executada.

"Presidente do OGPU – Menzhinsky".

Uma carnificina tão monstruosa era algo simplesmente incompreensível, inacreditável – 48 dos principais cientistas da Rússia haviam sido fuzilados sem julgamento. Nem os mais pessimistas teriam imaginado nada tão horrível.

Todos os que foram executados eram, sem exceção, especialistas "sem partido" das indústrias de alimento, pessoas que ocupavam cargos de responsabilidade nas principais instituições de Moscou e que dirigiam as atividades de negócios e outros grandes empreendimentos nas províncias. Era uma lista de cargos administrativos mais do que de indivíduos. Aqueles que ocupavam cargos importantes e foram poupados eram comunistas. Se determinado cargo importante estivesse sendo ocupado por um comunista, o especialista "sem partido" que ocupava antes esse cargo era executado. Se o posto já estivesse há muito tempo ocupado por um comunista, esse comunista seria substituído, pouco antes que o caso viesse à tona, por um homem "sem partido" que se tornava um dos "48".

Um grande número das pessoas que foram executadas eu conhecia pessoalmente, outras eu conhecia pela reputação. Entre meus amigos e colegas distintamente associados à indústria da pesca e fuzilados como integrantes dos "48" encontravam-se os seguintes:

V. K. Tolstoy – O antigo diretor das regiões do Mar do Norte e do Mar Negro/Mar Azov, cuja história eu já contei. (O comunista que exercia esse cargo na ocasião das prisões foi poupado.)

M. A. Kazakoff – Um extraordinário líder na indústria de pesca, cujo desempenho e realizações eu já mencionei. Ele foi acusado de ser o "líder dos sabotadores na indústria de pesca".

P. M. Fishson – Inspetor da Indústria de Pesca Estatal. (O diretor-sênior no departamento de produção da Associação de Pesca, o comunista

G. A. Kryshoff, de quem Fishson fazia o trabalho com frequência, foi poupado.)

G. M. Fishson — Um dos principais trabalhadores na Associação de Pesca.

N. A. Ergomysheff — Importante especialista e diretor da Região do Extremo Leste.

M. P. Artsiboosheff — Um especialista que se tornou diretor da Região do Volga/Mar Cáspio pouco antes de sua prisão.

P. I. Karpoff — O mais importante especialista russo em produção de equipamentos de pesca, que durante muitos anos dirigiu a produção de redes de pesca para toda a União Soviética e foi o diretor técnico do *Setesnast* (Consórcio de Equipamentos de Pesca). O nome dele não foi mencionado nos "materiais" publicados em 22 de setembro, mas ele foi executado como um dos "48" aparentemente devido ao seu passado.

S. D. Shaposhnikoff — O mais importante especialista em refrigeração na indústria de pesca na Rússia. Seu nome não estava inserido na "acusação", e na lista oficial de pessoas executadas havia, em vez da descrição do seu crime, apenas a seguinte declaração: "Engenheiro, antigo proprietário de uma empresa de refrigeração". Ao sentenciar especialistas dessa envergadura à morte, o GPU nem mesmo considerou necessário mencionar uma razão para executá-los.

S. V. Scherbakoff — Criador do projeto de pesca de arrasto do Norte e líder dos trabalhadores da Companhia Estatal de Pesca do Norte. Ele havia sido preso em março, na ocasião em que meu alojamento em Murmansk foi revistado.

Krotoff, que foi preso com Scherbakoff em Murmansk na primavera de 1930, em hipótese nenhuma poderia ter sido culpado por algum crime. Não havia homem mais honesto e consciencioso do que ele, e ele jamais se interessou por questões de política. Contudo, como ele era o segundo em comando na Companhia Estatal de Pesca do Norte, tiveram de removê-lo para fortalecer a acusação de "atividade de sabotagem". Depois da execução dos 48, ele teve de passar mais metade de um ano na prisão, e submeteram-no às torturas mais cruéis na tentativa de forçá-lo a denunciar colegas seus que ainda estavam vivos. Ele ficou muito doente, com escorbuto, sofria de alucinações e foi levado à beira da insanidade. Disseram-me que sob a pressão de um terrível sofrimento, completamente exausto e ansiando pela morte, ele finalmente escreveu as palavras fatais. "Eu me declaro culpado". Os interrogadores não conseguiram forçá-lo a denunciar outras pessoas. Ele foi fuzilado em abril.

Não consigo pensar em Scherbakoff sem me emocionar. Ninguém que tenha trabalhado com ele jamais poderá esquecê-lo. Esta é a sua história:

De origem camponesa, nascido no distrito de Astrakhan, Simeon Vassilievitch Scherbakoff aprendeu a ler e a escrever numa escola da vila, e com 10 anos conseguiu emprego em uma das áreas de pesca de propriedade da grande empresa de Bezzubikoff. Lá ele ascendeu ao cargo de gerente da seção norte da firma. Com tranquilidade e confiança, conduzia esse grande negócio de pesca, que não pertencia a ele e que lhe pagava apenas um salário muito modesto. Scherbakoff aceitou a Revolução com calma, do mesmo modo que fazia com tudo em sua vida. Ele havia começado a trabalhar muito cedo e já tinha visto coisas demais para se deixar perturbar pelos acontecimentos. Depois da Revolução ele aceitou um novo trabalho sem hesitar, porque o trabalho no ramo da pesca era seu único interesse.

Esforçado e dotado de habilidade excepcional, era um homem do mais elevado caráter em todos os sentidos. Não tinha ambições nem interesses pessoais, vivia exclusivamente para seu trabalho, tanto em casa como no escritório. Embora não tivesse recebido educação, tinha inteligência suficiente para resolver os problemas mais intrincados. Ele compreendia perfeitamente as complexidades da contabilidade, mantinha-se informado com sua leitura de literatura especializada, por meio de sua intuição fantástica percebia o que havia de valioso nessa leitura e então introduzia esse elemento corajosamente em sua empresa. Enquanto administrava todo o negócio e o reconstruía, nunca perdeu o contato com a etapa de produção, e conhecia a empresa inteira, até o detalhe mais insignificante.

Scherbakoff foi o único capaz de seguir adiante trabalhando com dois comunistas sempre em seu caminho — o presidente da companhia e seu assistente —, com o GPU interferindo o tempo todo em seu trabalho, e com trabalhadores insatisfeitos que, para se vingar, empregavam difamação e falsas acusações como arma contra ele. Scherbakoff era capaz de lidar com tudo isso serenamente, assim como lidava com dificuldades inerentes ao negócio, como o clima adverso e as tempestades que obrigavam as embarcações a permanecer no porto. É preciso dizer que os bolcheviques tinham muito mais clemência com aqueles de nós que receberam educação formal do que com pessoas como Scherbakoff. Era desagradável para os bolcheviques a proximidade com sua mente sã e sua consciência limpa. Sendo assim, Scherbakoff foi um dos primeiros a perecer nas mãos deles, embora ele não pudesse de maneira nenhuma ser considerado um "inimigo de classe".

Em todos os setores da indústria um especialista apartidário, o mais importante, havia sido fuzilado, e na lista publicada de pessoas executadas via-se, depois de cada nome, a seguinte nota: "Líder de atividade de sabotagem nessa ou naquela companhia". Isso abria caminho para que fossem "descobertos" novos "seguidores" seus. Mas havia doze especialistas que, no depoimento, figuravam como integrantes da organização de sabotagem — e os nomes deles não apareceram na lista mortal dos "48". O GPU não fez nenhum comentário a respeito desses especialistas; o órgão não se sentia de modo nenhum obrigado a explicar por que esses homens, já acusados de serem "sabotadores", foram substituídos por outros na hora da execução.

Com a execução dos "48", o governo soviético mostrou ao **mundo** que não há Justiça na União Soviética, que pode enviar qualquer um para a morte sempre que achar conveniente e que os cidadãos da União Soviética não apenas não têm coragem de erguer a voz em protesto como também estão dispostos a dar sua aprovação a tal carnificina e a demonstrar gratidão ao GPU.

Um dia depois das execuções eu me encontrei com um especialista técnico do ramo de pesca. Ele estava muito deprimido. Como ninguém poderia nos ouvir, nós falamos abertamente sobre o que se passava em nossa mente.

— E agora, quem vai ser o próximo? Acho que vai ser a minha vez. Bem, eles que façam o que quiserem. Eu só sinto pelas crianças — ele disse, consultando seu relógio. — Preciso ir embora.

— Para onde vai? — perguntei.

— Reunião geral. Para expressar desprezo pelos executados, manifestar desaprovação às atividades de sabotagem e para votar que o GPU receba a Ordem de Lenin por seu bom trabalho! Melhor você aparecer por lá também.

Eu expressei meus pensamentos com um olhar de repulsa e dei de ombros.

— Eu o aconselho a ir — ele disse com ar sério. — Não é a melhor hora para ser idealista. Acredite em mim: vão notar sua ausência.

Nós nos despedimos. Eu nunca mais o vi de novo.

CAPÍTULO 10

OS VERDADEIROS SABOTADORES DA RÚSSIA

O desespero e o pânico se instalaram. Ninguém mais se preocupava com o trabalho; todos temiam pela própria vida esperando ser apanhados a qualquer momento e ver seus familiares e amigos presos. Os líderes comunistas recomendavam calma, afirmando a todos que os que haviam permanecido livres estavam em segurança; mas seus esforços nesse sentido eram inúteis. Ninguém acreditava neles. Todos sabiam muito bem que o término de um julgamento, o anúncio de uma sentença e até a terrível palavra "executado" não significavam, na União Soviética, o fim das prisões — eram apenas o prelúdio para mais repressão e execuções.

A própria sentença continha indicações claras de que a perseguição estava apenas começando. No anúncio da execução de muitos dos "48", o GPU declarou: "Líder de um grupo de sabotadores dessa e daquela companhia", "Iniciador de atividade de sabotagem nessa e naquela região". Era evidente que eles agora iriam atrás dos integrantes desses "grupos" e "organizações" que eles haviam "descoberto". Como nós já havíamos percebido que esses grupos e organizações não existiam, já não nos sentíamos mais seguros de que não seríamos presos simplesmente por termos certeza de nossa inocência.

Os acontecimentos que se seguiram confirmaram que o caso teve prosseguimento, que o Bureau Político e o GPU não estavam satisfeitos com o número de vítimas que já haviam enviado para a morte. Foi anunciado um segundo processo de "eliminação" em todas as instituições mencionadas em conexão com o caso dos "48", a despeito do fato de já ter ocorrido no verão de 1930, *antes* da prisão dos "48", uma furiosa "eliminação", com a participação ativa do GPU. Na ocasião, eles concluíram que eram trabalhadores leais justamente aqueles que mais tarde foram mortos por associação com o caso dos "48". A nova "eliminação" servia ao propósito específico de expor os "cúmplices ocultos dos sabotadores". Em reuniões realizadas com essa finalidade o GPU não apenas obtinha novas vítimas como também juntava mais evidências contra os que já se encontravam detidos nas prisões. Para aqueles que ainda estavam em liberdade era uma grande tentação apresentarem-se voluntariamente nessas reuniões para denunciar colegas de trabalho, porque dessa maneira poderiam conquistar uma reputação de confiabilidade aos olhos do GPU. Algumas pessoas simplesmente sucumbiam a essa tentação; já outras iam ainda mais longe para salvar a própria pele. O professor F. I. Baranoff publicou um artigo desprezível e calunioso na revista *Boletim da Economia de Pesca*, sob o título de "Lições da sabotagem"; nesse artigo ele tentou provar que, "como ele agora entendia", o trabalho das pessoas executadas era "essencialmente de sabotagem", e que os que se opuseram ao seu trabalho científico tinham feito isso com um objetivo apenas: "sabotagem".

Não demorou para que novas prisões fossem efetuadas em todas as instituições e empresas da indústria alimentar em Moscou e também em todas as províncias. No Instituto de Economia da Pesca, o professor N. N. Alexandroff, A. F. Nevraeff e vários outros funcionários foram presos; no Conselho de Administração de Pesca, acabaram presos os renomados especialistas S. A. Tikhenko e S. I. Parakhin; e na Associação de Pesca não restou nenhum dos antigos funcionários. E prisões semelhantes, todas de especialistas e funcionários mais ou menos importantes, foram feitas nas províncias.

No outono de 1930, o dilaceramento da indústria da pesca em todas as suas ramificações — científica, administrativa, de produção e de distribuição — era completo. Do antigo quadro de especialistas haviam restado apenas algumas unidades, compostas na sua maioria de homens que evitaram cuidadosamente tomar parte no trabalho prático, de alguns bons trabalhadores que tinham sido poupados ao acaso por ocupar cargos secundários, e, por fim, de indivíduos ligados ao GPU.

Os comunistas que desde a época da Revolução haviam adquirido alguma instrução e algum conhecimento acerca do negócio da pesca, por trabalhar em contato com especialistas, também estavam sendo removidos e transferidos para outros cargos. Foi o que aconteceu com Frumkin, Kryshoff, Babkin e muitos outros. Toda a indústria acabou nas mãos do "proletariado", isto é, nas mãos de homens que nada sabiam a respeito do negócio. O resultado disso não podia ter sido pior, como já se esperava, e foi sentido quase que imediatamente.

Eu não posso apresentar aqui uma exposição completa da devastação que se operou na indústria de pesca — algum historiador, no futuro, sem dúvida será capaz de fazer isso bem melhor do que eu. Eu posso apenas afirmar que durante o breve período de 1930-1931, entre os cientistas e especialistas altamente qualificados da indústria da pesca que eu conheci pessoalmente, ou de cujo destino eu fui informado de modo preciso, 26 foram fuzilados e 34 foram deportados para campos de concentração. Muitos outros que eu não conhecia foram mortos ou deportados na mesma época. Só na região do Extremo Leste, cinco foram fuzilados e sessenta condenados a trabalhos forçados.

Sem sombra de dúvida, o extermínio sistemático dos especialistas restantes e de homens de cultura continua acontecendo ainda agora na União Soviética. Nenhum desastre, nenhuma epidemia, nenhuma guerra poderia destruir de maneira tão seletiva a fina flor dos trabalhadores ativos e experientes nas indústrias que o GPU atacou. Essa aniquilação maciça de especialistas só poderia trazer resultados fatais para o negócio de pesca. Apesar das grandes somas de dinheiro gastas pelos bolcheviques, e dos enormes esforços empregados para desenvolver a indústria, ela foi demolida na base com essa catástrofe que se abateu sobre os especialistas em 1930-1931, e todo o empenho com que se tentou mais tarde restaurar a indústria fracassou devido à ausência de homens com conhecimento na área.

A mesma situação se impôs, de modo geral, em todas as indústrias da União Soviética. Eu mencionei especificamente a indústria de pesca do Norte apenas porque a conheço muito bem, mas o fato é que ela não representa uma exceção; o que ocorreu com essa indústria foi semelhante ao que aconteceu com as outras em todas as partes do país.

Pela segunda vez os bolcheviques estavam levando um país rico e próspero a uma terrível pobreza e a uma fome apavorante. Sem dúvida existia "sabotagem", mas era uma sabotagem de proporções inacreditáveis, planejada com antecipação pela organização liderada por Stalin, pelo Bureau Político e pelo GPU, junto com seus milhares de ramificações (denominadas núcleos) do Partido Comunista.

Chegará o tempo em que os verdadeiros sabotadores serão julgados por seus crimes num verdadeiro tribunal de Justiça.

PARTE 2

NÓS SOMOS PRISIONEIROS EM LENINGRADO

Jovens em um gulag encaram a câmera a partir de suas camas.

CAPÍTULO 11

PRISÃO

Depois da execução dos "48", eu soube que mais cedo ou mais tarde também seria preso. Na ordem da sua execução, V. K. Tolstoy, o meu melhor amigo, foi apontado como o "líder das atividades de sabotagem na Região Norte", enquanto S. V. Scherbakoff, o homem mais próximo a mim entre os trabalhadores da companhia, foi descrito como "o chefe da organização contrarrevolucionária na Companhia Estatal de Pesca do Norte. E agora que esses "líderes" acusados haviam sido eliminados, a "organização" teria de ser localizada. E, como isso não existia, então seriam acusadas as pessoas que o GPU considerasse mais suspeitas. Além de Scherbakoff, a única prisão já feita na Companhia Estatal de Pesca do Norte havia sido a de K. I. Krotoff, que se encontrava detido agora fazia mais de seis meses — mas, evidentemente, isso não era o bastante para uma "organização". Restavam quatro especialistas em cargos executivos: Scriabin, os engenheiros K. e P. e eu mesmo. Scriabin talvez fosse poupado, já que seu pai, um camponês, tinha sido exilado pelo governo czarista. Os engenheiros K. e P. não se encaixavam bem no perfil de membros da "organização", pois já estavam cumprindo uma pena de trabalhos forçados — o GPU os havia vendido à companhia. E, considerando que o trabalho deles gerava lucro para o GPU, teria sido tolice perder esse lucro acusando-os uma segunda vez.

Dessa maneira, ficava claro que eu seria a próxima vítima. Ou me enviariam para Solovki ou me executariam — eram as únicas alternativas. Meus dias estavam contados. O que aconteceria com a minha mulher e o meu filho de 11 anos, para os quais já havia ocorrido tanta tragédia?

Desnorteado e sem saber o que fazer, decidi de modo definitivo que não retornaria a Murmansk. O que eu tinha a perder? Podia procurar trabalho nas

NOS CAMPOS DE CONCENTRAÇÃO SOVIÉTICOS

províncias, levar minha família comigo e tentar escapar atravessando a fronteira. Ao me candidatar aos trabalhos eu devia tentar, se possível, fazer parecer que não queria ser designado para uma região de fronteira, pois o GPU jamais permitiria que eu trabalhasse em tal lugar. Falei sobre o assunto com minha mulher. Parecia ser a única saída. Porém levar a cabo semelhante esquema levaria tempo, e dias sombrios de espera se seguiram.

Eu evitava o contato com pessoas. Qualquer contato com um homem na minha situação poderia ser perigoso. Quando me encontrava por acaso com conhecidos, eles passavam rápido por mim, em pânico. Os poucos que paravam e demonstravam sua amizade por mim deixavam claro que, apesar de tudo, não me evitariam.

Todas as noites, quando meu filho estava na cama, minha mulher e eu nos sentávamos juntos por um bom tempo, esperando. Nós nunca falamos sobre esse assunto, mas ambos sabíamos o que estávamos esperando, e sabíamos que poderiam ser nossas últimas horas juntos. Quase um mês havia se passado desde as execuções. Muitas pessoas tinham sido encarceradas. Por que eles haviam me poupado? Às vezes eu sentia vergonha por não ter sido preso ainda. Por que motivo eu merecia a clemência dos executores — logo eu, que não havia comparecido a nenhuma das reuniões nas quais os "sabotadores" eram denunciados?

Porém a minha vez, enfim, chegou. E tudo aconteceu de modo bem simples.

Eu estava sozinho em casa. Meu filho havia saído para um passeio — ele também se mostrava agitado e nervoso. Minha esposa ainda não havia voltado do trabalho.

A campainha tocou. Abri a porta e vi o zelador acompanhado de um estranho vestindo trajes civis. Então eu entendi.

O desconhecido me entregou um papel — uma ordem de busca e prisão.

Eu o deixei entrar.

Ele entrou no recinto que servia como quarto de dormir e escritório e começou sua revista. Foi uma revista muito superficial, uma formalidade apenas. Dos amontoados de papéis e manuscritos sobre minha mesa, ele pegou apenas um bloco de anotações que estava à vista.

Quando minha mulher chegou em casa, a busca havia terminado, e eu estava me preparando para a minha "viagem": duas mudas de roupas de baixo, um travesseiro, um cobertor, um pouco de açúcar e várias maçãs; não havia outra comida na casa. Eu troquei de roupa.

— Estou pronto — disse ao agente do GPU, mas pensei: "Pronto para morrer".

Um bom tempo se passou antes que me levassem embora. Isso aconteceu devido ao excesso de trabalho dos camburões.

Não tentarei descrever os últimos momentos que passei antes que me levassem — não consigo fazer isso, nem mesmo agora.

Eu fiquei sozinho dentro do camburão, embora ele tivesse facilmente capacidade para dez ou doze pessoas. Devo ser um criminoso importante. Através da pequena janela com barras à minha frente eu podia ver as costas do motorista e do guarda, e tinha vislumbres de casas familiares e ruas. Era a última vez que eu as veria.

Chegamos à *Ponte do Palácio*. Era um momento decisivo — para onde eu seria levado, para a prisão de Gorokhovaya ou a de Shpalernaya? Nós paramos. As portas do camburão se abrem. Agora me arrastariam para fora! A rua está vazia. Na entrada da ponte há dois homens trajando jaquetas de couro; suas vozes altas ecoam pela rua. O ar está quente e úmido — uma brisa leve vem do mar. Nós apenas paramos por um momento, provavelmente para recolher outro passageiro. Ele é empurrado para dentro do veículo, e seguimos viagem. O novo passageiro se senta diante de mim todo encurvado, segurando seus pertences no colo. A expressão em seu rosto é de medo e de abatimento.

Seguimos o caminho ao longo do cais Millionnaya e tomamos a direção do presídio Shpalernaya. Quando chegamos, os portões são abertos; os guardas interrompem sua discussão acalorada para nos mandar sair do veículo.

— Mexam-se!

Saímos do carro e subimos algumas escadas. O escritório da prisão era sujo e fedia a tabaco. Eu esperei enquanto meu companheiro preenchia seu questionário. O secretário do GPU fazia as perguntas de maneira preguiçosa e indiferente; meu companheiro respondia a elas como um aprendiz esforçado — em voz alta e com presteza, fitando seu inquisidor diretamente nos olhos. Pelo seu tom de voz, ficou claro para mim que ele estava seguro da sua inocência e convencido de que sua prisão havia sido um mal-entendido.

— Quantas vezes você já foi preso? — murmurou o secretário.

— Esta é a primeira vez.

— Já passou por algum tribunal antes?

— Não, não, é claro que não!

Ele parecia excitado, quase jovial, como se pensasse que não o prenderiam depois dessas respostas tão boas.

O homem foi levado dali. Ninguém se dirigiu a mim, e eu esperei durante um longo tempo. Por fim, eles me deram um questionário, que eu mesmo deveria preencher. Isso é melhor do que ter de responder a perguntas oralmente — a pessoa tem mais tempo para pensar. Fiquei particularmente contente com isso porque estava preocupado com um crime que havia cometido contra a autoridade soviética: eu havia ocultado o fato de ter prestado serviço militar. Tenho de tomar cuidado para não me denunciar.

"Você já serviu no Exército Imperial?" "Não."

"Você já serviu no Exército Vermelho?" "Não."

Na minha resposta à primeira pergunta eu menti, porque eu *havia* servido durante a Guerra. Eu sabia qual era a punição por falso testemunho; mas que importância tinha isso? As coisas não podiam ficar piores do que já estavam, e eu tinha de lutar até o fim.

Fui conduzido até o 4º andar, e no patamar me revistaram e levaram minha gravata, meus suspensórios e os cadarços dos meus sapatos — para impedir o suicídio. Era desagradável ser deixado assim, todo desarrumado. Além do mais, uma pessoa poderia se enforcar com uma calça mais facilmente do que com uma gravata.

Um dos homens que me revistaram era agradável e de bom temperamento e me tratou com alguma simpatia. Ele viu as maçãs que eu havia trazido.

— Isso não é permitido por aqui, mas vá lá, fique com elas. E o que vamos fazer com essa sua mala? Tudo bem, pode levá-la, mas trate de entrar logo na sua cela!

O outro guarda retornou.

— Leve-o para a cela nº 22.

O relógio no corredor marcava 3 horas da manhã. O dia logo iria nascer.

CAPÍTULO 12

CELA 22

A escuridão na cela era quase total. Com o barulho da porta da cela se abrindo, um homem vestindo roupas de baixo se levantou de um catre próximo e, sem prestar a menor atenção em mim, dirigiu-se ao guarda com um tom de censura na voz:

— Camarada, você prometeu que não traria mais ninguém pra cá; eu não tenho lugar para colocar mais gente. São menos de 100 homens na nº 20, e temos 108 aqui.

— Nós também estamos colocando mais gente na nº 20 — o guarda respondeu com indiferença, girando a chave na enorme fechadura.

O homem em roupas de baixo se voltou para mim.

— Tire suas coisas, camarada, e pendure seu casaco ali — ele disse, apontando para um pino perto da porta, já sobrecarregado de casacos e jaquetas.

Tirei meu sobretudo e o deixei num canto perto da grade.

Assim que meus olhos se habituaram à escuridão eu olhei ao redor da cela. Era uma sala enorme e quase quadrada, com área útil de cerca de 70 metros quadrados. O teto era ligeiramente arqueado, e na parte central dele duas finas colunas de metal lhe serviam de sustentação. Em frente à entrada havia duas janelas com grades.

Sobre o chão uma plataforma de cerca de 40 centímetros cobria a cela inteira. Havia pessoas dormindo nessa plataforma: ao longo das paredes laterais, duas fileiras de homens com as cabeças voltadas para a parede e os pés para o interior do recinto, e no meio duas fileiras com as cabeças voltadas para o centro. A cada duas fileiras havia uma passagem estreita, mas que ficava bloqueada nos locais onde homens altos dormiam. Perpendicularmente a

NOS CAMPOS DE CONCENTRAÇÃO SOVIÉTICOS

essas fileiras uma quinta fileira ladeava a parede contígua ao corredor. Nenhuma passagem havia sido deixada ali.

Alguns dos homens se ergueram e olharam para mim com curiosidade.

— Nessa passagem, à esquerda, debaixo do tablado, o terceiro lugar está desocupado. Vá se deitar lá — disse o homem com roupas de baixo. — Se não deixarem você entrar, insista. Há lugar suficiente.

— Como? *Debaixo* do tablado? O que isso significa?

— Significa o chão debaixo do tablado — ele repetiu.

Dei alguns passos na direção do lugar que ele me indicou e fiquei estupefato quando percebi que no chão, sob plataforma, havia pessoas dormindo. Não me pareceu possível espremer-me ali dentro. Decidi voltar para a porta.

— Qual é o problema, camarada?

— Se não se importa, vou ficar aqui até de manhã. Tem muita gente lá embaixo, e eu não quero atrapalhar o sono daqueles homens.

— Bem, vamos ver o que se pode fazer por você, então. Acabou de perder a liberdade, não é? Pode-se notar. Eu já estou aqui há nove meses. Engenheiro L. — ele se apresentou.

Eu também disse meu nome.

— A propósito, vou inscrever você no livro de registro — ele comentou. — Vou esperar até amanhecer para fazer isso. Eu sou o encarregado desta cela, e já faz quatro meses que mantenho esse livro. Veja quantos nomes eu registrei aqui! Centenas de pessoas passaram por esta cela.

— É um documento curioso — observei. — É um bom registro para a posteridade.

— Não se esqueça do seu número: você é o 109º. E agora venha comigo, eu vou lhe mostrar um lugar, mas fica perto do banheiro. E, por favor, fique em silêncio. Aqui não permitem nem mesmo sussurros à noite. As regras estão pregadas na coluna, leia-as amanhã ou você pode ser multado.

Nós abrimos caminho espremendo-nos por entre as fileiras de homens até alcançarmos a parede. Havia dois catres no canto, perto do banheiro, bem próximos um do outro. Dois homens dormiam neles.

— Você pode dormir aqui — disse o encarregado. — É um bom lugar; perto do banheiro, mas as janelas ficam abertas a noite inteira.

Eu rastejei com dificuldade por debaixo dos catres, ajeitei meu travesseiro no chão entre eles e me estendi de costas. Os dois catres acima de mim quase tocavam um no outro; era possível passar a cabeça entre os dois, mas não os ombros. Era impossível sentar. Um cheiro forte e desagradável exalava do piso onde ficava o sanitário, a não mais de 1 metro da minha cabeça. Uma pilha fedorenta de serragem quase tocava meu travesseiro. Vários homens faziam fila em frente ao banheiro.

Eu me senti muito mal. Uma degradante impotência me invadiu. Era impossível dormir, impossível ficar de pé ou sentado, e não se podia ir a lugar algum, pois o chão estava tomado de gente dormindo. Para proteger meu travesseiro eu o puxei para baixo dos meus joelhos, estendi a cabeça entre os catres e apoiei os ombros na parede. Pontos negros rastejavam pelo travesseiro em todas as direções.

E esse foi o início do meu aprendizado na prisão. Para um principiante já era mais que suficiente.

Enfim a manhã chegou. A cela começou a despertar. Aqueles que ocupavam os 22 catres levantaram-se cautelosamente e se aproximaram do lavatório em fila. Todos os outros permaneceram em seus lugares, embora a maioria deles aparentemente estivesse acordada. Era evidente que tudo ali transcorria de acordo com uma rotina rígida.

Uma ordem ecoou de um ponto distante ao longo do corredor.

— Levantem-se! Levantem-se! Hora de levantar! — E a ordem ficava mais próxima à medida que era repetida.

O encarregado se levantou e com voz seca ordenou:

— Levantem-se! Agora!

A cela ganhou vida, enchendo-se de movimento e som: conversação, risos, disputas. Fumaça de cigarros enrolados à mão — nenhum outro tipo de cigarro era permitido — elevava-se por toda parte. Longas filas se formavam diante do sanitário e do lavatório. Agora eu podia ver como tal quantidade de gente havia encontrado espaço durante a noite. Era sem dúvida um arranjo inteligente.

A cela inteira, exceto onde as 22 camas dobráveis estavam situadas em paredes opostas, era coberta por um tablado de madeira, cujas extremidades se assentavam em arrimos baixos. Dormiam pessoas na parte de cima do tablado e também na parte de baixo, no chão sob o tablado. Todos tinham colchões de palha — um luxo na prisão. Para aqueles que ficavam embaixo era impossível virar-se, muito menos sentar-se. As pessoas que dormiam na parte de baixo só podiam começar a se mover e relaxar seus corpos comprimidos depois que os homens que dormiam na parte de cima se levantavam e o tablado era removido.

Quando chegava a manhã, as tábuas e os colchões eram retirados e empilhados. Então a confusão se tornava generalizada, a ponto de parecer impossível que se conseguisse restaurar a ordem no lugar. As tábuas e os colchões eram levados para dentro de uma passagem vazia anexa às celas. Os próprios prisioneiros faziam isso, e com extraordinária eficiência e velocidade. Depois que todo esse material era removido, o caos diminuía um pouco; porém ainda eram 109 homens numa cela de 70 metros quadrados, parte dela ocupada por banheiro, lavatório, armário para canecas de metal e tigelas de sopa, sem mencionar os pertences pessoais dos prisioneiros.

Tentei me aproximar do lavatório, mas avisaram-me que eu deveria me lavar por último, de acordo com a ordem de chegada à cela. Evidentemente, tudo nesse lugar exigia treinamento especial e definição exata de direitos e deveres, mas, antes que eu tivesse tempo de conhecer e compreender as regras da cela, fui convocado para meu primeiro exame.

CAPÍTULO 13

"VOCÊ SERÁ O NÚMERO 49"

— Tchernavin!

Meu nome foi chamado em voz alta do outro lado das grades. Abriram passagem para mim, e, enquanto eu atravessava a cela, os olhos dos meus companheiros me seguiram com curiosidade — eu era recém-chegado. Havia um guarda da prisão na porta da cela, um soldado do Exército Vermelho. Ele repetiu meu nome.

— Tchernavin?

— Sim.

— Primeiro nome e nome do pai?

— Vladimir Vyacheslavovich — respondi.

— Vamos andando! O interrogador está à sua espera!

Um dos prisioneiros me abordou quando eu estava saindo:

— Vão levar você para ser interrogado — ele me sussurrou apressado. — Leve alguma comida com você, e lembre-se sempre: jamais acredite no interrogador.

Voltei e coloquei uma maçã no bolso.

— Ei, mexa-se! — o guarda pressionou.

Saí para o corredor e me pus a caminho.

Mais uma vez, caminhei por escadas, passei por portões com grades em cada andar, com trancas barulhentas e portas imponentes, que os guardas fechavam com estrondo depois que eu passava. O 2º andar abrigava um pequeno restaurante para os interrogadores, um bistrô — onde se podia ver sobre o balcão cigarros importados, bolos, sanduíches e frutas. Um restaurante desse tipo não podia ser encontrado em nenhum lugar na União Soviética, exceto no GPU e nas dependências do Kremlin. Seguimos caminho pelo corredor do restaurante; o guarda ia logo atrás de mim. A certa altura ele me deteve e bateu numa porta. Uma resposta vaga veio de dentro.

— Andando — o guarda ordenou.

Abri a porta e entrei no escritório. Era uma sala pequena, do tamanho de uma solitária, paredes lisas e pintadas e uma pequena mesa de escritório no meio, com uma cadeira de cada lado. Na mesa havia uma lâmpada elétrica com uma luz forte apontada diretamente para a cadeira a ser ocupada pelo prisioneiro. Era de manhã, mas dentro da sala as luzes do amanhecer ainda não podiam ser percebidas.

— Bom dia — o interrogador me saudou, chamando-me pelo nome. — Sente-se. — Ele era um homem jovem, de cerca de 30 anos, bonito, de rosto corado, bem-vestido e bem alimentado.

— Bem, vamos conversar — ele começou. — Por que você acha que foi preso?

— Eu não sei.

— Como é possível que não saiba? Nem mesmo faz ideia?

— Não faço a menor ideia.

— Pense bem. É possível que nunca tenha nem mesmo passado pela sua cabeça que você seria preso? Não? Tente se lembrar.

— Não.

Eu olhava nos olhos dele diretamente e com firmeza. Eu pensava: "Não, meu amigo, você não vai me pegar com essa conversa, vai ter de fazer melhor".

— Não — repeti. — Não faço a menor ideia. Eu esperava que você pudesse me dar algumas explicações.

— Tudo a seu tempo. Por enquanto, lembre-se de que nós não temos pressa; não temos motivo para pressa. Uma investigação raramente demora menos que seis meses. Costuma levar nove meses, muitas vezes um ano. Você terá tempo de sobra para pensar no assunto. Mas então... Você não vai me dizer que já esperava ser preso.

— Não, eu não esperava ser preso.

Nós conversamos dessa maneira por um longo tempo, sempre com o mesmo resultado.

— Bem, talvez mais tarde você resolva ser mais colaborativo. Vamos passar ao questionário.

Ele verificou todas as perguntas que eu havia respondido na noite anterior, e eu respondi com convicção o que havia escrito, sem me contradizer. Ele não conseguiria me enganar com essa arapuca.

— Ora, ora! Um representante da nobreza! E eu, o homem que o está interrogando, sou um representante do proletariado — ele disse, arrastando as palavras, destacando-as com uma ênfase ridícula enquanto se reclinava em sua cadeira.

Eu olhava para ele e pensava: "Você provavelmente é filho de um comerciante; rosto liso, mãos bem cuidadas, que não são de trabalhador. Você jamais soube o que é trabalho na sua vida, e eu tive de trabalhar com a cabeça e as mãos desde os 16 anos".

— Como você vê o governo soviético?

— Sou favorável.

Ele riu.

— Por que não diz a verdade? Seria melhor dizer que é "leal". Isso é falso.

— Vejo esse governo com bons olhos.

— Não, eu não vou acrescentar isso ao questionário, é um completo absurdo. Escute aqui, isso é uma coisinha sem importância. Fiz essa pergunta apenas para avaliar sua sinceridade. Nós valorizamos os especialistas e tomamos conta deles, mas você se prejudica a si mesmo desde o início... — Ele falava no tom descontraído de um homem da sociedade.

Pensei: "Já ouvi tudo isso nos interrogatórios em Murmansk", e repeti com insistência:

— Eu sou favorável. Por que razão não acredita em mim?

— Eu poderia me recusar a responder à sua pergunta, mas vou responder, para provar minha boa vontade sincera para com você. Você pertence à nobreza, o governo soviético retirou de vocês todos os privilégios; isso já é o bastante para fazer de vocês uma classe inimiga, sem levar em conta suas convicções, que nós conhecemos bem em cada detalhe.

— Você está errado. Eu nunca tive a chance de me beneficiar de nenhum privilégio da nobreza. Tive de trabalhar para ganhar a vida; e a minha carreira científica não foi interrompida pela Revolução. Permita-me lembrar a você que essa mesma nobreza, a patente de general e um cargo importante não impediram meu próprio tio de se tornar um servo leal da Revolução e um membro do Conselho Revolucionário de Guerra. Você deve ter ouvido falar desse meu tio.

O interrogador ficou em silêncio, sem saber como refutar esse argumento inesperado. Ele esperou alguns minutos, e então escreveu no questionário: "Favorável".

Uma pequena vitória para mim, pelo menos.

NOS CAMPOS DE CONCENTRAÇÃO SOVIÉTICOS

Eu entendi por que ele insistia nesse ponto. Se fosse confirmado que eu pertencia à nobreza e não era favorável ao governo soviético, "atividade de sabotagem" seria uma dedução lógica.

Ele fez mais uma tentativa.

— Mas você *fez* críticas às ações do governo soviético!

— Não.

— De novo você se recusa a falar com franqueza, até mesmo numa questão pouco importante como essa. Não vou mentir para você: sua situação é muito séria. As evidências contra você são muito sólidas, você corre o risco de ser fuzilado, e eu lamento por você. Seja franco e eu me empenharei para chegar a um acordo com você. Pode realmente afirmar que nunca criticou as ações do governo soviético?

— Sim, eu posso.

— Por que está fazendo isso? Nós, comunistas, nós que trabalhamos para o GPU, não criticamos as ações do governo soviético?

— Não sei. Mas eu jamais critiquei.

— Vamos usar um exemplo. As filas de pão nunca lhe causaram indignação?

— Não acredito que as filas para o pão sejam "ações do governo soviético".

— Tudo bem. Se você prefere assim, que seja. — Ele pegou sua caneta. — Não, nós não registraremos isso.

— Faça como achar melhor.

E mais uma vez a maneira de proceder desse interrogador ficou bem clara para mim. Se eu tivesse admitido que havia "criticado" o governo, ele teria me forçado a dizer que isso aconteceu mais de uma vez e me perguntaria quando eu havia feito tais críticas e para quem; e isso resultaria em material para uma "confissão verdadeira", que seria classificada de "agitação contrarrevolucionária", de acordo com o Artigo 58, parágrafo 10, com pena de três a dez anos num campo de concentração. As pessoas que porventura eu tivesse mencionado se tornariam a "organização contrarrevolucionária", e a elas seriam acrescentados os nomes daqueles em cujas casas as nossas supostas reuniões teriam ocorrido; isso, por sua vez, seria interpretado como "propaganda contrarrevolucionária", de acordo com o Artigo 58, parágrafo 11. Combinadas, essas duas acusações significariam pena de morte.

Ele pensou por um momento, e então decidiu insistir uma última vez no mesmo tema.

"VOCÊ SERÁ O NÚMERO 49"

— Mas você já deve ter feito piadas antissoviéticas, não é?

— Não, eu não gosto de piadas.

— E você nunca ouviu nenhuma?

— Não, eu não dou ouvidos a esse tipo de coisa.

A expressão no rosto do interrogador se tornou cruel e fria. Ele agora olhava direto nos meus olhos, observando cada movimento que eu fazia.

— E você sabe que não se deve mentir num interrogatório, não sabe?

— Eu sei. Não contei nem ouvi nenhuma piada antissoviética.

Olhamos com desconfiança um para o outro.

Dessa vez a minha mentira ficou bem evidente. Não havia um único homem em toda a União Soviética que não fizesse piada com os soviéticos. É a única migalha de liberdade de expressão que resta no país, algo que não pode ser sufocado por nenhuma censura nem por meio de terror — embora a disseminação de tais anedotas seja classificada como agitação contrarrevolucionária e punível com sentenças de dez anos num campo de concentração.

— Muito bem. Seu caráter e sua "sinceridade" ficaram claros para mim. Levaremos isso em conta durante a condução da investigação. Mas... — Mais uma vez ele deixou subitamente de lado sua atitude ameaçadora e adotou a amigável expressão de quem tem um conselho franco a dar. — Eu sugiro que você pense com muito cuidado na maneira como se comportou neste interrogatório. Você está atraindo sua própria destruição. Você pertence à nobreza. Nós não o estamos perseguindo por sua origem social, mas não temos dúvida de que você é nosso inimigo de classe, se não por nada mais, pelo menos em razão de sua linhagem. Nós precisamos de provas do seu desejo sincero de ficar ao nosso lado e não contra nós — discursou o interrogador, repetindo palavras que ele provavelmente já tinha dito centenas de vezes antes.

Respondi friamente, e com cautela, que não havia cometido nenhum crime, que tinha certeza de que tudo não passava de um mal-entendido e que as coisas logo seriam esclarecidas e eu seria libertado.

— O GPU — ele disse — jamais faz uma prisão sem evidências suficientes, principalmente quando se trata de um técnico especialista importante do setor de produção. As evidências a seu respeito foram exaustivamente checadas e todos os fatos contra você foram bem avaliados, e só depois disso é que eu recebi autorização do conselho para a busca e sua prisão.

Era verdade. Minha prisão havia acontecido com um mês de atraso.

— Eu não vou apresentar esses fatos a você agora, porque quero lhe dar a oportunidade de se arrepender e nos dar de bom grado toda a informação em detalhes. Só sob essa condição sua vida será poupada. Mas, de qualquer maneira, você vai passar dez anos num campo de concentração; isso já foi decidido. Perceba que eu não escondo nada de você, e lhe darei tempo para refletir sobre a questão. É difícil agir mais humanamente.

Permaneci em silêncio.

Ele também parou de falar; então, olhando-me diretamente nos olhos, ele disse cruelmente:

— *Você será o número 49.*

Evidentemente a primeira parte do programa estava terminada. O interrogador olhou para seu relógio. Eu havia perdido completamente a noção do tempo: o sombrio dia de outono já ia bem avançado. Não sentia fome, apenas cansaço, embora não tivesse comido nem bebido nada nas últimas 24 horas.

— Infelizmente vou ter de sair agora. Assine seu depoimento.

Li cuidadosamente a parca informação inserida no questionário oficial, risquei traços em todos os espaços vazios e assinei meu nome logo depois da última palavra do meu testemunho. Eu sabia que espaços vazios em linhas podiam ser preenchidos facilmente.

Ele dobrou a folha assinada por mim e a colocou em sua pasta.

— Eu vou voltar logo. Enquanto isso, prepare um relatório sobre os privilégios e os deveres que você tinha na instituição onde trabalhava. Depois declare os trabalhos mais importantes que você terminou recentemente nos laboratórios dessas empresas.

Ele vestiu o casaco e se foi, e em seu lugar ficou seu assistente, a mesma pessoa que havia orientado a busca na minha casa e me conduzido à prisão. Enquanto ele lia um jornal, eu peguei uma caneta e enumerei meus antigos privilégios e deveres. Isso não passava de um pretexto para me manterem mais tempo na sala de interrogatório e me subjugarem por meio da exaustão. Obviamente a etapa inicial do interrogatório estava terminada. Eles não se deram ao trabalho de obter informações exatas a meu respeito. Isso ficou claro. Por alguma razão, eles precisavam do meu "testemunho" e da minha "confissão"; eles se esforçariam para arrancar essas coisas de mim, mas não as forjariam. Isso também era importante.

O curto dia de outono já havia terminado fazia tempo. As luzes foram acesas novamente, mas eu continuava na mesma cadeira a que tinha me sentado pela manhã.

Meu primeiro interrogador finalmente retornou.

— E então, você já acabou?

— Eu relacionei meus privilégios e funções; mas não consegui escrever minha lista de trabalhos, porque publiquei um artigo numa revista técnica um mês atrás, onde essa lista foi mostrada. Não tenho nada a acrescentar; é difícil reproduzir a lista assim, de memória. Eu poderia cometer um erro. Você pode encontrar meu artigo e adicioná-lo ao caso, se for necessário.

Por alguma razão ele não gostou disso.

— Eu vou lhe dizer apenas uma vez, por isso é bom não esquecer — ele disse com voz ríspida de reprimenda. — Nós não acreditamos em nenhum material que seja impresso. Você pode ter escrito qualquer coisa lá.

— O artigo está assinado por mim, e eu sou responsável por tudo o que está escrito nele. Eu não posso escrever nada diferente.

— Então você precisa escrever isso de novo.

Fui obrigado a pegar a caneta e escrever, embora já começasse a me sentir bastante cansado.

Ele me reteve por quase mais duas horas, e então me disse que eu poderia voltar para minha cela.

— Eu o aconselho a se lembrar do que eu lhe disse, e a pensar nisso com muito cuidado. Um comportamento como o seu nos dias de hoje pode trazer muitos problemas.

Minha mente foi incapaz de perceber qualquer coisa além do fato de que eu finalmente tinha permissão para ir.

Passei novamente pelo bistrô iluminado do GPU, onde interrogadores trajando uniformes militares comiam em pequenas mesas, e com eles funcionárias com saia curta e batom nos lábios. Mais adiante, a já familiar escadaria com grades, e a cela. Eu já conhecia o caminho, e o guarda marchava indiferente atrás de mim. Tudo já estava pronto para a noite, e eu calculei que já passava das 9; eram pouco mais de 7 da manhã quando fui levado para a sala do interrogador.

Meu primeiro interrogatório havia durado catorze horas.

Localização das centenas de campos de trabalho soviéticos que formavam parte do GULAG.

CAPÍTULO 14

BANDIDOS TÊM DIREITOS

Embora a cela supostamente estivesse preparada para mais uma noite, ninguém estava dormindo. O encarregado encontrava-se de pé ao lado do seu catre, discutindo intensamente com dois prisioneiros do outro lado da cela, perto da janela. Próximo à porta, um homem de casaco de pele segurava suas coisas — era um recém-chegado, certamente. Ele parecia completamente desnorteado; estava agora em uma prisão, e não havia lugar para ele. Ele era o 110º ocupante de uma cela feita para 22 prisioneiros.

Fiquei em pé e esperei, escutando um colega prisioneiro que explicou o que estava acontecendo.

— Aqueles dois são criminosos. Bandidos. Os lugares que ocupam no chão perto da janela e do lavatório são um pouco maiores do que aqueles embaixo do tablado, mas são frios, porque a janela fica aberta a noite toda. O encarregado quis que eles aceitassem esse recém-chegado, mas eles se recusaram, alegando que ele não tinha o direito de colocar ninguém num lugar já ocupado. Mas o encarregado tem um pouco de culpa nessa história. Ele ordenou, em vez de pedir aos dois, e isso os deixou revoltados. Eles não são maus sujeitos, apesar de serem bandidos de verdade, ladrões de loja. O mais baixo é o Pavel Sokol, Sokoff ou Smirnoff — ele é o líder. O segundo, Vania Efimoff, é da gangue dele. Há nove deles na prisão: dois aqui, seis nas celas vizinhas e um que trabalha na cozinha e dorme na cela dos trabalhadores. O interrogador tirou deles o privilégio de fazer exercícios físicos no pátio, para que não pudessem conversar uns com os outros, mas mesmo assim eles se falam através das grades. Espere só pra ver; até o aleijado vai vir. Ele está na cela do outro lado, a nº 21. As duas pernas dele foram cortadas acima do joelho. Ele era receptor de mercadoria roubada, colaborador e líder espiritual dos ladrões. Na cela eles têm um comportamento excelente, mas foram colocados aqui conosco de propósito. Tentaram incitá-los contra nós dizendo a eles que nós comunicamos as conversas deles. Mas eles não se deixam enganar por esse tipo de absurdo: eles compreendem os homens melhor do que os interrogadores.

— Interrogadores não precisam compreender coisa nenhuma — alguém comentou. — Eles sentenciam você à morte e ponto-final.

— Que eles vão ser executados, não resta dúvida. Mas é uma pena, porque eles são bons sujeitos, não são só uns ladrõezinhos.

Enquanto conversávamos, a discussão prosseguia. Sokol agora estava falando bem alto, e era possível ouvi-lo na cela inteira claramente.

— Camaradas, vocês estão perdendo tempo. Nós temos tanto direito aos nossos dois lugares quanto vocês têm direito aos seus. É verdade que somos bandidos, pessoas simples e sem instrução, e vocês são professores e engenheiros, mas nós também somos capazes de defender nossos direitos. Nós não cederemos. O encarregado não tem o direito de nos dar ordens. Vou convocar uma reunião da cela para discutir a ação dele. Vou insistir para que seja retirado daqui. Enquanto isso, eu sugiro que encontrem outro lugar para esse recém-chegado.

Resolvi interferir, sentindo que talvez pudesse de algum modo entrar em entendimento com esses bandidos. Perguntei ao encarregado, em voz baixa, se ele tinha alguma objeção a isso.

— Você pode tentar, mas eu duvido que consiga. Está vendo que a teimosia deles não tem limites.

Então eu fui até a janela e me dirigi a Sokol com o mesmo tom de voz baixo que usei ao falar com o encarregado:

— Me deixe ficar com vocês. Meu lugar fica perto do sanitário; não consigo dormir lá. Passei o dia inteiro num interrogatório, e não dormi na noite passada. Podemos deixar meu lugar para o "novato".

— Bem... Por que não? Vania, o que você acha?

— Ah, deixe que ele venha — Vania murmurou, mal-humorado. Mas então, num tom de voz mais brando, ele se dirigiu a mim. — Faz frio aqui, você vai se resfriar. A janela fica aberta a noite inteira. Nós já estamos acostumados com isso.

— Também estou acostumado — respondi, e depois tratei de apanhar meus pertences e fui para meu novo lugar.

— Durma no meio — Pavel pediu. — É mais aquecido, e pela manhã, quando eles forem se lavar, não ficará tão molhado.

Eu agradeci a eles e me deitei. Assim teve início uma amizade real com os bandidos cuja atitude em relação a mim foi profundamente tocante.

Um dos prisioneiros me trouxe um pouco de sopa fria e de cereal endurecido dentro de uma massa pegajosa. Não consegui comer isso. Tirei do meu bolso a maçã esquecida — para a surpresa dos meus companheiros de cela.

— Uma maçã? Inteira? Como consegui trazer isso pra cá? É expressamente proibido.

— Não sei. Eles deixaram passar. Eu tenho mais algumas, vocês querem uma?

— Mas é claro que queremos — Pavel respondeu, com grande excitação na voz. — Nós precisamos urgentemente de alguma coisa natural. Aqui não nos dão nada natural, verde. Fazem isso para nos causar escorbuto. Vania já tem essa coisa. — Pavel apontou para seu companheiro. — Não nos dão gorduras também, e por isso temos úlceras; algumas vezes elas são simplesmente terríveis, principalmente no estômago e nas costas. Vania, mostre suas costas! Veja!

Vania levantou a camisa. As costas dele estavam cobertas de escuros círculos roxos do tamanho de uma moeda de cinco copeques da época anterior à guerra.

— Vocês estão na prisão há muito tempo? — perguntei.

— Ah, já faz um bom tempo.

O vento soprava diretamente sobre nós da janela, passando pelo chão e alcançando a parede do outro lado. Aqui não havia cheiro de privada. Enrolei-me no meu cobertor e adormeci.

Fui acordado pelo meu vizinho levantando-se e chamando:

— Pavel Constantinovitch.

Havia um guarda em pé na porta da cela. Ainda era noite.

— Vamos para o interrogatório!

Pavel começou a se vestir sem pressa.

— Vania, você vai ser intimado a ir também. Lembre-se do que combinamos — nem uma palavra. Deixe-os falando sozinhos. — E ele acrescentou algo na gíria dos ladrões, que absolutamente não entendi.

O guarda se dirigiu a ele com impaciência, apressando-o.

— Tudo bem, temos muito tempo, o prédio não está em chamas — Pavel respondeu, e continuou a se vestir tranquilamente.

Ele tinha cerca de 35 anos, altura mediana, era robusto e de tórax largo. Suas feições eram regulares, o rosto bem pálido, com uma barba negra e crespa e um pequeno bigode que não escondia os contornos de seu lábio superior. Seu cabelo preto, macio e cacheado, era bem penteado e aparado — algo bastante raro na prisão. Com seus olhos negros e suas sobrancelhas bem desenhadas, ele poderia ser considerado um homem bonito, apesar dos lábios muito cheios e da evidente miopia. Sua aparência como um todo era a de um personagem de bandido. E para a minha surpresa ele até se vestia para compor o personagem: calça preta e justa, sapatos bons e uma camisa vermelho-escura de cetim.

Ele penteou o cabelo, puxou a camisa para baixo, apertou o cinto e saiu andando descontraidamente até a porta.

Vania era um tipo mais comum: muito alto e com ombros extremamente largos, era um jovem que se tornara magro e pálido após uma vida na prisão. Ele também estava bem barbeado e vestido com alguma elegância.

Eu mal tive tempo de dormir novamente — não mais do que dez minutos haviam se passado —, quando Pavel retornou, tirou a roupa rapidamente e se deitou.

— E então, como foram as coisas?

— Tudo bem.

— Por que eles deixaram você sair tão rápido? Eu fui interrogado por catorze horas!

— É, isso foi surpreendente mesmo. Pelo visto eles estão levando seu caso a sério. Mas por que interrogar a gente? Eu me recusei a responder às perguntas. Quando eles disserem o que sabem, aí então eu falarei.

— E o que disse o interrogador?

— Ele? Bom, ele perguntou: "Quem é você?". Respondi: "Eu sou assim e assado. Sou Pavel Sokol, blá-blá-blá". "O que tem a dizer em sua defesa?", ele diz então. "Nada, nadinha, não tenho porcaria nenhuma pra falar". Daí é claro que ele diz: "Não seja idiota, diga o que sabe esse e aquele caso". "Não tenho coisa nenhuma a dizer!" Ele fica bem zangado e fala: "Eu preciso preencher esse documento, não posso deixar em branco esse tipo de questão". "O que você precisa fazer não é problema meu. Eu também preciso de muita coisa, mas não estou lhe pedindo nada." E ele: "Formule a resposta para que eu possa registrá-la nesse documento". "Muito bem — eu disse. — Você é pago para isso, então formule você mesmo."

— E o que ele respondeu?

— Nada. Ele riu, pegou a folha de papel e escreveu: "Recusa-se a testemunhar", e depois a entregou a mim para que eu a assinasse. "Viu só?", eu disse. "Você conseguiu formular alguma coisa. Se tivesse feito isso bem antes, não haveria necessidade de conversar." Eu assinei. "Volte para sua cela", ele falou. E foi isso. Eles raramente tentam assustar a gente; sabem que não conseguirão.

— E a quem eles assustam?

— Gente que não tem experiência da vida na prisão: trabalhadores e camponeses são sempre tratados dessa maneira. Eles também testam assim os intelectuais, se percebem que o sujeito está apavorado e pode se impressionar com gritaria ou xingamentos. Alguns chegam também a apanhar muito. Mas com gente do nosso tipo eles nunca se dão bem fazendo isso. Não conseguem fazer mais barulho do que a gente, e nós não deixamos que nos espanquem. Então eles nem tentam. Mas, se a pessoa mostrar medo, eles certamente vão abusar dela, principalmente se for mulher. Com algumas pessoas eles fazem o que bem entendem lá nesses interrogatórios, por mais instruídas e educadas que possam ser. Mas com a gente? — Pavel riu. — Eles sabem que nós conhecemos todos os seus truques sujos.

— Apesar disso tudo — ele continuou, com um olhar vago —, tenho certeza de que vão me fuzilar. E ele vai ser fuzilado também. — Pavel fez um gesto na direção de Efimoff.

— Por quê?

— Fomos acusados como bandidos. Foi por isso que nos transferiram para Shpalernaya, para o GPU. No começo nós estávamos num presídio comum. Roubamos cooperativas; invadimos prédios e levamos mercadorias. Não passa de roubo, punível de acordo com o código com não mais de cinco anos num campo de concentração. Mas eles querem nossa morte, e então nos transferiram para cá e nos entregaram diretamente ao GPU, sem julgamento. Artigo 59, parágrafo 3: banditismo, roubo à mão armada. Fim da linha pra nós. Mas não somos bandidos; nunca agimos armados, não é nossa especialidade. Você sabe, todos têm seu trabalho. O nosso é roubar lojas. Trabalhei com isso durante muito tempo; acabei me acostumando e não consegui mais parar. Quantas vezes eu já desejei parar, mas não pude! É como jogar: surge uma chance e é difícil deixar passar, principalmente se você já bebeu uns tragos.

— Eles pegaram vocês em flagrante?

— Não, eles não são tão bons assim. Procuraram por mim durante um longo tempo, e nunca teriam me apanhado se não fosse minha mulher. Eles a prenderam e tentaram assustá-la, mas não funcionou. Não é fácil meter medo nas nossas mulheres, você sabe. Então mostraram a ela fotografias de diferentes mulheres e das minhas cartas a elas, e lhe disseram: "Você fica aqui, sofrendo por ele, mas ele não é fiel a você". Funcionou: Por ciúme, ela revelou meus esconderijos e o local em que armazenávamos mercadoria roubada. Eles a libertaram. Depois ela chorou muito, mas já era tarde demais e nada podia ser feito. Muitos foram presos, e finalmente me pegaram. Se eles não me fuzilarem, eu ainda vou aproveitar a vida. Vou escapar, não serei um prisioneiro, não importa que sentença me deem — cinco anos ou dez anos num campo de concentração.

— Mas e se eles mandarem você para Solovki?

— Vou escapar mesmo assim. Um homem não pode ser mantido na prisão se está determinado a fugir. A não ser que o prendam numa fortaleza ou o acorrentem a uma parede. Mas sempre é possível escapar de uma prisão comum. Se sua pena for a deportação, você pode fugir enquanto é transportado. E não é difícil fugir de um campo de concentração. Nós temos alguma experiência nisso.

— Por que você não foge daqui, já que o ameaçaram de execução?

— Fugir de Shpalernaya é difícil, quase impossível, a menos que apareça alguma oportunidade. De Kresti é possível. Vania conseguiu tirar de lá três criminosos condenados. Fechaduras são a especialidade dele, mas ele também entende de encanamentos. Já ouviu falar nos canos de esgoto que vão dar no Rio Neva? Pois é: esse esgoto parte da prisão de Kresti. Um homem pode rastejar sem dificuldade por esses canos, que têm fluxo pequeno de água de esgoto; não há risco de afogamento. Só é difícil chegar a esse lugar, porque é preciso abrir e fechar várias trancas a fim de apagar todos os traços. Vania fez isso com perfeição: ajudou os outros a escapar, mas não foi junto. As fechaduras não foram quebradas — durante algum tempo a fuga não foi descoberta. Mais tarde, Vania também escapou. Foi realmente um bom trabalho. Se pouparem minha vida, eu não vou apodrecer dentro de uma prisão.

Várias e várias vezes eu repeti a mim mesmo: "Se pouparem minha vida eu não vou apodrecer dentro de uma prisão". E então adormeci.

CAPÍTULO 15

SEGUNDO INTERROGATÓRIO

No meu segundo dia na prisão, fui convocado para meu segundo interrogatório. Fui chamado antes que a ração de chá fosse distribuída, e mal tive tempo de comer uma maçã.

— Como vai? — perguntou o interrogador, observando-me com atenção em busca de sinais que mostrassem que eu havia dormido mal à noite.

— Vou bem.

— Não é muito bom lá na sua cela. Você está na 22?

— Uma cela como outra qualquer.

— E então, você andou pensando melhor nas coisas? Vai dizer a verdade *hoje*?

— Eu disse ontem somente a verdade.

Ele riu.

— Ah, ontem você disse a verdade? Mas hoje é outro dia, veremos como vai terminar.

Então ele voltou ao assunto da cela.

— Tentei escolher uma cela melhor para você, mas nós estamos com lotação máxima aqui. Espero que possamos nos entender, e que eu não seja forçado a mudar o tratamento que havia estabelecido para você. A terceira categoria é a mais branda: exercício no pátio, permissão para receber pacotes com comida de fora, um jornal e livros. As primeiras duas categorias são bem mais rígidas. Contudo, não se esqueça de que isso depende inteiramente de mim; a qualquer instante você pode ser privado de tudo e transferido para uma solitária. Ou mais exatamente: isso não depende de mim, mas do seu próprio comportamento, da sua sinceridade. Quanto mais sincero for o seu testemunho, melhores serão as condições do seu encarceramento.

Ele acendeu um cigarro importado e passou o maço para mim.

— Gostaria de fumar?

— Não, eu acabei de fumar um.

— Eu o coloquei numa cela comum para que você pudesse se familiarizar com nossos regulamentos. Isso só é possível em uma cela comum; ela introduz você rapidamente à dinâmica de toda a organização. Você se familiariza, por assim dizer, em primeira mão com nossos métodos, e eu acredito... que você se tornará mais complacente. Nós descartamos os métodos medievais; não penduramos ninguém pelas pernas nem arrancamos pedaços de pele das costas. Mas temos outros meios, não menos eficazes, e sabemos como arrancar a verdade das pessoas. Lembre-se disso agora; você ouvirá falar dentro da cela que isso não é uma simples ameaça.

Ele falava devagar, olhando-me direto nos olhos, enfatizando as palavras com evidente prazer e observando o efeito delas em mim.

— Você conheceu Scherbakoff? Ele era um homem forte, mas eu o subjuguei e o forcei a confessar.

Com grande dificuldade eu consegui me controlar antes de responder.

— Eu não tenho a menor dúvida de que você emprega a tortura, e se você acredita que isso seja útil para descobrir a verdade e acelerar a investigação, e tendo em vista que as leis soviéticas permitem seu uso, eu sugiro que você não abandone os métodos medievais: um pouco de fogo é um recurso maravilhoso. Tente! Eu não tenho medo de você. Pode me torturar; nem assim vai conseguir nada de mim.

— Bem, isso nós veremos mais tarde. Por enquanto, vamos ao que interessa. Vamos falar sobre relações. Você conhecia V. K. Tolstoy, o sabotador, executado em associação com o caso dos 48?

— Sim, eu o conhecia. Como poderia não conhecê-lo se ele era o diretor da indústria de peixe no Norte? — retruquei, visivelmente espantado. — Nós trabalhamos nisso por mais de vinte anos.

— E você o conhecia bem?

— Muito bem.

— Desde quando o conhecia?

— Desde a infância.

A postura do interrogador mudou completamente; ele pegou com rapidez uma folha de papel e a colocou na minha frente.

— Escreva sua confissão.

— Que confissão?

— Que você conhecia Tolstoy, que você tinha um relacionamento de amizade com ele da época tal até a época tal. Eu percebo que vamos chegar a um entendimento com você, sua franqueza será valorizada. Escreva.

Ele evidentemente tinha pressa; não parecia saber bem o que estava dizendo. Temia que eu mudasse minhas declarações.

Peguei a folha e nela escrevi o que eu tinha dito.

— Excelente. Vamos prosseguir.

Seguiu-se então uma bateria de perguntas sobre Tolstoy, sobre Scherbakoff e outras pessoas que eu conhecia. Eu não fui tão maleável quanto ele gostaria, e nós nos envolvemos num embate mental que se manteve durante horas. Ele me interrogou com insistência e com riqueza de detalhe, buscando sem sucesso que eu lhe desse datas.

— Você não vai conseguir passar a perna em mim — ele avisou em tom ameaçador. — Eu o aconselho a não tentar. Vou para casa jantar agora, e você fica aqui até anoitecer. Este interrogatório vai continuar; não por um ou dois dias, mas por meses, e por anos se for necessário. Sua resistência não se compara à minha. Vou forçar você a nos dar o que nós precisamos.

Depois de me fazer mais algumas ameaças, ele me entregou algumas folhas de papel.

— Você vai expor por escrito suas opiniões a respeito da construção de uma fábrica para aproveitamento em Murmansk, seu equipamento e sua utilidade no futuro. Eu logo estarei de volta; quando eu retornar, quero ver terminados seus comentários a respeito dessas questões.

Ele vestiu seu sobretudo e se foi. Seu assistente tomou seu lugar, e eu me ocupei da minha tarefa de escrever. Ele retornou três ou quatro horas mais tarde, quando já anoitecia.

Embora eu não tivesse comido quase nada por três dias, ainda tinha disposição para lutar. Ele me perguntou sobre a compra de um navio do estrangeiro, tentando me levar a dizer que houve "sabotagem" nisso, porque o preço foi exorbitante e o navio em questão se mostrou insatisfatório. Isso foi bastante confuso. As perguntas dele eram absurdas. Nós falamos, nós argumentamos. Mas eu não daria as respostas que ele queria.

O interrogador começou a tomar outro rumo.

— Bem, e a sabotagem na fábrica de filtros? Teve notícia desse fato?

— Não. Eu não tenho nenhuma relação com esse trabalho, mas a fábrica funcionava normalmente.

É claro que eu não notei aonde ele queria chegar até que ele finalmente exclamou:

— E você também acha que o piso da fábrica foi colocado de maneira correta? Nada aconteceu de errado ali? Não foi necessário reconstruí-lo em seis meses?

Ele finalmente havia revelado seu segredo. As circunstâncias relacionadas ao piso em questão eram as seguintes: o piso no recinto frio da fábrica, onde ficava o filtro-prensa, estava coberto com linóleo — um composto especial usado na União Soviética porque eles não tinham nada melhor. Certa noite, por negligência do gerente da fábrica (um comunista), o tanque com óleo de fígado de bacalhau transbordou e muitos galões vazaram para o piso. O linóleo empenou e precisou ser substituído. O novo piso custou 20 rublos. E o óleo derramado custou mais de mil rublos.

Eu tentei explicar para o interrogador o que realmente aconteceu.

— Então, nesse caso você sustenta que não houve sabotagem?

— Sabotagem feita por quem? — perguntei. — Pelo homem que derramou o óleo?

— Certamente não. Sabotagem feita pelo engenheiro que intencionalmente cobriu o piso com um material que não resiste ao óleo?

Minha paciência começou a se esgotar.

— Me deixe perguntar uma coisa — eu disse. — O que eu tenho a ver com tudo isso? Que ligação eu poderia ter com a embarcação sobre a qual você me perguntou, ou com esse piso, o óleo e a fábrica? É porque o meu laboratório se localizava lá?

— Preciso de sua opinião sobre esses fatos e de sua boa vontade para nos ajudar. Quer dizer, então, que você não vê nenhuma sabotagem nisso?

— Não. Não vejo.

— Certo. E qual é sua posição quanto ao assunto do abastecimento de peixe no Mar de Barents e sua ligação com a construção dos navios conforme previsto pelo Plano Quinquenal?

Agora ele havia levantado uma questão com a qual eu poderia ter um vínculo direto. A noite já ia alta, mas eu continuava sentado na mesma cadeira. Começava a perder a noção do tempo, era o meu segundo dia na prisão ou o meu décimo dia? Apesar do doloroso abatimento físico e psicológico que tomava conta de mim, eu disse a ele que o abastecimento de peixe fresco deveria ser investigado a fundo e minuciosamente. Tentei explicar os riscos da indústria da pesca em Murmansk e a enorme quantidade de equipamentos que seria necessária para satisfazer as propostas do Plano Quinquenal.

— Então você confessa que duvidava da viabilidade do Plano Quinquenal? — ele disse, com um sorriso presunçoso de satisfação.

O que eu poderia dizer? Eu acreditava, assim como todo mundo, que o plano era absurdo, que cumpri-lo seria impossível. Contudo, apenas por fazerem tais declarações — pior, apenas pela suspeita de que tiveram tais pensamentos —, 48 homens foram executados a tiro.

— Não! — eu respondi rapidamente. — Eu só chamei a atenção para a necessidade de investigar o suprimento de peixe do Mar de Barents. Não consigo entender... Por que *você* acha que essa investigação seria um obstáculo ao plano, e não o contrário?

— Faça uma declaração por escrito das suas conclusões a respeito desse assunto. Agora eu tenho de ir — ele avisou com ar pedante.

Ele me deixou com seu assistente, e mais uma vez eu escrevi.

Quando retornou, eu já havia acabado. Ele recolheu as folhas.

— Reflita com cuidado sobre tudo o que conversamos hoje. Amanhã vou mandar buscá-lo de manhã cedo. Pode voltar para sua cela.

Já era tarde da noite. Todos na cela estavam dormindo. Sokol acordou e insistiu para que eu comesse alguma coisa, mas eu desabei no meu colchão de palha e adormeci assim que minha cabeça tocou o travesseiro.

CAPÍTULO 16

A VIDA NA PRISÃO

Não foram me buscar para um novo interrogatório na manhã seguinte, e dias se passaram sem que eu fosse chamado para mais sessões de interrogatório. Dessa maneira, eu comecei a me habituar realmente com a vida na prisão no terceiro dia do meu encarceramento. Havia passado os dois primeiros dois dias no escritório do interrogador. Eu sabia apenas que em uma cela com capacidade para 22 prisioneiros estavam amontoados 109 homens, e esse número logo cresceu para 114.

Não havia ar suficiente. Uma densa nuvem de fumaça de tabaco pairava sobre o lugar, e por isso as janelas tinham de ficar abertas; uma forte corrente de ar soprava sem parar entre as janelas e a porta de grades que dava para o corredor. Muitos estavam gripados, e o ato de abrir e fechar as janelas gerava discussões e atritos o tempo todo.

Quando as pessoas são forçadas a viver juntas por um longo tempo elas geralmente se irritam umas com as outras, o que acaba virando ódio. Em celas comuns, estranhos eram obrigados a conviver por meses, algumas vezes por anos, num recinto tão apinhado que para cada pessoa havia apenas meio metro quadrado de espaço. Somente o alto nível cultural geral dos prisioneiros em nossa cela e o regulamento rígido elaborado e imposto por eles tornavam a vida possível. Havia normas para tudo, tudo era controlado. Existiam regras para acordar e levantar, lavar-se, usar o sanitário, andar pela cela, abrir as janelas, limpar a cela, cuidados com a comida, com as roupas e com os colchões e roupas de cama. Regras eram seguidas para o jantar e o chá, e também para o uso de jornais e de livros da biblioteca.

Um encarregado e seu assistente, eleitos pelos prisioneiros, comandavam a cela. Esses homens mantinham a ordem geral e impunham as regras estabelecidas. Transgressores eram punidos com serviços e tarefas extras: limpar a cela, lavar o chão, e assim por diante. O encarregado mantinha uma lista de prisioneiros e precisava saber o tempo todo do número de internos que ocupavam a cela, e tinha também de encaminhá-los para interrogatório, celas de punição, para o hospital etc. O encarregado escolhia os homens para os vários serviços: trabalhar na cozinha, limpar batatas, encher colchões e realizar outras tarefas na prisão. Ele era o intermediário entre os prisioneiros e a administração e o mediador em disputas entre os internos. O encarregado e seu assistente desfrutavam dos privilégios de dormir em camas de armar, de sentar-se à mesa e de se lavar e usar o sanitário fora de hora. Tinham vários deveres, deveres desagradáveis e privilégios insignificantes.

O tempo cumprido é de grande importância: o novato recebe o pior lugar, come em pé e é o último a se lavar. Em cada cela cada um tinha de começar uma "carreira" por baixo, isto é, quando uma pessoa que já havia passado vários meses numa cela era transferida para outra, nessa nova cela ela era obrigada a rastejar à noite sob o tablado e sofrer as desvantagens de um recém--chegado. Os interrogadores conhecem essa regra e, quando desejam piorar a situação de algum prisioneiro, transferem-no sem motivo nenhum de uma cela para outra. Na nossa cela, várias vezes foi debatida a proposta de alterar esse regulamento, levando em conta a duração de toda a permanência na prisão e não apenas em cada cela separadamente. Porém a sugestão era sempre rejeitada, em virtude da vantagem que tal mudança daria aos que fossem transferidos para outras celas por indisciplina e aos "espiões" que continuamente eram movidos de uma cela para outra.

Dois ou três desses espiões são sempre colocados em cada cela comum — às vezes eles são os próprios prisioneiros. Escutam as conversas e as transmitem aos interrogadores, mas geralmente vão além. Fingindo-se solidários, empenham-se para descobrir detalhes relacionados ao caso, à família e às circunstâncias pessoais dos demais, e outras informações úteis, e eles encorajam os internos a "confessar". Mas espiões logo são descobertos, e então vão para outra cela, onde novamente se veem numa posição menos privilegiada.

O dia na cela começa às 7 da manhã, quando a monótona ordem dos guardas ecoa pelos corredores: "Hora de levantar! De pé! De pé!". Antes das 7, mas não antes das 6, os 22 prisioneiros mais antigos tinham permissão para se levantar. Cada um deles tinha então três minutos para se lavar — um grande privilégio. Os noventa restantes tinham uma hora para se lavar, das 7 às 8, antes da "hora do chá".

Assim que a ordem para levantar era dada, a cela se enchia de ruídos, conversas, tosse, bocejos ruidosos e barulho de tábuas se chocando. Fumaça de cigarro se elevava por todos os cantos do espaço. O ar ficava turvo com a poeira que saía dos colchões de palha suja que os prisioneiros dobravam. Longas filas se formavam no sanitário e no lavatório.

Depois que os colchões e o tablado eram removidos e as camas dobradas, os preparativos para o "chá" começavam. O encarregado designava quatro homens para o pão e dois para a água quente. O pão, de má qualidade – semelhante ao que se encontrava em toda a União Soviética –, era trazido para a cela cortado em rações de 400 gramas cada um. Aqueles que recebiam comida de fora nem sempre comiam essa ração; ela era insuficiente para os outros, principalmente para os trabalhadores e camponeses que estavam acostumados a comer muito pão.

O "chá", que na verdade não passava de água quente, era trazido em duas grandes chaleiras de cobre – remanescentes do luxo da época tsarista. Chá e açúcar eram fornecidos apenas aos internos considerados "prisioneiros políticos" pelos bolcheviques. Esses presos pertenciam ao Partido Comunista e estavam detidos por "desvios".

Todos então corriam para o armário onde estavam guardados, em 22 compartimentos, utensílios para mais de 100 homens. Cada um de nós tinha uma pequena vasilha, uma caneca e uma colher de madeira, mas aquele que conseguia achar os próprios utensílios na hora da refeição era afortunado. Por fim, todos se sentavam às mesas seguindo uma rígida ordem de antiguidade: dez a vinte prisioneiros ficavam de pé. Aqueles que recebiam pacotes de comida de fora colocavam em sua caneca um pouco de chá, um luxo até mesmo fora da prisão. A hora do "chá" se estendia até as 9.

Seguia-se então a chamada para a limpeza geral, e a confusão se instalava. Mesas, bancos, pertences pessoais, tudo era levado para um lado da cela, e com esse material iam todos, menos três homens. O lado vazio da cela era limpo pelo homem designado para essa tarefa e seus dois assistentes. O chão era pulverizado com serragem e varrido, e duas vezes por semana era lavado. Quando a limpeza de um lado terminava, tudo era movido para esse lado limpo, para que os três homens limpassem o outro lado.

A limpeza geral durava até as 11 horas. Durante o período das 11 às 12 horas os prisioneiros das celas comuns eram levados ao pátio para caminhar e respirar um pouco de ar puro; cada grupo podia permanecer no pátio durante meia hora. Descontando-se o tempo gasto nas chamadas e para atravessar os corredores, na verdade essa atividade durava de quinze a vinte minutos apenas, e acontecia no pátio interno, cercado pelas paredes do prédio da prisão. Em razão da superlotação, os internos de três celas comuns — aproximadamente 300 homens — eram levados todos juntos ao mesmo tempo, o que congestionava bastante o espaço limitado. Mas a ida ao pátio significava muito para nós; passar quinze minutos respirando ar fresco era revigorante depois de tanto tempo no ambiente sufocante das celas. Além do mais, no pátio tínhamos permissão para falar com os presos de outras celas. Os interrogadores notaram que os prisioneiros valorizavam muito esse breve período no pátio, e como meio de coerção exerciam seu poder de permitir e proibir esses passeios.

Por volta de meio-dia, jornais e revistas eram levados para as celas comuns; os presos que se encontravam em confinamento solitário geralmente eram privados desse direito. Um dos superintendentes da prisão atuava na distribuição de jornais e obtinha lucro com esse trabalho. No passado, os jornais podiam ser trazidos em qualquer quantidade, mas agora, com a grave escassez de papel, era difícil encontrar jornais até mesmo "lá fora", e o número de cópias reservado à prisão era extremamente limitado. Percebendo a possibilidade de ganho, os guardas começaram a comprar revistas e jornais velhos para revendê-los aos prisioneiros a preço de mercado. Nós comprávamos esses exemplares antigos porque queríamos ler algo que tornasse nossa vida menos monótona, e era enorme nossa necessidade de jornais de qualquer tipo. Jornais sempre causavam grande excitação, é claro, e eram lidos de alto a baixo, totalmente, inclusive os anúncios.

Aproximadamente à 1 da tarde os preparativos para o almoço começavam. Essa refeição consistia de sopa e cereal. Havia dois tipos de sopa: sopa de repolho azedo ou cevada com batatas. Devia ter bife, mas a carne propriamente dita jamais chegava aos prisioneiros. Ela era completamente retirada dos ossos e usada no preparo de várias iguarias para o restaurante do GPU. (Sei disso porque certa vez trabalhei na cozinha da prisão.) Só os prisioneiros "políticos" recebiam um pequeno pedaço de carne na refeição.

O segundo prato era um cereal, *kasha*: grãos de cevada muito mal descascados (apelidados de "projéteis"), milho ou trigo-sarraceno (às vezes). A sopa e o cereal eram cozidos no vapor em caldeiras especiais, sob alta pressão. Isso a transformava num líquido malcheiroso e turvo, e o cereal numa substância pegajosa destituída de todos os nutrientes.

Essa refeição durava mais de uma hora, pois o número de comensais era muito grande, mas dez minutos seriam suficientes para cada homem consumir sua porção. Então as tábuas da mesa eram novamente removidas.

Depois de comer, aqueles que tinham cama dobrável iam se deitar. O restante de nós tentava encontrar um lugar mais confortável em bancos encostados à parede, onde pudéssemos nos recostar. Nesse momento do dia não era permitido movimentar-se nem falar. Não era fácil passar duas horas sentado num banco estreito. Muitos preferiam rastejar para debaixo das camas e dormir no chão. Por volta de 4 da tarde, a ordem para levantar ecoava novamente, e os preparativos para a refeição do final da tarde — cereal e "chá" — tinham início.

Um dia inteiro na cela se resumia a isto: confusão banal, pessoas circulando de um lado para outro ou esperando em filas. O período mais tranquilo era entre 6 e 9 horas, quando era possível espremer-se num assento em uma mesa e ler sob a luz de uma das duas lâmpadas de 25 watts no teto, ou então conversar com alguém em algum canto.

Esse também era o intervalo de tempo reservado a aulas ou discussões, que ajudavam a esquecer um pouco a realidade da prisão. Entre os prisioneiros encontravam-se muitos homens de diferentes especialidades. Lembro-me de ter assistido a exposições como "A Produção de Vidro", "O Ferro", "Visões Contemporâneas acerca da Estrutura da Matéria" e muitos outros tópicos. Pediram-me para falar sobre geografia e biologia, e eu tentei falar, da maneira mais interessante possível, sobre os diferentes países que havia visitado durante minhas muitas expedições, relembrando incidentes, tipos de pessoas e qualquer coisa que pudesse desviar temporariamente a atenção da vida na prisão. Algumas vezes eu conseguia. Todos na cela, até mesmo os trabalhadores, os camponeses e os criminosos (que provavelmente não compreendiam muitas das outras exposições), ouviam com atenção.

As pessoas comuns sempre me tratavam de maneira amigável. Em sua obra *Memórias da Casa dos Mortos,* Dostoiévski descreve a animosidade que percebe entre o intelectual e o homem da multidão. Outros que já estiveram no exílio também identificaram essa animosidade. Mas eu jamais senti essa animosidade apontada por Dostoiévski. Muitas vezes eu vejo nas pessoas mais simples uma capacidade de discernimento e uma gentileza que me tocam profundamente.

Durante minha primeira exposição, cujo assunto foi minha expedição à Mongólia rumo à nascente do Rio Irtish, eu percebi com espanto que os

NOS CAMPOS DE CONCENTRAÇÃO SOVIÉTICOS

criminosos me escutavam com atenção. Meu jovem amigo bandido, Vania Efimoff, que era incapaz de dizer qualquer coisa sem xingar, olhava fixamente para a minha boca, como se tivesse medo de perder uma palavra. De vez em quando ele não conseguia se conter e deixava escapar um brado de entusiasmo:

— Ah, as coisas que esse filho da puta fala! Não dá pra encontrar isso em livro nenhum!

Essa minha exposição tocou o coração aventureiro de Vania, e ele se afeiçoou a mim de uma forma comovente. Gostava de se sentar no chão ao lado do meu banco, colocar a cabeça nos meus joelhos e sonhar e planejar que, caso nós dois alcançássemos a liberdade, eu partiria novamente numa expedição e o levaria junto. Infelizmente, porém, ele sabia bem que isso não passava de sonho.

Certo dia, sentado dessa forma perto de mim, ele me contou a história de sua curta vida — tinha apenas 18 anos. Seu pai, um camponês pobre, acabou se tornando um viúvo com cinco filhos. Vania, então com 7 anos, era o mais velho. Mais tarde, o pai se casou novamente, com uma viúva rica, mas, quando fez isso, foi desonesto com outra mulher, que Vania conhecia. Por isso, aos 9 anos ele abandonou o pai, que agora desprezava, e foi embora com dois dos seus irmãos, um de 7 e outro de 5 anos. Ele deixou as garotas com o pai, mas decidiu tomar conta dos irmãos roubando no mercado. Assim começou sua carreira de ladrão — colônias prisionais para jovens criminosos, fugas, novas detenções, especialização gradual na arte de roubar e, por fim, a acusação de banditismo. Contudo existia nele uma firme crença de que deveria haver no homem justiça, verdade, princípios e honestidade, coisas que ele exigia mesmo vivendo na prisão.

Por exemplo: certa vez, a tarefa de lavar a cela foi dada a um comerciante aprisionado conosco. Lavar a cela é uma função suja e desagradável, apenas os velhos e os idosos eram poupados dela. Esse comerciante fez um arranjo com um trabalhador que havia sido preso por roubar sopa de uma mercearia de cooperativa: o trabalhador concordou em realizar o trabalho do outro por 1 rublo. Vania soube desse arranjo e foi tirar satisfação com o trabalhador assim que ele começou a lavar o chão. Com evidente ira na voz, Vania afirmou que não permitiria que o homem fizesse tal serviço, pois era covardia um prisioneiro empregar outro. Percebendo que a questão acabaria em briga com Vania — que era forte e ágil —, o trabalhador recuou e devolveu o dinheiro ao dono.

130

— Se você não tem dinheiro, peça e nós ficaremos felizes em compartilhar o que tivermos. Mas não se venda na prisão! — Vania esbravejou.

Vania me prestou vários serviços, mas um deles foi especialmente tocante. Em um dos primeiros pacotes que enviou para mim, minha mulher colocou um pouco de tabaco numa bolsa feita de um pedaço de um velho vestido de seda dela. Eu a perdi certo dia, quando nós estávamos retirando nossos colchões da cela. Vania notou minha aflição e quis saber qual era o problema. Depois engatinhou por toda a cela, olhou debaixo de cada tábua, brigou com metade dos prisioneiros, mas acabou encontrando a bolsa e a entregou a mim com um ar vitorioso e feliz, como se para ele também fosse uma felicidade.

— Eu compreendo — ele disse. — Isso vem de casa.

Eu carreguei essa bolsa comigo durante toda a minha vida na prisão.

Vania Efimoff poderia, sem dúvida, ter se tornado um homem forte e decidido. Mas o sistema soviético, que gosta de se vangloriar de sua capacidade de reeducar pessoas, preferiu eliminar Vania, apesar dos seus 18 anos.

Certa noite, quando todos nós já nos preparávamos para ir dormir, Efimoff e Pavel Sokol foram chamados, e a ordem foi que levassem seus pertences junto. Perto da porta da cela estavam vários guardas e também o assistente do comissário prisional. Não havia dúvida: tratava-se de execução.

Vania havia escondido uma faca que os criminosos usavam para se barbear.

— Ei! Está comigo? — ele perguntou a Pavel. — É mais fácil morrer numa luta.

— Esqueça isso! — Pavel respondeu, tentando aparentar calma. — Eles que vão pro diabo.

Ele falava devagar e sem alterar a voz, mas o cigarro entre seus lábios — seu último cigarro — tremia e não acendia. Pavel saiu pela porta lentamente, curvado, como se fizesse um grande esforço. Vania andava com passos rápidos e seus olhos brilhavam. Ao chegar à porta, Vania disse com voz bem alta:

— Lembrem-se de mim com alegria, camaradas! Adeus!

CAPÍTULO 17

VELHOS E JOVENS

Ninguém era estranho para mim dentro da cela. Eu conhecia todos de vista, sabia o nome de muitos, do que eram acusados, quanto tempo haviam passado na prisão, que tipo de "pressão" tinham sofrido nos interrogatórios, e assim por diante. Reuni muita informação nova — de que eu apenas suspeitava vagamente quando estava em liberdade. Também aprendi algumas coisas: como a investigação é conduzida, que métodos são usados para obter uma confissão. Vi as consequências de se sujeitar à vontade do promotor público e tornar-se um "ficcionista", isto é, escrever confissões fantasiosas sob a orientação do GPU.

Para compreender a vida dos que se encontram encarcerados na União Soviética enquanto seus casos estão sob investigação é necessário entender plenamente que o objetivo do regime prisional é, antes de mais nada, enfraquecer o prisioneiro moralmente e fisicamente e minar sua resistência, a fim de tornar mais fácil a tarefa de obter dele "confissões voluntárias" de crimes que ele jamais cometeu. O interrogador não apenas determina o regime em que o prisioneiro se enquadrará — permitindo ou proibindo idas ao pátio, remessas de pacotes com comida, visitas de parentes, leitura de livros — como tem o direito de transferir o prisioneiro para a cela escura ou para as celas de punição.

Na União Soviética, a cela de punição numa prisão de detenção prévia perdeu sua função inicial de castigar o detento que quebra regulamentos da prisão; agora serve apenas como instrumento de coerção durante a condução da investigação. A administração da prisão não tem poder sobre os prisioneiros e somente cumpre as ordens dos interrogadores.

A finalidade do confinamento solitário é forçar um homem — já abatido por ameaças de tortura e de morte violenta — a permanecer sozinho com seus medos, sem nenhuma possibilidade de distração, sem receber apoio moral nem encorajamento de ninguém. Muitas pessoas confinadas em celas solitárias perdem a cabeça e, depois de seis meses submetidas a esse regime, a maioria delas passa a sofrer com alucinações.

A "cela dupla" (cela individual na qual dois homens são colocados) talvez seja a forma mais fácil de aprisionamento, mas nesse caso a segurança do prisioneiro depende inteiramente do companheiro designado para ele pelo interrogador. Algumas vezes o companheiro é um homem insano e violento, que tenta lhe causar mal e bater; outras vezes é uma pessoa atormentada pela melancolia que tenta cometer suicídio constantemente. Esse companheiro pode ser também um criminoso que causa aborrecimento com seu comportamento rude e suas obscenidades, ou um homem que sofre de doença venérea, ou até mesmo um espião que na cela aborda os assuntos tratados nos interrogatórios e que persistentemente aconselha o outro a ceder à pressão do interrogador e assinar a "confissão".

A sujeira e os insetos das celas comuns causam tristeza, mas o grande número de pessoas amontoadas nessas celas é o que mais entristece, pois nessas condições não se pode comer nem dormir em paz, e tal ambiente não permite um minuto de real descanso. A dieta na prisão serve ao mesmo objetivo — enfraquecer os prisioneiros. Embora essa dieta seja suficiente em quantidade, ela é intencionalmente desprovida de vitaminas e quase não contém gorduras, o que abre espaço para o escorbuto e para o aparecimento de furúnculos. Pessoas que sofrem de escorbuto são mais dóceis, mais suscetíveis às "recomendações" do interrogador do que as pessoas saudáveis e podem ser convencidas a assinar qualquer coisa.

As pessoas na minha cela sabiam que minha prisão tinha relação com o caso dos "48" e que eu corria o risco de ser executado. Todos me tratavam com muita simpatia. Aprendi com eles como devia me comportar, e deles recebi todo tipo de conselho. Na prisão ninguém temia falar sobre o próprio "caso", sobre as inquirições, as torturas, a falsificação pelo GPU de relatórios dos interrogatórios e coisas do tipo — tópicos que fora da prisão só podiam ser discutidos com o amigo mais íntimo, atrás de portas fechadas.

No início, o que mais chamou atenção foi a extrema palidez dos prisioneiros, resultado de uma longa temporada na prisão — suas faces sem cor, barbas e cabelos extremamente compridos, roupas empoeiradas e surradas. Na imundície da cela elas não poderiam acabar de outra maneira. No entanto, a maioria nessa cela não era apenas de intelectuais, mas principalmente de especialistas em suas áreas: homens de reputação, com o nome conhecido. Por exemplo: havia dois professores da Universidade de Petrogrado, vários professores e instrutores de escolas técnicas e de engenharia, muitos engenheiros de diferentes áreas, técnicos, ferroviários, aviadores, oficiais navais, oficiais de artilharia e até sacerdotes. Nós tínhamos representantes das maiores fábricas, como Putilov, Obouhov, Prohorov; havia também muitos homens cuja carreira era puramente científica, homens que tinham passado a vida inteira em laboratórios ou universidades. Infelizmente eu não posso falar deles aqui, porque pessoas de capacidade individual substancial não podem ser descritas como um grupo. Não é da minha alçada falar do trabalho e do significado desses homens para a ciência e a cultura russas, e revelar o quadro arrebatadoramente trágico do envio da elite pensante russa para a prisão ou para realizar trabalhos forçados. Somente quem tiver acesso aos arquivos secretos do GPU revelará algum dia a inacreditável história da destruição de toda uma geração de homens de ciência.

Eis o que dizem os estadistas soviéticos e a imprensa soviética:

"Em nenhum outro lugar do mundo o trabalho de cientistas é tão valorizado quanto na União Soviética; em nenhum outro lugar do mundo o trabalho de especialistas desperta tanto interesse quanto na União Soviética".

Eu gostaria de sugerir que as pessoas que escreveram tais palavras voltassem os olhos para as cozinhas das prisões em Moscou, Leningrado, Kiev, Kharkov e outras cidades da União. Nelas, amontoados em estreitos bancos de madeira com facas finas e afiadas nas mãos, sentam-se professores e outros homens instruídos e cultos. Diante deles há sacos com batatas sujas e estragadas, que em países "capitalistas" não seriam usadas nem mesmo para alimentar porcos. E esses homens estão sentados nessas cozinhas, descascando cuidadosamente e desajeitadamente as batatas para a sopa da prisão.

Porém muitos deles realizavam tal trabalho de bom grado, porque a dolorosa monotonia da vida na prisão e a infinita imobilidade imposta aos presos faziam esse trabalho parecer uma distração bem-vinda. Além disso, alguém às vezes roubava ou mendigava um pouco de cebola. A necessidade de alimento cru era tão grande — sofrendo de escorbuto como estávamos — que cada um, sem exceção, trabalharia alegremente durante um dia inteiro, e em qualquer tipo de atividade, se em troca disso pudesse conseguir um pedaço de cebola. Mas os interrogadores permitiam esse tipo de alívio para o degradante tédio da prisão somente quando consideravam o caso encerrado e deixavam de exercer pressão. Engenheiros altamente qualificados competiam pelo direito de fazer serviços de encanamento e de consertar fechaduras, iluminação elétrica e telefones. Os mais cultos professores reivindicavam as tarefas de encerar pisos e limpar escadarias. Um sacerdote ficou encarregado da caldeira por um longo tempo, até ser executado. Literalmente centenas de homens da mais esmerada educação, e com conhecimento de línguas estrangeiras, registraram-se para trabalhar na biblioteca. Mas o GPU seguia à risca o princípio de que o regime prisional existe acima de tudo para o objetivo de exercer pressão sobre os prisioneiros, e o interrogador era o único que podia conceder esses grandes privilégios. Um deles era o direito de trabalhar na oficina de empacotamento. Essa oficina se localizava no pátio externo, em área aberta, e lá o trabalho tinha de ser realizado sob qualquer clima, por pior que fosse. Roupas adequadas não eram fornecidas para esse trabalho; portanto, aqueles que não possuíam casaco pesado e calçados não podiam trabalhar na oficina no inverno. O dia de trabalho era bastante difícil e durava doze horas, mas proporcionava ao preso a chance de permanecer ao ar livre; além disso, era o único trabalho pelo qual os prisioneiros recebiam pagamento. Depois que se adquiria certa experiência, era possível ganhar cerca de 1 rublo por dia. É claro que na prisão não se podia gastar dinheiro com mais nada além de jornais, mas todos estavam sob risco de deportação e trabalhos forçados e muitos não podiam contar com nenhum auxílio "de fora"; assim, o rublo ganho na prisão representava de fato um tesouro.

Os únicos que não mostravam interesse em trabalhar eram os veteranos da prisão. Havia apenas alguns poucos deles, mas um estava na prisão já fazia mais de dois anos. Nós não conseguimos descobrir exatamente por que mantiveram essas pessoas encarceradas por tanto tempo, nem qual era a acusação que pesava contra elas. A situação de um desses prisioneiros veteranos parecia ser irremediavelmente complicada devido a um engano relacionado a um nome. Esse homem tinha sido sentenciado a dez anos num campo de concentração e depois devolvido à Ilha Popof, o ponto de distribuição do campo; mas o caso dele ainda se arrastava. Outros haviam sido esquecidos, ou então deixaram de atrair o interesse dos interrogadores. Depois de sobreviverem a toda excitação e medo, eles se tornaram apáticos e indiferentes a tudo, exceto às bagatelas da rotina da prisão, que para eles ocuparam o lugar da vida real.

"Você é jovem demais, não sabe nada ainda", um velho alemão gostava de dizer. "Fique preso tanto tempo quanto eu fiquei, e então você aprenderá. Dois anos e meio! É assim que se varre o chão. Veja como isso deve ser feito."

E ele pegava a vassoura e explicava ao novato os princípios da arte de varrer o chão que ele mesmo havia elaborado. Outros explicavam de maneira didática as regras para a limpeza, para a ida ao pátio e para as refeições. Esses veteranos cumpriam rigorosamente a rotina prisional estabelecida; contudo eles passavam o dia seguindo um sistema especial que eles próprios haviam criado. Levantavam-se antes do horário estipulado e, sem pressa, lavavam-se completamente, respingando água sem nenhuma cerimônia nos novatos que dormiam no chão. Depois, dobravam com cuidado suas roupas de cama e seus catres, cronometrando essa tarefa de modo a terminá-la exatamente no momento do aviso geral para que todos se levantassem. E durante a confusão que se seguia e a formação de filas, dirigiam-se com calma para um canto, fumando cigarros enrolados à mão em suportes improvisados.

A atitude deles com relação à comida era original. Provisões que eles recebiam de fora, em remessas, eram divididas em rações diárias e embrulhadas de modo peculiar em papel ou embaladas em pequenos sacos. Eles colocavam uma pitada de chá em suas canecas e então as cobriam com cuidado com um pedaço de papel já cortado, e com ar digno esperavam a infusão do chá. Até comiam a *kasha* da prisão temperando-a com manteiga recebida de fora. Também aprimoravam a sopa acrescentando a ela pequenos pedaços de pão ou pepino com sal — um dos itens favoritos nas remessas que vinham de fora para os presos. Os veteranos tinham as próprias sopas e *kashas* favoritos: alguns preferiam cevada, outros painço. Não havia outras variedades. Mesmo depois de comerem isso por um ano ou dois, eles continuavam discutindo as vantagens e desvantagens desses alimentos.

Eles passavam o dia jogando xadrez, damas ou dominó, entregando-se aos seus jogos com tanta determinação que tudo o mais para eles não passava de estorvo para o que tinha se tornado a vocação de sua vida. Era com dificuldade que se separavam do jogo para ir comer, ou para ir ao pátio; e eles ficavam extremamente irritados quando os preparativos para a noite os interrompiam.

O egoísmo excêntrico desses veteranos, possível apenas sob as condições da prisão, evidenciava-se pela mais completa indiferença por todos os infortúnios que os demais prisioneiros enfrentavam. Esse egoísmo cresceu a tal ponto que eles nem mesmo paravam de jogar dominó quando homens

NOS CAMPOS DE CONCENTRAÇÃO SOVIÉTICOS

eram levados da cela para serem fuzilados. A voz hostil do guarda podia ser ouvida do outro lado das barras: "Vamos lá, vamos andando! Rápido!". A vítima recolhia suas coisas com as mãos trêmulas e murmurava seu último "Adeus, camaradas" – e ainda assim eles continuavam movimentando as peças de seu dominó caseiro.

Porém esses homens já haviam sido seres humanos um dia! Eram pessoas taciturnas e apagadas por natureza, que guardam os pensamentos apenas para si mesmas, ou o GPU é que havia transformado um grupo de homens cheios de vida e de energia em caricaturas tão miseráveis?

Muitos homens de mais de 70 anos passaram pela grande cela na qual eu estava confinado. Um deles chamou bastante minha atenção. Ele era extremamente magro, de constituição física delicada, com mãos e pés tão frágeis que olhá-los chegava a ser desagradável. Não podia dobrar os joelhos e suas pernas, envolvidas em polainas, mais pareciam as pernas de algum pássaro estranho. A cabeça dele, totalmente careca e coberta com uma pele amarelada, pendia instável de um longo e fino pescoço. Ele usava óculos grandes com aros escuros, que deixavam seus olhos enormes; seu nariz pontudo quase tocava o queixo por sobre uma boca sem dentes. Ele enxergava mal e era quase surdo. Comer era muito difícil para esse homem; ele perdia a colher e o pão quando ambos estavam bem debaixo da mão dele. Procurava alguma coisa em sua sacola, lamentava-se por ter feito algo de errado, e então esquecia o que estava procurando. Às vezes adormecia enquanto estava sentado. Outras vezes sofria desmaios, e nós chamávamos o médico; mas, quando o assistente do médico chegava – geralmente cerca de duas horas depois –, ele repentinamente suspirava e voltava à vida.

Ele havia sido acusado de espionagem, porque sua sobrinha, que vivia em Vladivostok, fugiu para o estrangeiro. Ele mesmo não havia deixado Petersburgo nem se lembrava da última vez que havia visto a sobrinha. Não sei o que foi feito desse homem.

Durante nossas caminhadas no pátio da prisão eu reparei em outro idoso de aparência impressionante – ele também não tinha menos de 70 anos. Vestia um estupendo casaco negro forrado com todos os tipos de materiais, incluindo veludo vermelho. Acusado de ser o líder de alguma "organização de espionagem", mais tarde ele foi fuzilado.

Havia também garotos na cela. Realmente não passavam de crianças. Dois deles, um alemão e um armênio, eram de famílias instruídas. O alemão – pálido, magro e desajeitado como os adolescentes frequentemente são – era um sonhador e desejava ver o mundo sobre o qual havia lido em livros, ou talvez em revistas soviéticas do tipo *O Aventureiro* ou *Mundo de Aventura*. Já o armênio era prático e alegre e queria fazer fortuna no desprezado mundo "capitalista". Ambos tinham escolhido a maneira clássica de fugir do país: como passageiros clandestinos no depósito de carvão de um navio a vapor estrangeiro. Descobertos pela polícia secreta, foram presos e enviados para o centro de operações do GPU. Os dois nunca contaram o que aconteceu com eles lá. Agora estavam na prisão, enquanto o GPU elaborava um "caso" de espionagem contra eles. O destino deles seria muito provavelmente um campo de concentração. De acordo com o Código Penal soviético, a punição por atravessar ilegalmente a fronteira é de três meses de prisão. Mas esses crimes sempre ficavam a cargo do GPU e não da Corte, e a punição passava a ser de cinco a dez anos num campo de concentração. Eis os motivos do GPU: *Qualquer tentativa de deixar o país será considerada espionagem, porque se o fugitivo (mesmo que seja uma criança) conseguir sair contará o que está acontecendo na União Soviética — e os estrangeiros não devem saber.* A realidade da vida soviética não deve ser publicada nem anunciada.

Três outros garotos em nossa cela eram acusados de crimes comuns. Filhos de trabalhadores, tinham entre 15 e 16 anos e eram alunos da escola secundária. Garotos dessa idade estão sempre com fome, e na União Soviética eles são obrigados a se satisfazer com sopa rala, batatas e cereais — numa quantidade bastante restrita. Certo dia, quando retornavam da escola, passaram por um mercado em frente ao qual um homem se ofereceu claramente para vender-lhes cartões de pão a um preço bastante baixo. Os jovens cederam à tentação, compraram os cartões e entraram alegremente no mercado da cooperativa para comprar o pão, deleitando-se com o pensamento de que não teriam mais de se satisfazer com as magras porções dadas a eles por suas mães. Contudo, assim que fizeram suas compras, eles foram presos por agentes do GPU.

— Ei, meninos, o homem que prendeu vocês não foi o mesmo que lhes vendeu os cartões? — perguntou em tom jocoso um dos colegas de cela.

Embaraçados, os garotos não souberam o que dizer.

— Pois é, vocês não deviam sair por aí comprando de qualquer um — acrescentou outro colega de cela, um trabalhador, em tom paternal.

Esses garotos se comportavam muito timidamente na cela, como que constrangidos por conviver com pessoas adultas, a maioria delas instruídas e "importantes".

— Se pelo menos pudessem libertar a gente — disse um dos garotos com entusiasmo —, a gente iria imediatamente procurar o sujeito no mercado, o sujeito que nos vendeu aqueles cartões. Foi culpa dele, não nossa. E nós dissemos isso ao promotor.

— Isso mesmo, a gente iria lá atrás dele — acrescentou o outro.

Alguns dias depois, os jornais noticiaram que graças ao empenho do GPU foi descoberta uma grande organização que especulava com cartões de pão.

— É, garotos, parece que vocês não foram os únicos a ser apanhados — disse um trabalhador tentando consolá-los. Ele entendia aqueles meninos com calças rasgadas, sapatos gastos e casacos surrados. — Vocês não são os únicos tolos. Eles devem ter prendido umas quarenta pessoas. Mesmo assim, meninos, não pensem que vão voltar pra casa. Nós provavelmente ainda viajaremos juntos à custa do Estado... Quero dizer, à custa do povo.

CAPÍTULO 18

PADRES, TRABALHADORES E POETAS

A porcentagem de trabalhadores encarcerados na prisão de Shpalernaya era ínfima, pois eles, na sua maioria, passaram por Kresti e por prisões suburbanas quando foram presos. Entretanto, até mesmo na nossa prisão eles estavam bem representados do ponto de vista da diversidade.

Esses operários que foram detidos por ligação com o caso dos "48" eram de grande interesse para mim. Empregados e trabalhadores da União Soviética haviam se acostumado a se posicionar, com total indiferença, contra ou a favor de alguma coisa, conforme a necessidade: contra "lordes britânicos" que olhavam com desprezo para o trabalhador "através de seus monóculos e lentes bifocais", nas palavras de certo orador; contra o papa de Roma, que havia proclamado um tipo de "cruzada" incompreensível; contra a execução de Sacco e Vanzetti, apesar do fato de que na União Soviética muitas pessoas, centenas talvez, estavam sendo eliminadas e ninguém parecia se preocupar com isso. A mesma indiferença se evidenciava no engajamento por industrialização, coletivização, trabalho "extremo" e vários outros programas. Uma certa resistência desesperançada ficou clara apenas quando uma subscrição para uma nova emissão de títulos públicos teve de ser aceita: um acordo que exigia nada menos do que um pagamento mensal integral – 100 por cento de participação – e que reduzia os ganhos anuais em cerca de 15 por cento. Porém, apesar do adestramento tão prolongado e sistemático da escolha de posicionamentos, nem todos os operários aceitaram de bom grado a sugestão de adotar a resolução que exigia a morte dos 48 "sabotadores" da organização de abastecimento dos trabalhadores. Em consequência disso, muitos acabaram na prisão de Shpalernaya. Em nossa cela havia três

NOS CAMPOS DE CONCENTRAÇÃO SOVIÉTICOS

trabalhadores pertencentes a esse grupo. Um deles, comunista e tcheco por nacionalidade, foi preso por dizer em assembleia:

"Se esses sabotadores existem, e se mantiveram atividades de sabotagem por cinco anos, então o GPU devia ser disciplinado por tolerar essa contrarrevolução."

Bem, ele próprio estava sendo "disciplinado", com a possibilidade de ser deportado para um campo de concentração.

Um caso peculiar na prisão foi o de um poeta proletário. Ele não era o tipo de indivíduo astuto que denominava a si mesmo poeta proletário, rendendo louvores à industrialização, juntando-se aos funcionários do GPU em suas festas, cortejando as mulheres desses últimos e cercando-se de benefícios. Era um verdadeiro operário de fábrica, desinteressadamente devotado à poesia, que ele considerava um serviço à verdade.

Ele havia escrito um poema sobre a vida na fábrica. Não foi a primeira vez que escreveu poesia, já tinha feito isso antes, mas por vergonha jamais tinha mostrado seus versos a ninguém. Contudo, esse poema em particular lhe pareceu maravilhoso, e ele o levou ao comitê da fábrica a fim de obter a publicação no jornal da cooperativa. O poema — no qual ele fala das agruras da vida de um trabalhador, da fome na família sobrecarregada por um grande número de crianças pequenas — foi devolvido a ele com a observação de que ele devia se envergonhar por submeter ao comitê um material tão contrarrevolucionário, e que de maneira geral sua ideologia era abominável e perigosa. Na mesma noite, uma busca foi feita em sua casa: a cópia devolvida do poema, seu primeiro esboço, dois ou três outros poemas e o próprio poeta foram recolhidos e levados para o GPU.

No interrogatório, arrasado devido à catástrofe que havia se abatido sobre ele, o trabalhador perdeu completamente a cabeça. Com grande agitação e esperando que eu pudesse ajudá-lo com conselhos, ele me relatou em detalhes o que aconteceu:

— O interrogador me disse: "Você escreveu isso com o propósito de promover agitação antissoviética!". Eu expliquei a ele que não havia agitação no poema, que eu levei o poema para o comitê da fábrica e não mostrei a mais ninguém. E é verdade, eu não havia mostrado o escrito para ninguém — ele asseverou, olhando nos meus olhos com honestidade. — O interrogador me escutou, e então pegou uma folha de papel, perguntou meu nome e as outras informações de praxe e escreveu uma declaração segundo a qual eu afirmava que tinha composto aquele poema com o objetivo de agitação contra o governo soviético, e que o havia transcrito para distribuí-lo entre os trabalhadores da fábrica. Ele me entregou essa declaração e ordenou-me que a assinasse. Eu disse que o que ele havia escrito não era verdade, mas ele começou a gritar comigo: "Seu idiota maldito, onde você pensa que está? Acha que pode argumentar aqui? Acha que temos tempo para perder com você?". E ele continuou a me xingar com mais violência ainda: "Escreva!", ele disse, "seu filho da puta, quando eu mando você faz!".

— E então? — indaguei, quando ele parou de falar e ficou em melancólico silêncio.

— Bem... Eu assinei.

— Mas por que você fez isso?

— Ele mandou. O que mais eu poderia fazer?

— Se nessa declaração estivesse escrito que você matou seu pai, e ele mandasse você assinar, você assinaria? — perguntei.

— Não! Eu não sei, talvez eu não assinasse — ele respondeu horrorizado. — Mas e agora, o que eu faço?

Ele parecia completamente desesperado, talvez se dando conta apenas agora das consequências irreparáveis de seu ato e sem coragem para se resignar diante do inevitável.

— Eu não disse aquilo! — ele prosseguiu. — O próprio interrogador escreveu aquelas coisas. Pensei que se me recusasse a assinar ele voltaria a me acusar de ser inimigo do governo soviético. Eu assinei, e agora vejo que causei minha própria destruição. Fui aconselhado a escrever um desmentido; talvez isso anulasse o primeiro relatório. O próprio interrogador sabe que essa declaração é falsa. Por que ele quer me destruir? Eu não sou um inimigo de classe, sou um trabalhador!

Era evidente que depois de assinar tal declaração ele estava perdido. O interrogador havia conseguido dele tudo de que precisava, e não voltaria a procurá-lo. Portanto, ao poeta-operário não restava mais nada a não ser aguardar sua sentença.

Origem proletária só beneficiava as pessoas em casos que envolviam crimes reais. Havia um trabalhador em nossa cela que se encontrava nessa situação. Ele tinha roubado dezesseis pedaços de sabão de uma loja de cooperativa — um caso simples —, mas o GPU insistia que o ladrão, ao cometer tal crime, revelou uma clara intenção de causar dano ao sistema de abastecimento dos trabalhadores. O homem era totalmente favorável aos soviéticos, mas mesmo assim foi acusado de "sabotagem". Os trabalhadores que ocupavam a cela o desprezavam e o chamavam de "sabão". Os ladrões profissionais zombavam desse homem e diziam que ele desonrava a profissão de ladrão. Por fim, porém, o GPU desistiu da acusação, e ele foi avisado de que seu caso seria entregue a um Tribunal Popular, onde ele seria julgado como um ladrão comum.

— Viva o governo soviético! — ele gritava ao voltar para a cela. — Tudo está arranjado: "Levando em conta a origem proletária, o sincero arrependimento e a pouca consciência dos próprios atos, a sentença deve ser considerada condicional" — ele disse como se discursasse. — "Viva o nosso governo soviético, o governo dos trabalhadores! Vão pra Solovki sem mim! Até mais!"

Houve na União Soviética períodos de notável perseguição a antigos funcionários, autoridades, intelectuais, camponeses e especialistas de empresas produtivas. Essas perseguições aumentavam, diminuíam e voltavam a aumentar de acordo com as várias mudanças no controle político. Essa perseguição atingiu o auge depois da promulgação do Plano Quinquenal. Contudo a perseguição ao clero — que teve início durante os primeiros dias de conquista do poder pelos soviéticos — jamais cessou. Ela continuou apesar das largamente divulgadas declarações assegurando completa liberdade religiosa no país, liberdade que a União Soviética tentava provar mostrando a "estrangeiros ilustres" como Bernard Shaw algumas igrejas que ainda não tinham sido destruídas. Os cidadãos da União Soviética sabiam muito bem que sacerdotes eram presos constantemente e que era difícil encontrar um padre para falar aos fiéis em cerimoniais fúnebres. Durante minha estadia na prisão de Shpalernaya, sempre havia em cada cela de dez a quinze pessoas presas por vínculo com casos que envolviam questões religiosas. E algumas dessas pessoas se encontravam em celas solitárias. Assim sendo, o número total delas devia ser de aproximadamente 10 por cento de todos os internos da prisão. Elas eram formalmente indiciadas com base no Artigo 58 (parágrafos 10 e 11) por agitação contrarrevolucionária e participação em organizações contrarrevolucionarias. A punição para esses casos variava de três anos em campos de concentração a pena de morte com confisco de todos os bens.

Eu já tinha ouvido falar dos métodos do GPU para forjar acusações e encenar julgamentos. A fabricação de "casos" religiosos não fugia à regra. As mesmas prisões por atacado de pessoas que nem mesmo se conheciam umas às outras; a mesma pressão para obrigá-las a fornecer evidências falsas, a assinar falsos depoimentos, ou às vezes a escrever suas declarações de tal maneira que a igreja, por exemplo, seria referida vagamente como uma "organização", evidentemente sem menção a que tipo de organização seria. Em resumo, as mesmas acusações fantasiosamente urdidas de agitação e de complô contra o poder soviético. Para o GPU era mais fácil forjar acusações desse tipo, porque uma frase extraída ao acaso de um sermão qualquer, depois do trabalho de adulteração do interrogador, podia ser interpretada como propaganda contrarrevolucionária. Alguns homens e mulheres de idade, descontentes com o caráter insidioso das perguntas que os interrogadores lhes faziam, poderiam dar respostas honestas e sinceras, mas ao mesmo tempo oferecer inadvertidamente a esses interrogadores elementos para novas acusações. Em nossa cela havia alguém em situação semelhante: um homem cujos dois filhos (de 15 e 16 anos) estavam na mesma prisão, enquanto sua mulher se encontrava detida no setor feminino. O único crime dessa família era frequentar a igreja regularmente, mas a situação deles era desesperadora, porque os garotos, instigados pelo interrogador, haviam assinado uma declaração segundo a qual eles pertenciam a uma "organização". Esse interrogador tinha dito aos dois que a igreja era um grupo ou, em outras palavras, uma organização de fiéis, e que qualquer membro da igreja pertencia a essa organização. Os meninos testemunharam que seu pai e sua mãe pertenciam à mesma organização, e o interrogador interpretou essa declaração como contrarrevolucionária. Tal testemunho era mais do que suficiente para enviá-los todos para campos de concentração, já que na União Soviética *qualquer* organização não governamental é considerada contrarrevolucionária.

Os mesmos métodos foram empregados para forjar o caso da igreja Cronstadt, e acabaram na prisão o sacerdote, o sacristão e vários paroquianos dessa igreja.

Além desses casos específicos, as autoridades soviéticas não perdiam nenhuma oportunidade de atormentar o clero, e em quase todas as "campanhas" o clero estava entre os alvos. Em 1930, por exemplo, houve escassez de moedas de baixo valor, e o governo anunciou uma campanha contra a "especulação com prata". Batidas foram organizadas e qualquer um que fosse apanhado com mais de 3 rublos em prata era punido. Aqueles que possuíam 20 ou 30 rublos de prata eram fuzilados ou deportados para campos de concentração. Nenhuma lei que proibisse acumular prata havia sido aprovada antes dessa ação; na verdade, não muito tempo antes disso houve uma campanha governamental para encorajar as pessoas a poupar. Agora, contudo, possuir economias no banco havia se tornado crime. Essa campanha contra

NOS CAMPOS DE CONCENTRAÇÃO SOVIÉTICOS

a acumulação de prata foi muito útil para a destruição do clero. Eis como o processo se dava:

Imediatamente após uma cerimônia religiosa, de preferência num feriado, um grupo de buscas do GPU aparecia e, é claro, encontrava as moedas que os paroquianos haviam colocado no prato para o uso da igreja. O padre, o diácono e o sacristão eram presos e acusados de "especulação com prata". Com as "provas" obtidas, o caso logo se encerrava; o padre recebia muitas vezes a pena máxima — morte por fuzilamento — e os outros eram deportados. Durante esse período, a lista de padres acusados de "especular com prata" foi publicada nos jornais com a intenção de despertar revolta na população contra os religiosos, isso porque as moedas eram necessárias para todos os pagamentos aos serviços públicos (o bonde, passagens de trem, telefonemas e outros) e a população estava realmente sofrendo com a escassez da prata. Um dos padres que ficaram detidos na mesma cela que eu (onde jornais eram permitidos) leu o próprio nome em uma dessas listas, seguido da observação que a sentença estava sendo cumprida. Pouco tempo depois, ele foi levado da nossa cela e executado.

Aqueles que eram presos em julgamentos religiosos costumavam se mostrar fortalezas de ânimo. Essas pessoas, em sua maioria, aceitavam a prisão como uma provação enviada por Deus e uma perseguição contra a fé e a verdade e não ofereciam resistência ao interrogador. Em alguns indivíduos, essa atitude se destacava com particular clareza e, é claro, não resultava em nenhum abrandamento da sentença. Pelo contrário: o interrogador jamais perdia uma oportunidade de tirar vantagem disso.

Esses prisioneiros não tentavam ocultar sua fé e sua religião. Todas as noites eles se reuniam no canto da cela mais distante dos guardas e rezavam silenciosamente, quase em um sussurro. Os ruídos dentro da cela cobriam as vozes deles, de maneira que o guarda no corredor não podia ouvi-los.

Em nossa cela, a maior parte dos acusados em casos religiosos pertencia à Nova Igreja, mas havia também alguns representantes da Velha Igreja. Um dos mais notáveis homens nesse último grupo era o sacerdote, padre V. Homem culto e educado, ele se comportava com tanta dignidade e gentileza que até as pessoas de mente mais mundana se abstinham de fazer zombaria e dizer piadas estúpidas em sua presença. Ele nunca falou do seu "caso", mas nós sabíamos, por intermédio de outros, que durante seu interrogatório ele havia sido muito corajoso e digno. Porém também sabíamos que ele estava em grande perigo.

Certa noite, em dezembro de 1930, às 11 horas, ordenaram ao padre V. que deixasse a cela "com seus pertences". Isso geralmente significava execução. O padre permaneceu controlado e sereno como sempre, mas um tanto abatido e com os olhos brilhantes. Com cuidado, tentando não acordar os outros, ele recolheu os pertences, fez o sinal da cruz, saudou silenciosamente os que estavam acordados e saiu da cela. Nós tínhamos certeza de que ele seria fuzilado, mas soubemos mais tarde que o haviam colocado em confinamento solitário. Não sei que fim levou o padre V.

Localizações de campos de trabalho na URSS, publicada por uma editora americana.

CAPÍTULO 19

GEPEÍSTAS, ESPIÕES E ESTRANGEIROS

Autoridades do GPU e homens do Exército Vermelho, da mais pura linhagem "vermelha", também podiam ser encontrados entre os prisioneiros. Eles geralmente eram acusados de desacreditar o poder soviético quando estavam sob influência de bebida alcoólica. Era uma transgressão sem muita importância, que levava à soltura dos culpados com relativa facilidade, já que os interrogadores não tinham interesse em forjar casos contra eles. Entretanto, homens iam para a prisão continuamente por esse motivo, substituindo os que saíam.

Quando se embebedavam em locais públicos ou em restaurantes frequentados por estrangeiros e gepeístas, esses homens começavam a se gabar dos cargos que ocupavam, e assim acabavam chamando atenção. Além disso, frequentemente perdiam documentos secretos ou comprometedores. Nós tínhamos em nossa cela um homem preso por esse motivo. Era um "diretor político", uma pessoa ligada ao Exército e que tinha a função de "educar" os militares e, ao mesmo tempo, avaliar de perto a confiabilidade e a lealdade dos membros de sua unidade. Era um sujeito atrevido e aparentemente um bêbado inveterado. Em estado de completa embriaguez, acabou perdendo sua pasta que continha documentos secretos. Ele não se lembrava por que havia levado a pasta com esses documentos para a festa de que participava. Tinha ido a algum lugar com alguém em um carro, bebido mais ainda, e depois foi a algum outro lugar — mas não conseguia se lembrar de forma alguma que lugar era esse nem com quem estava. Quando recuperou a razão, já o haviam atirado na prisão, e mesmo assim ele não caiu em si de imediato. Não tentou dar explicações sobre o ocorrido, pois sabia bem que isso apenas daria ao interrogador mais elementos contra ele. Mas esperava que o interrogador compreendesse o problema e o livrasse das acusações.

— Até parece que eles nunca bebem nada — ele resmungava.

Também havia em nossa cela espiões, cuja tarefa era vigiar os prisioneiros e encorajá-los a fazer revelações incriminatórias. Um respeitável senhor de idade fingiu ser um "operário das letras". Durante os primeiros dias do meu cárcere ele começou a me fazer perguntas.

— Meu caso é simples — eu respondi. — Eles querem que eu me torne o número 49.

— Sim, foi o que eu ouvi. E você não acha — ele argumentou amigavelmente — que pode ser sábio admitir-se culpado de um erro ou uma transgressão insignificante a fim de obter a confiança e a complacência deles?

— Não, não acho — respondi. — Não cometi nenhum crime e respeito demais as autoridades policiais para iludi-las com falsas confissões. Quanto a você, preste atenção: Eu não o aconselho a recomendar aos outros que mintam para os interrogadores.

Ele se afastou com ar indignado e me deixou em paz. Passei a observá-lo, contudo, e logo me convenci de que ele iniciava conversas semelhantes com cada especialista que era levado para a nossa cela.

Certa manhã, o engenheiro V. foi colocado na nossa cela. Aparentava grande cansaço e seus nervos estavam em frangalhos. Ele havia sido preso na fábrica e interrogado durante uma noite inteira na Gorokhovaya. Como se não bastasse, não sabia o que tinha acontecido com sua família. Uma limpeza geral estava em andamento na cela e todos estavam apinhados num canto. O velho "literato" abordou o engenheiro V. Aproximei-me deles por trás, mas a minha interferência não foi necessária.

— Não se sente culpado por nada, nem mesmo uma coisa sem importância? — ouvi o velho perguntar. — Eu sei por experiência que uma confissão sincera pode ser de grande valor.

— Durante toda a noite o interrogador insistiu que eu fizesse exatamente isso que você está sugerindo — o engenheiro respondeu com calma ao homem. — Estou cansado desse tipo de conselho. Me deixe em paz.

A União Soviética é a pátria socialista dos trabalhadores do mundo. Pode-se constatar isso de maneira profunda observando os homens detidos em suas prisões e seus campos de concentração; é possível encontrar nesses lugares representantes de trabalhadores de praticamente todas as nacionalidades. E esses são os verdadeiros trabalhadores, já que a burguesia em visita à União

Soviética sabe que medidas deve tomar para sua segurança pessoal, e não permanece por muito tempo. A honra e a pompa com que são tratados na União Soviética membros importantes da burguesia e da aristocracia estrangeiras foram divulgadas pela imprensa soviética, que noticiou a visita de Bernard Shaw, Nancy Astor, Amanullah Khan e outros. Mas os infelizes que são atraídos pelos rumores de que não há "crise" na União Soviética e que vão para lá em busca de trabalho não são agraciados com nenhum tipo de recepção oficial, e muitas vezes pagam caro por sua credulidade.

Entre as pessoas com que me deparei na prisão havia um japonês, um austríaco, vários mongóis e tchecos, muitos finlandeses, estonianos, letões, poloneses, alemães, chineses e diversos ciganos.

A maior parte dos estrangeiros que se encontravam na prisão era comunista ou pessoas de ideias extremamente radicais. Acreditando nas realizações operadas pela revolução proletária, elas vieram para a União Soviética em busca de proteção contra o que em seus países lhes parecia ser opressão: sonhavam vivenciar esses ideais democráticos.

Entre esses estrangeiros estava um membro do Parlamento estoniano, um comunista. Não me recordo de seu nome, mas ainda me lembro de seu porte avantajado, cabelo bonito e olhos míopes por trás de óculos de lentes grossas. Ele já estava encarcerado havia mais de um ano e, evidentemente em razão de seu passado importante, executava o serviço de limpeza dos corredores. Eu não tive a oportunidade de falar com ele, mas os outros faxineiros disseram que ele havia fugido da Estônia — por temer perseguição em razão de suas ideias comunistas — apenas para acabar na prisão de Shpalernaya. A parte curiosa da história foi que antes de escapar da Estônia ele havia viajado legalmente à União Soviética como membro de uma delegação de comunistas estrangeiros e visitado essa mesma prisão (onde agora estava encarcerado) na condição de distinto convidado de honra. Agora tinha a chance de conhecer bem de perto a realidade da prisão, tão diferente do cenário que lhe haviam mostrado antes.

Em certa ocasião, quando eu já estava preso havia algum tempo, me chamou atenção um tcheco, membro do Comitê Central do Partido Comunista Tcheco. Ele tinha vindo a Moscou para tratar de negócios ligados à lll Internacional Comunista, mas, em vez de ser enviado de volta para casa, foi preso e por fim deportado para o campo de concentração de Solovetzki.

Outro caso interessante foi o de um ex-secretário de Agricultura da República Independente da Mongólia — um verdadeiro mongol. Ele era um

NOS CAMPOS DE CONCENTRAÇÃO SOVIÉTICOS

homem culto, formado na Academia de Agricultura de Moscou. Também precisou vir a Moscou por um motivo qualquer, e então acabou sentenciado a dez anos de trabalhos forçados. Eu jamais entendi como foi que o governo soviético conseguiu deportá-lo — um secretário de um Estado independente —, mas o fato é que conseguiu.

Talvez um dos estrangeiros mais dignos de pena em nossa cela tenha sido um trabalhador, um cidadão austríaco chamado Stern, que eu conheci na primeira noite após minha prisão. Como já relatei, designaram-me na ocasião um lugar no chão entre dois catres, perto do banheiro. Um desses catres estava ocupado por um homem pálido que dormia, com lamentável aparência e terrivelmente sujo. Ele vestia um suéter escuro de lã gasto junto à pele e quase completamente carcomido — e não havia sinal de roupa de baixo. Percevejos aos montes rastejavam em seu cobertor cinza e sobre seu rosto e suas mãos. Uma perna dele, coberta por uma calça suja e surrada e uma meia imunda e pútrida, escapava por baixo do cobertor. Emanava desse prisioneiro um cheiro tão forte que cheguei a pensar que ele estivesse morto. Mudei de posição abruptamente; ele se moveu, virando-se na minha direção, abriu os olhos e me fitou com uma expressão vazia e sem vida. Resolvi falar com ele e perguntei-lhe quanto tempo fazia que ele estava na prisão.

— Quase três anos. Três anos nesta cela — ele respondeu num russo ruim, com um marcante sotaque alemão.

Comecei a conversar com ele em alemão e ele me contou uma história, simples para a realidade soviética, mas um trabalhador estrangeiro acharia difícil de acreditar nela.

Em 1925, três austríacos, um deles um judeu chamado Stern, assinaram um contrato de três anos para trabalhar como especialistas em processamento de couro em uma fábrica em Leningrado. Em 1928 as condições de vida na União Soviética haviam mudado para pior e eles decidiram não renovar o contrato e voltar para casa. Todos foram então aprisionados em Shpalernaya e informados de que seriam libertados apenas se assinassem um novo contrato. Eles resistiram e não assinaram; mas o cônsul austríaco tomou conhecimento desse problema e interferiu em favor de dois apenas. Stern — o terceiro — foi abandonado à própria sorte. Ele foi esquecido.

Dei a ele roupas de baixo extras que eu tinha e os olhos dele brilharam de prazer.

— Obrigado, obrigado! Agora eu vou me lavar. Eu não queria fazer isso enquanto não tivesse roupas de baixo. Os piolhos estão me devorando.

— Piolhos? — perguntei.

— Sim, piolhos. Comem você vivo se você não tem roupas de baixo. Tem gente aqui que recebe coisas de fora, roupas, comida... Mas eu não, não tenho nada.

Excitado, ele acabou falando alto demais, e os que dormiam perto de nós protestaram.

— Que ultrajante! — um deles disse. — Não deixam a gente dormir à noite. Não tiveram tempo suficiente para fofocar durante o dia?

— Parem de sussurrar! — o encarregado ralhou, com sua voz seca e autoritária.

Mais tarde eu pude conhecê-lo melhor. Não gostavam dele **na cela** porque ele se recusava a se banhar e era um fardo para os que ficavam **perto** dele. Além disso, durante dias a fio ele não dizia uma única palavra. Ninguém mais na cela sabia quem ele era ou por que ele estava lá. Alguns o consideravam louco, outros acreditavam que fosse um espião. Não era difícil vê-lo como um louco. Ele caminhava o dia inteiro pela cela, então parava, olhava fixamente para os calçados nos seus pés e depois retomava a caminhada. Algumas vezes se sentava em um banco, olhava para um ponto qualquer e subitamente começava a rir às gargalhadas. Então, parecendo embaraçado, esforçava-se para se controlar, tentando — sem sucesso — esconder o cadarço do sapato entre as mãos. E continuava a rir baixo por um longo tempo. Havia ocasiões em que ele desatava a chorar.

Um dia, dois meses depois da minha prisão, ele foi chamado às barras do corredor e avisado de que deveria estar pronto para partir na manhã seguinte, com suas coisas arrumadas. Seria enviado para o exterior. Os olhos dele brilharam e até surgiu alguma cor em seu rosto. Ele falava, caminhava pela cela rapidamente, e tentava encontrar algo para fazer.

Pela manhã ele veio até mim e me desejou sorte e a minha libertação — libertação antes de qualquer outra coisa. Pediu meu endereço para que pudesse devolver as roupas de baixo que eu lhe tinha dado.

— Não, meu amigo — respondi. — Eu tenho só o endereço da prisão e não é preciso me enviar nada de volta. Se nos encontrarmos de novo, vamos beber cerveja juntos.

E assim ele se foi.

Agora, escrevendo isso, lembro-me dele como um amigo. Eu ficaria muito contente se algum dia ele lesse estas palavras e me escrevesse. Ele sabe o que significa começar a viver novamente depois de suportar a morte em vida.

CAPÍTULO 20

UMA BALA NA CABEÇA

Durante uma semana inteira eu não fui levado para mais nenhum interrogatório. Isso não me surpreendeu, porque na cela eu logo consegui identificar os hábitos dos interrogadores. A regra de ouro para um prisioneiro soviético é esta: *Não confie no interrogador*. Ele sempre mente. Se ele disser "Vou mandar buscá-lo amanhã", isso significa que ele deixará você em paz. Se ele ameaçar "Vou proibir remessas de fora para você", isso significa que ele nem mesmo pensou em fazer isso. Mesmo assim, mesmo sabendo disso tudo, às vezes é difícil não acreditar nele.

Mas enfim chegou minha vez, e o guarda gritou meu nome.

O interrogador, Barishnikoff, estava sentado à sua mesa e parecia bastante irritado.

— Sente-se. Como está?

— Estou bem.

— Faz tempo que não mando chamá-lo. Estou muito ocupado. Tem feito amizades na cela?

— Sim.

— Encontrou lá alguém que você conhece?

— Não.

— Com quem você fez amizade?

— Com os bandidos. Bons companheiros, o Sokol e os outros. Você os conhece?

— Com quem mais fez amizade?

— Com mais ninguém.

— É hora de parar de se esquivar e responder de maneira correta.

Eu dei de ombros.

— Nós sabemos quais são seus crimes. Deixe de lado essa postura arrogante. *Você é um sabotador!* Sim, você é um criminoso. Estou falando com um criminoso.

— Eu não sou um condenado. Estou sob investigação.

— Não, você é um criminoso. Não estamos num tribunal aqui. Tudo o que vai conseguir com essa esperteza e esse teatro será uma bala. Já me cansei de perder tempo com você. Está pronto para redigir imediatamente sua confissão? Não? É bom que esteja, senão vamos parar de ser bonzinhos com você. E então? Estou aguardando sua confissão.

— Confissão de quê?

— De *sabotagem*. Você é um sabotador. Você estava em contato com a burguesia internacional e com os sabotadores do governo soviético, e recebeu dinheiro do exterior para sua atividade desprezível.

Eu ri.

— Está rindo? Não perde por esperar. Não vai achar nada engraçado o que nós reservamos para você.

— Não posso deixar de rir, apesar de minha situação trágica. Nós somos homens adultos e eu tenho de ouvir suas acusações, que só posso classificar como ridículas. Você sabe perfeitamente bem que o que está dizendo não é verdade. Você revistou meus endereços em Murmansk e Leningrado, vem censurando minha correspondência, colocou sob observação todas as pessoas que conheço e tem investigado meus ganhos e meus gastos. Sabe tão bem quanto eu que não recebi dinheiro, que não recebo nem mesmo uma simples carta do estrangeiro desde a Revolução.

— Você se recusa a confessar?

— Já lhe disse e vou repetir: eu jamais fui um sabotador. Nunca estive em contato com nenhuma burguesia internacional. Nunca recebi dinheiro ilegalmente de ninguém.

Ele bateu com o punho fechado na mesa e gritou:

— Mentira!

Fiquei em silêncio.

— Não vai dizer nada?

— Não tenho a intenção de manter uma conversação nesse tom. Se continuar se comportando dessa maneira, eu não vou mais responder às suas perguntas.

— Recusa-se a confessar? Vamos acrescentar isso aos registros.

— Eu me recuso a responder a quem me trata com rudeza e aos gritos. Pode anotar isso nos registros.

— Intelectuais e seus caprichos — ele resmungou e mudou de tom. — Não posso perder tanto tempo com você — ele continuou, pegando uma folha de papel para o registro. — Vou escrever sua confissão e você poderá voltar para a cela.

Essa comédia estava começando a me deixar zangado. Fiquei em silêncio para não dizer nada rude. Fazer o interrogador perder a paciência não me traria vantagem nenhuma, por isso me contive.

— E então? — ele disse. — Estou pronto para escrever.

— Já disse a você que não tenho nada para confessar.

— Então por que me faz escrever sua confissão?

— Eu não fiz nada disso. Escreva o que você quiser, se precisar. Eu não vou assinar nenhuma "confissão".

— E *amanhã*, você não vai assinar?

— É claro que não.

— E *no dia depois de amanhã*? — ele prosseguiu, de maneira ameaçadora. Eu dei de ombros mais uma vez.

— Mas você não vai assinar nunca? — ele resmungou num sussurro ameaçador, fuzilando-me com o olhar.

— Eu jamais assinarei isso, já lhe disse.

— Então vamos colocar uma bala na sua cabeça! Entende? Uma bala! Uma bala na sua nuca, uma bala bem no meio da sua maldita nuca! — ele estava quase gritando.

— Vá em frente e atire — respondi calmamente. — Não tenho nada mais a dizer.

— Sua vida não vale mais nada, você está liquidado. Entende? Vamos te riscar do mapa.

Eu não disse nada e ele prosseguiu, exibindo a rica variedade de expressões de que o GPU dispunha para evocar a pena de morte: "pena máxima", "ser fuzilado", "ser enviado para a Lua", "ser riscado do mapa", "bilhete só de ida", "dormir o sono eterno", "paredão", e assim por diante. Ficou claro que ele se considerava um especialista na matéria. Parecia ter uma lista de frases desse tipo, e as combinava de diversas maneiras. Isso levou um longo tempo, talvez uma hora. Ele começou a se repetir; eu me sentia terrivelmente entediado. Finalmente ele parou, e então disse, com particular ênfase:

— Você está perdendo tempo em vão. Vai acabar confessando. Eu já arranquei a verdade de homens melhores que você!

— Na minha opinião quem está perdendo tempo é *você*, não eu! — retruquei, cheio de angústia. — Quantas vezes vou ter de dizer que nunca fiz nenhuma "sabotagem"? Não tenho mais nada a acrescentar. Se achar necessário, atire logo em mim. É inútil prolongar essa situação.

— Não tão rápido. Não precisamos ter pressa — o interrogador continuou, abrandando a voz. — Ninguém pode nos ouvir agora, ninguém está testemunhando nossa conversa. Admita verbalmente que você é um sabotador e eu prometo que sua vida será poupada. Mais tarde você poderá rejeitar sua declaração, e não há necessidade de registrar isso por escrito. Eu só quero que me prove sua sinceridade, que me mostre que se rendeu. Isso será suficiente para mim.

Olhei para ele em silêncio e estupefato. O que ele estava tentando agora com esse novo movimento?

— Eu serei franco com você — Barishnikoff continuou. — Nós, os interrogadores, muitas vezes também somos obrigados a mentir, nós também dizemos coisas que não podemos incluir nos registros e nas quais nós nunca assinaríamos o nosso nome.

— Eu estou pronto para acrescentar aos registros e assinar tudo o que eu digo — respondi. — Não vou mentir para você nem oralmente nem por escrito.

— Bem, isso nós veremos mais tarde — ele retrucou, novamente adotando um tom mais agressivo. — Você declarou por escrito que era amigo de Tolstoy e de Scherbakoff. Vocês tiveram um desentendimento antes da prisão deles?

— Não.

— Então eles não tinham razão nenhuma para denunciá-lo?

— Nenhuma.

— Nesse caso, saiba que eu tenho aqui — ele deu um tapinha na sua pasta — *confissões* condenando você, escritas por eles de próprio punho. Toda a sua atividade de sabotagem foi revelada por eles, e eles declararam exatamente quanto dinheiro você recebeu, de quem recebeu e quando recebeu. Duas testemunhas afirmaram que você é um sabotador, e essas testemunhas são seus amigos. Vou lhe dar uma saída: confesse com sinceridade e sem esconder nada e salvará sua vida. Se você confessar, cumprirá dez anos num campo de concentração; se não confessar... Será seu fim. Estou esperando.

— Nada disso é verdade — eu disse com dificuldade, esforçando-me para manter o controle e escolher as palavras com cuidado.

— O que não é verdade?

— Não acredito que Tolstoy e Scherbakoff tenham me acusado de ser um sabotador — respondi.

— Deixe-me perguntar uma coisa — ele disse com delicadeza irônica. — Que razões você tem para não acreditar nisso?

— Só aquelas que eu já mencionei: nós somos amigos. Eu conheço esses homens bem o bastante para saber que são absolutamente honestos, e jamais acreditaria que eles seriam capazes de me denunciar falsamente. De mais a mais, você mesmo afirmou — acrescentei, rindo — que você nem sempre diz a verdade.

Percebi que ele hesitou entre mostrar indignação e fazer piada com minhas palavras.

— Ainda assim, os depoimentos deles estão bem aqui. — Ele riu cruelmente e deu de novo um tapinha na pasta. — Quer que eu os mostre a você?

— Não precisa se incomodar, pois eu ainda não acreditaria em você.

— Você não acredita em documentos? — ele exclamou, fingindo indignação, e então concluiu com muito mais sinceridade: — Nós não ligamos se você acredita ou não. O "Conselho" vai acreditar, e então você vai ser fuzilado.

— Bem, vá em frente e acabe comigo. Quanto antes, melhor.

— Não é preciso pressa. Antes você vai escrever a declaração que precisamos ter. Sua confissão ainda pode salvá-lo se a fizer agora, mas mais tarde não vai adiantar — você poderá escrever, pedir de joelhos, implorar, mas será fuzilado mesmo assim. Nós não toleramos inimigos que nos oferecem resistência.

De novo a mesma coisa, eu pensei; "vamos fuzilar", "vamos fuzilar", mas, quando o assunto é abordado, eles hesitam: "Não precisamos ter pressa". O que eles realmente pretendem fazer comigo, afinal? Não vou deixar que me derrotem; vão ter que fazer muito melhor que isso.

Como se tivesse lido meus pensamentos, ele prosseguiu:

— Vejo que estou mesmo perdendo um tempo enorme com você. Sou um homem ocupado. Preciso sair agora, e você vai esperar até que eu volte, entendeu? Você vai esperar bem aqui, de pé, no corredor. Eu vou voltar quando bem entender. Quem sabe dessa maneira você seja mais colaborativo. Só vai voltar para sua cela quando tiver escrito sua confissão e uma declaração detalhada não apenas do seu próprio crime mas também das atividades de sabotagem de Tolstoy e de Scherbakoff, as quais você conhece muito bem.

Ele vestiu o sobretudo e o chapéu e depois abriu a porta do escritório.

— Por favor.

Eu saí.

— Fique bem aqui. Fique perto da parede, mas não **se encoste** nela. Tem açúcar nos seus bolsos? Não. Que pena, isso viria a **calhar agora**. Fique aqui de pé e pense. Eu sou muito ocupado. Vou voltar, **mas escute**: eu não vou perder mais tempo com você.

Quando ele se foi, um guarda apareceu e começou a marchar de um lado a outro do corredor.

Então era isso: ele estava me aplicando o teste que consistia em "ficar de pé".

Na minha cela havia vários homens que tinham sido submetidos a esse teste. Um deles era o entalhador P., homem de mais de 50 anos, grande e pesado; ele permaneceu de pé por seis dias e meio. Não lhe deram comida nem bebida e não permitiram que dormisse. Levavam-no ao banheiro apenas uma vez por dia. Mas ele não "confessou". Depois desse martírio ele não conseguiu voltar para a cela caminhando, e o guarda precisou arrastá-lo escadaria acima. Todo o corpo dele estava inchado, especialmente as pernas. Ele ficou no hospital durante um mês, e depois disso mal conseguia andar.

Outro prisioneiro a passar por isso foi o artesão B., de cerca de 35 anos, com uma perna amputada acima do joelho e substituída por uma artificial. Ele permaneceu de pé por quatro dias e não "confessou".

O engenheiro T., de 60 ano, permaneceu quatro dias e meio de pé até enfim ceder e assinar a "confissão".

"Bem, que seja então, vamos ver como consigo me sair nesse teste", eu pensei, parado de pé no corredor.

Em aproximadamente duas horas Barishnikoff retornou e entrou em seu escritório sem dizer uma palavra, mas lançou-me um olhar significativo ao passar por mim. Eu adotei uma expressão de completa indiferença e fingi não vê-lo.

Cerca de dez minutos depois, ele veio até mim e parou na minha frente.

— Já pensou melhor?

— Eu não tenho nada para pensar.

— Está pronto para confessar?

— Não tenho nada para confessar. Eu já disse a você: não cometi nenhum crime.

— Isso significa que devemos soltar você?

— Sim.

— Nós temos é que *atirar* em você! Entendeu? Atirar! Enfiar uma bala na sua cabeça. Lembre-se disso: *uma bala na sua cabeça!* — E depois de um momento de silêncio: — Vá!

E eu me afastei pelo corredor, com o guarda logo atrás de mim.

CAPÍTULO 21

"JAMAIS CONFIE NO INTERROGADOR"

Retornei à minha cela, abatido pela tristeza. Esse era meu estado de espírito. Na presença do interrogador eu senti mais raiva do que medo; agora, sozinho, vi minha confiança me abandonar.

Não havia dúvida de que me matariam, assim como tinham assassinado todos os meus amigos. Minha mulher e meu filho seriam deportados — isso havia acontecido com as famílias dos 48. Eu teria de aguardar em silêncio o dia em que me mandariam sair da cela "com as minhas coisas" e me conduziriam pelos corredores até o porão, onde minhas mãos seriam amarradas, um saco seria enfiado na minha cabeça e um desses demônios daria um tiro na minha nuca.

Bem, isso não vai acontecer! Eu não vou me render e morrer como um carneiro em um matadouro. Depois de muito pensar, decidi que na minha próxima sessão de interrogatório eu mataria o interrogador. As armas necessárias poderiam ser obtidas de alguns dos meus astutos colegas de cela: uma faca de mesa que eles haviam afiado para fazer a barba, uma lima que serviria como um tipo de adaga ou uma pequena barra de ferro. Decidi que levaria a barra. Ela podia ser facilmente escondida na manga, e era pesada o suficiente para fraturar o crânio com um golpe apenas. Mas eu teria de bater com precisão, não podia errar. É claro que Barishnikoff carregava um revólver consigo, mas ele era desatento, especialmente quando se aproximava do final de um interrogatório. Ele dava as costas para mim quando pegava o sobretudo e o chapéu numa prateleira. Esse seria o momento para atingi-lo. Ele cairia no chão, eu pegaria seu revólver, invadiria o restaurante e, se a sorte me favorecesse, mataria mais uns dois ou três interrogadores.

163

Eu mesmo acabaria morto durante a luta, mas a ideia me atraía. Pelo menos minha família saberia como eu havia perecido — uma morte mais gloriosa que em uma execução.

Convivi com essa ideia por vários dias, e só quando falei com um dos meus vizinhos percebi que não havia assimilado suficientemente a regra de ouro do prisioneiro soviético — jamais confiar no interrogador. Esse colega de cela era um renomado engenheiro, acusado de espionagem e sabotagem. Fazia seis meses que estava preso e já o haviam interrogado quinze vezes. Com base na sua experiência, ele avaliou meu caso com otimismo.

— Você está se saindo muito bem — ele exclamou quando lhe contei sobre minha situação. — Não tem motivo nenhum para ficar angustiado. Tenho certeza de que o interrogador não possui prova nenhuma contra você, absolutamente nenhuma. A tentativa de apavorá-lo com ameaças de execução indica que essa é a única carta que ele tem na manga. Você foi forçado a ficar de pé, mas isso evidentemente também não adiantou. Quanto à cela de punição e ao "comboio", essas torturas são apenas para aqueles que estão amedrontados e hesitantes. Ele pode transferir você para uma cela solitária, mas provavelmente sabe que no seu caso isso não funcionaria. E você já está aqui há tempo suficiente para saber como proceder caso ele proíba as idas ao pátio e as remessas de comida. É um excelente sinal que ele tenha utilizado a palavra "atirar". Se esse interrogador realmente tivesse qualquer material incriminador de seus dois amigos, ele teria lidado com você de maneira diferente: usaria como a grande cartada final contra você, em vez de ameaçá-lo com a execução. Pode até existir uma possibilidade de que o libertem. Sem dúvida isso acontece muito raramente, mas acontece.

— Lembra-se do engenheiro D., da cela nº 20? — ele prosseguiu. — Durante dois meses ele foi ameaçado com a execução e ficou terrivelmente debilitado. Na última vez que foi chamado para uma sessão, o interrogador, um grandalhão violento, literalmente o levantou pelo colarinho e o colocou numa cadeira, gritando "Fique de pé! Confesse! Seu filho da puta, eu vou te matar! Confesse! Vamos atirar em você, de qualquer jeito!", D. permaneceu de pé na cadeira por duas horas, e no dia seguinte mandaram-no sair da cela "com as suas coisas". Mais tarde soubemos que ele havia sido libertado.

— Você vai perceber que o interrogador mudará a maneira de tratá-lo, mas não recue. Fique calmo e não deixe que ele leve a melhor sobre você. Por alguma razão eles precisam de sua confissão autêntica; essa é *sua* carta na manga.

Depois dessa conversa, eu me convenci a me manter controlado. De mais a mais, não havia pressa para matar o interrogador. Passaram-se dias e eu não fui chamado para um novo interrogatório.

Nesse intervalo, eu tive ainda mais uma prova de que era impossível acreditar em um interrogador: o caso do jovem que foi colocado comigo no camburão quando fui levado para a prisão. Depois dos primeiros interrogatórios ele acabou ficando extremamente deprimido e amedrontado. Foi acusado de espionagem, uma acusação sem fundamento, mas o fato é que o interrogador o ameaçou de enviá-lo à prisão Solovki. Embora esse jovem pertencesse à nobreza e tivesse sido um oficial do Exército durante a guerra, suas ideias eram radicais demais e ele aparentemente simpatizava bastante com os bolcheviques.

Alguns dias depois, esse jovem saiu todo alegre para o pátio — o interrogador lhe tinha dito que estava convencido da inocência dele e também lhe pediu desculpa pela sua prisão, permitiu que ele comprasse o que quisesse no bistrô do GPU e deixou que escrevesse para a esposa a fim de avisá-la que seria libertado em breve, e que ela, portanto, não precisaria mais lhe enviar pacotes de comida.

Não bastasse isso, o interrogador fez uma surpresa: convidou a esposa para visitar o marido na prisão, e durante o encontro mandou que lhes oferecessem chá e bolos, provocando risos quando comentou, bem-humorado, que sentia muito por não poder trazer champanhe para celebrar a feliz ocasião. O casal teve permissão para conversar por duas horas, e o interrogador, embora estivesse presente o tempo todo, comportou-se como um gentil amigo. A mulher pediu-lhe que deixasse o marido ir para casa naquele momento, mas o interrogador respondeu, rindo: "Não tão rápido, espere até quinta-feira", e prometeu que teria todos os papéis necessários prontos até a data mencionada.

Restavam cinco dias — mais cinco dias terríveis na prisão. Mas o jovem estava completamente transformado, como um novo homem. Sim, o GPU era uma organização maravilhosa; a compreensão que eles tinham dos homens era surpreendente! Eu tinha na ponta da língua as palavras "Não acredite no interrogador!", mas não quis acabar com a felicidade e a animação dele.

A quinta-feira chegou. Esse jovem prisioneiro estava tão excitado que ficou sentado o dia inteiro "com suas coisas prontas" esperando que o chamassem para a liberdade. Ele teve de esperar até a noite. Às 8 horas um

NOS CAMPOS DE CONCENTRAÇÃO SOVIÉTICOS

guarda apareceu no corredor. O prisioneiro foi chamado, mas para receber uma sentença de cinco anos em um campo de concentração. Foi deportado no dia seguinte: não permitiram que se despedisse da mulher, ele não recebeu nada de casa para a viagem e deixou a prisão completamente arrasado por causa da sentença.

— Portanto, como você pode ver — disse meu conselheiro, o engenheiro —, é melhor ser ameaçado com execução do que receber deles coisas gostosas do restaurante. E veja como foi monstruoso! A sentença já tinha sido dada duas semanas antes, e o interrogador, já sabendo disso, forjou todo um cenário para pregar uma peça em suas vítimas.

— Mas por quê? Qual o sentido disso? — indaguei.

— Sentido? Do prazer, meu amigo! Eles são sádicos! O interrogador mandou chamar a esposa, arranjou o encontro para os dois e se deliciou imaginando os dois pobres coitados: a mulher se dedicando com cuidado aos preparativos para a recepção do marido quando ele fosse libertado; e o marido, na cela, contando as horas e os minutos. E então... Desgraça! Deportação! E a mulher foi informada de que haviam enviado o marido para o campo de concentração sem roupa nem comida adequadas.

— Eles são assim mesmo — disse outro renomado técnico e prisioneiro de longa data que havia se reunido a nós na conversa. — E você sabe de que maneira eles informam ao prisioneiro que a pena de morte dele foi mudada? O interrogador manda chamá-lo e quando o prisioneiro é levado a sua presença ele nem presta atenção ao homem. Então ele mexe em seus papéis e retira do meio deles a sentença, olha para o prisioneiro por um longo tempo, e por fim se levanta e começa a ler a sentença devagar e em voz alta: "Ata da reunião do Conselho do GTU. O caso de fulano de tal, acusado de tal e coisa, foi julgado e a sentença proferida..." Segue-se então uma longa pausa. Vocês podem imaginar o efeito que isso tem! Depois, falando ainda mais alto e enfatizando cada sílaba, ele pronuncia as palavras: "PENA DE MORTE!". Um silêncio absoluto se instala — e ele observa com prazer perverso o efeito que causou; alguns minutos depois ele acrescenta: "Mas o governo soviético é benevolente até com criminosos desse tipo, e a sentença de execução foi mudada para confisco de todas as propriedades e dez anos de prisão em um campo de concentração. Levem-no!".

— Os interrogadores, pelo menos muitos deles, se divertem com essas cenas. Outros não se importam com esses detalhes e fazem com que as sentenças sejam lidas por um guarda numa cela solitária ou até mesmo no corredor.

Os interrogadores sentem grande prazer atormentando um homem o mais que podem. Eu só posso imaginar como eles agem durante as execuções!

— Viu só? — meu primeiro colega de cela observou. — Como é possível acreditar nessa gente? O interrogador mente para nos confundir, mente por prazer, já que tem poder ilimitado sobre o prisioneiro, e mente apenas por hábito. Nossa única defesa e nossa arma, como eu já disse antes, é: *"Não acredite no interrogador".*

Nem todos os prisioneiros políticos eram pressionados em direção ao trabalho forçado. Aqui jazem os corpos de milhares de poloneses em uma cova coletiva.

CAPÍTULO 22

"BECO TAIROFF"

O GPU tinha muitas técnicas para tentar arrancar confissões de suas vítimas inocentes. A maioria dessas vítimas era ameaçada de execução, e um grande número delas era mantido em celas de isolamento e privado de comunicação, de saídas para o pátio e de livros — e isso por bem mais de um ano. Em muitos casos até seus parentes eram presos, atirados na prisão e às vezes submetidos a trabalhos forçados.

De todas as pessoas que eu conheci, V. sofreu um dos tipos mais cruéis de tratamento. Mantido por oito meses numa cela de isolamento sem idas ao pátio para receber ar fresco nem pacotes de comida de fora, ele foi severamente castigado pelo escorbuto. Era um homem de meia-idade saudável e forte, porém perdeu oito dentes da frente, que caíram um a um, e os que restaram ficaram tão moles que ele só podia comer pão depois de molhá-lo na água. Além disso, foi submetido a uma das medidas mais humilhantes e repulsivas — a transferência para a Cela nº 16.

A Cela nº 16 era conhecida entre os prisioneiros como "Beco Tairoff", nome do reduto favorito dos ladrões, prostitutas e pilantras de Petersburgo. Feita para receber até dez ou doze homens, havia dentro dela quarenta ou cinquenta — ladrões, criminosos e vagabundos da pior espécie. Vindos de outras instituições prisionais, eles conviviam em um espaço caracterizado pelo desprezo à disciplina: brigas e tumultos violentos nunca cessavam e o ar era repleto de blasfêmia. Os prisioneiros dessa cela divertiam-se apostando em seus jogos dinheiro, roupas, comida e tabaco. As pessoas perdiam nesses jogos até a última obturação de ouro do dente, que era arrancada no local e da maneira mais brutal.

Contrarrevolucionários (ou *kaers,* como eram chamados) que se recusavam a confessar eram colocados nessa cela e ficavam à mercê dos prisioneiros

NOS CAMPOS DE CONCENTRAÇÃO SOVIÉTICOS

regulares. Esses *kaers* tinham todos os seus pertences imediatamente roubados e se oferecessem resistência eram cruelmente espancados. Transferir um prisioneiro para a Cela nº 16 significava que ele seria privado de tudo o que é mais valioso para a vida na prisão: roupas, remessas de comida, travesseiro, cobertor e tabaco.

Quem era transferido para a Cela nº 16 raramente escapava ileso. Quando V. foi enviado para essa cela, ele encontrou lá um intelectual que em um intervalo de poucos dias havia sido completamente destruído, moral e fisicamente. Todas as suas roupas tinham sido apostadas no jogo pelos criminosos, e tudo o que lhe deixaram foi um trapo imundo, que cobria apenas uma parte de seu corpo. Mas a aparência calma e venerável de V. era tão imponente que impressionou até mesmo os arruaceiros e os valentões. Sua inteligência e seu tato fizeram o resto. Assim que chegou à cela ele entregou voluntariamente ao encarregado tudo o que tinha de seu na prisão, exceto suas roupas, e declarou imediatamente que iria disponibilizar seus pacotes de comida para que fossem distribuídos entre todos. O encarregado da cela, com sua habitual autoridade, tomou-o sob sua proteção e ordenou que ninguém fizesse mal a V. Qual não foi a surpresa do interrogador quando, no dia seguinte, ele descobriu que V. não havia sido maltratado de nenhuma maneira. E, embora esse interrogador tenha tentado instigar a violência chamando o encarregado para dizer-lhe que V. havia se queixado de ter sido roubado, o encarregado logo percebeu a artimanha e ao retornar à cela contou a V. sobre o ocorrido.

Esse incidente apenas fortaleceu a boa vontade dos criminosos para com V. Desrespeitando as regras da prisão, eles se certificavam de que V. saísse para ir ao pátio, vigiando-o de perto enquanto fingiam que o arrastavam à força. Era uma imagem curiosa que se oferecia aos olhos — esse majestoso cavalheiro com uma magnífica barba grisalha e óculos, caminhando no pátio com um grupo de ladrões desgrenhados a cercá-lo, três deles inteiramente nus. Não demorou muito para que o interrogador, percebendo que havia falhado na sua tentativa de colocar V. de joelhos, acabasse por transferi-lo de volta para uma cela comum.

Um tipo diferente de pressão foi exercido sobre um homem chamado B., preso por ligação com o "Caso Acadêmico" . Por um ano o mantiveram em isolamento sem saídas para o pátio, sem remessas de comida nem material de leitura. Por fim, deram-lhe um ultimato: assinar a confissão ou ser executado em três dias. Ele não assinou. À noite mandaram-no juntar suas "coisas" e o transferiram para a cela da morte, de onde ele podia ouvir, dia e noite, os lamentos e os gritos daqueles que eram arrastados para a execução. Na data marcada, B. foi escoltado por vários guardas até o porão, onde, segundo rumores, as execuções aconteciam. E então ele ficou esperando que atirassem na sua nuca, porém isso não aconteceu — de lá eles o conduziram até um escuro lance de escadas, fizeram-no subir os degraus e entrar numa sala intensamente iluminada, onde dois interrogadores estavam sentados. Então ele perdeu a consciência e não pôde ser interrogado.

Depois dessa angustiante experiência, B. foi transferido para uma cela dupla, na qual também foi colocado um homem louco. Esse homem se atirou sobre B., bateu nele e o sufocou. Todo arranhado, cheio de hematomas e com as roupas rasgadas, ele foi novamente levado à presença do interrogador, e no escritório deste último se deparou com sua esposa, que também havia sido convocada para ser interrogada. Ao ver o forte abalo que esse encontro causou nos dois, o interrogador se dirigiu a B. com palavras patéticas:

— Tenha piedade de sua mulher! Salve sua vida! Assine a confissão! É a última vez que lhe ofereço isso, antes de mandar que atirem em você.

Mais uma vez B. teve a coragem de recusar a prestar falso testemunho e foi enviado para o campo de concentração. Se tivesse aceitado o conselho do interrogador e cedido, teria sido executado, sem dúvida alguma.

A "cela molhada" era outro meio de coerção. Nela o piso era inundado com água e a única mobília era uma tábua muito estreita, onde uma pessoa podia se sentar, mas não podia se deitar. Não havia instalações sanitárias e os prisioneiros não tinham permissão de sair da cela em hipótese nenhuma. Tinham de manter os pés na água imunda e pútrida, cheia de excremento; isso lhes causava úlceras. Eu soube que um prisioneiro acabou assinando uma confissão falsa depois de seis dias nessa "cela molhada". Porém ele deixou para trás outro prisioneiro que já se encontrava nessa mesma cela fazia mais de trinta dias e ainda se recusava a assinar uma declaração falsa.

Esses casos representam somente uma parte insignificante do que eu vi e ouvi a respeito dos métodos do GPU. São apenas alguns poucos exemplos que mostram as condições que os intelectuais russos aprisionados tinham de suportar.

Em vez de me submeter a algum desses métodos violentos que mencionei, o interrogador pegou o hábito de mandar me buscar uma vez por semana ou a cada dez dias e me manter no seu escritório por quatro ou cinco horas. Ele sempre insistia para que eu confessasse ou me ameaçava de morte, mas essa insistência começou a diminuir. Com frequência ele pedia minha opinião sobre algum "detalhe técnico", como ele costumava dizer; por exemplo, a possibilidade de produzir "farinha de peixe" com restos de peixe. Ficava preguiçosamente olhando um jornal enquanto eu falava, e eu complicava intencionalmente minha narrativa com minúcias que eu sabia que ele não compreenderia. Vez por outra os olhos dele se fechavam, mas, quando eu parava de falar, ele despertava completamente.

— Continue!

Observando-o com cuidado, pouco a pouco eu comecei a mudar de assunto — descrevendo algumas características incomuns dos vários tipos de peixes do Mar de Barents. O resultado foi extraordinário.

— Uma perca a 300 metros de profundidade! Isso é maravilhoso! Que tipo de perca é?

Eu lhe expliquei que é um peixe de águas profundas, de cor vermelha intensa, com enormes olhos negros e ferrões afiados, e que é vivíparo. Isso causou nele uma forte impressão e o assunto do interrogatório foi substituído pela questão do peixe vivíparo!

Ele ouviu com aparente interesse as histórias sobre lobos-marinhos e baleias com dentes enormes que engoliam focas, e baleias assassinas que perseguem uma baleia da Groenlândia até um banco de areia a fim de devorá-la. Essas conversas me convenceram de que Barishnikoff era um típico funcionário público soviético, indolente, sem dúvida, que ia ao Shpalernaya pelo mesmo motivo que levava todos os comunistas aos seus escritórios: para que fosse registrado o número de horas que eles "trabalhavam".

Decidi passar à ofensiva. Escolhi a melhor oportunidade, durante uma conversa sobre um assunto completamente diferente das questões relacionadas ao interrogatório, e então me dirigi a ele inesperadamente, de maneira calma e casual:

— Posso lhe fazer uma pergunta franca?

Ele fez que sim com a cabeça.

— Por que está me mantendo aqui? Você sabe muito bem que eu não sou um sabotador, que não cometi crime nenhum. Tenho a impressão de que você quer a qualquer custo estabelecer um crime onde você sabe bem que não há nenhum.

A princípio ele pareceu desconcertado, e então começou a retrucar, alegando que o GPU nunca prende e mantém na prisão ninguém sem motivo. Assim, se eu havia sido preso, devia existir uma razão para isso.

Eu dei de ombros. A velha história começava a se repetir. Ele retomou o tom agressivo e prosseguiu:

— O que você está pensando? Que nós decidimos expor uma organização na sua companhia e eu simplesmente escolhi na lista de empregados os nomes que me pareciam mais suspeitos? Que eu me deparei com seu nome — nome de um nobre, e também um cientista —, achei que serviria e então mandei apanharem você?

— Sim, eu acredito que tenha acontecido dessa maneira — respondi, tentando falar calmamente e sem me irritar.

— Não, não foi dessa maneira. Nós temos fortes evidências contra você. Você é um sabotador. Em Murmansk, durante a assembleia geral na época da execução dos "48", seu nome foi mencionado e perguntaram por que você ainda não havia sido preso. Isso mostra que sua atividade de sabotagem não era segredo para os trabalhadores.

Sorri e pensei: "Mas que evidência poderosa!".

Ele percebeu meu sorriso e hesitou, pois sabia tão bem quanto eu como eram conduzidas as assembleias gerais.

— Você provavelmente se engajou em atividades de sabotagem, mas não fez isso visando ganho financeiro. Fez motivado inteiramente por ódio de classe. Eu começo a me convencer de que foi isso que aconteceu. Isso pode diminuir em parte a gravidade de sua posição — ele disse, tentando agarrar--se a qualquer nova justificativa

— Ódio de classe? De onde você tirou isso?

— Eu sinceramente o aconselho a confessar — ele repetiu, sem encontrar uma resposta adequada. — Eu o salvarei. Então, quando apresentarem seu caso ao conselho, pedirei leniência no veredicto.

— Mas confessar o quê? Você mesmo sabe que eu não cometi nenhum crime. Vem me interrogando nos últimos dois meses; diga-me então no que consiste minha "atividade de sabotagem".

— Você conheceu a "atividade de sabotagem" de Tolstoy e de Scherbakoff.

— Não.

— Mas você sabe que eles foram executados como sabotadores. Trabalhava com eles, então não é possível que não soubesse da sabotagem deles.

— Eu conhecia o trabalho deles. Sei que todo o sucesso do negócio de pesca de arrasto se deve ao conhecimento e à energia de Scherbakoff.

— Lembre-se de que sabotadores são astuciosos. — Eles aparentam fazer um excelente trabalho, mas é apenas uma fachada para que possam arruinar todo o empreendimento a partir de dentro. Confesse que você tinha conhecimento da atividade de sabotagem de Tolstoy e de Scherbakoff e eu o acusarei apenas de não ter comunicado às autoridades o que sabia. Isso remeteria a uma outra acusação, e a sua punição seria mínima. Não posso fazer mais que isso por você.

A partir desse momento, meu "caso" foi limitado à tentativa persistente de obter confirmação das atividades de sabotagem dos homens que foram executados no outono de 1930. No início isso não ficou totalmente claro para mim. Era evidente que eles haviam sido assassinados não apenas sem condenação por um crime específico, mas também sem o cumprimento dos requisitos mínimos necessários para o GPU "provar" a "culpa" deles. Eu descobri mais tarde que as coisas aconteceram assim. *Foi só a partir do inverno de 1930-1931 que o GPU realmente tentou reunir "provas" contra os "48" que já haviam sido executados.*

Alguns dias mais tarde, o interrogador me inteirou da acusação oficial contra mim. Ele evidentemente tinha receio de continuar nossa conversa anterior, pois isso poderia levá-lo a perder prestígio. Eu estava sendo acusado — de acordo com o Artigo 58, parágrafo 7 — de contrarrevolução econômica, ou seja, sabotagem. A pena para esse crime é de três anos de trabalhos forçados à pena de morte com confisco de propriedades.

O interrogador redigiu a acusação na minha presença, num formulário especial. O texto foi elaborado de maneira sofrível e me pareceu incompreensível. Resumia-se a uma longa sentença contendo numerosas afirmações incidentais estranhamente separadas por vírgulas. Seu significado era mais ou menos o seguinte: eu fui acusado de envolvimento em atividade de sabotagem desde o ano de 1925 até o dia da minha prisão e em termos concretos meu ato de sabotagem consistiu de "promover o aumento de preços de materiais e de equipamentos de produção".

— Assine para confirmar que a acusação foi lida por você — disse o interrogador.

— Mas eu nem consigo entender a acusação — objetei. — De que maneira eu poderia ter promovido o aumento de preços de materiais e de equipamentos de produção?

— Se você entendeu ou não entendeu, isso não é importante. Apenas assine confirmando que você leu a acusação. Não lhe pedi para concordar com isso — ele resmungou. E eu assinei.

Depois disso, não voltei a ser convocado para interrogatório durante um mês inteiro, e até recebi permissão para trabalhar na biblioteca da prisão, entregando livros nas celas. A vida se tornou mais fácil. Havia sete companheiros trabalhando lá comigo. Mas a melhor parte disso tudo foi ter permissão para ler na espaçosa sala. Eu ainda vivia na mesma cela, mas a deixava cedo pela manhã e retornava apenas momentos antes da recontagem noturna.

Eu não sabia por que meu caso vinha se arrastando por tanto tempo; era um mistério para mim. Nunca mais fui chamado para um interrogatório. Talvez meu "caso" estivesse concluído e eu estivesse prestes a receber meu veredicto. Talvez acabassem me libertando.

Nesse meio-tempo havia me tornado um "prisioneiro veterano", com os privilégios dentro da cela que acompanham esse status, e eu conhecia os regulamentos da prisão nos mínimos detalhes. Havia reunido uma série de artigos que eram proibidos para os prisioneiros, mas extremamente úteis: uma agulha (presente de um velho colega prisioneiro que tinha sido deportado); um pedaço de barbante que eu achei no pátio da prisão, e que servia para segurar minha calça; dois grandes pregos que eu transformei em faca e cinzel; uma flauta que eu fiz usando pão especialmente processado; e um jogo de xadrez do mesmo material. Eu me acostumei com o cabelo comprido e aprendi o truque de fazer a barba com um pedaço de lata ou um caco de vidro.

A atroz tensão nervosa e a excitação dos primeiros tempos que passei aprisionado haviam diminuído, dando lugar a rotina, ao cansaço e a uma tristeza opressiva. O terceiro mês se passou, o quarto teve início, mas nenhuma mudança ocorria. Era como se o tempo tivesse parado em um dia terrível.

CAPÍTULO 23

NOVELISTAS

Antes de minha prisão, eu tinha certeza de que as supostas "confissões voluntárias" de cientistas e especialistas eram forjadas e os registros, falsificados. Eu compreendia o fato de que pessoas sem determinação suficiente para suportar tortura ou ameaças de morte acabavam escrevendo qualquer tipo de confissão; mas me parecia inacreditável que homens de caráter sólido e honestidade inquestionável, como os "48", pudessem fazer uma coisa dessas. Fiquei, portanto, surpreso quando soube que muitos prisioneiros assinaram falsas confissões e denúncias. Não há dúvida de que o GPU não se contentou apenas com a falsificação de assinaturas, ou com o acréscimo de palavras que mudam completamente o sentido de uma declaração, ou mesmo com a elaboração de registros de investigação inteiramente falsos. Mas — por mais difícil que seja admitir isso — há também pessoas que escrevem calúnias vergonhosas contra si mesmas. Apenas aqueles que já estiveram nas garras do GPU podem compreender como, sob pressão dos interrogadores, são escritas "confissões" repulsivas de participação em contrarrevolução, espionagem e "sabotagem", as quais condenam não apenas seus autores como muitas outras pessoas inocentes.

Contudo essas "confissões" são uma ocorrência tão habitual que até existe uma palavra específica para elas na gíria da prisão. Elas são as "novelas" e quem as escreve são os "novelistas". Na realidade, os prisioneiros se dividem em duas categorias: aqueles que "confessam" e aqueles que "se recusam a confessar". Eu pertenço ao segundo grupo, e simpatizo profundamente com meus camaradas, mas a psicologia dos que "confessam" foi de vital interesse para todos nós. Determinar quais eram as forças que os obrigavam a capitular diante do interrogador, a aceitar a culpa por um crime vil, a se tornarem traidores de seus parentes, amigos e colegas de trabalho significava investigar a fundo as próprias profundezas da miséria prisional. A nós, os "inflexíveis", restava ainda um consolo — nossa honra; eles, por outro lado, tinham perdido até isso.

Depois de analisar mais de perto esses indivíduos, eu cheguei à conclusão de que eles se tornaram "novelistas" por várias razões, mas o que mais me impressionou foi o fato de que alguns deles "confessaram" conscientemente por motivos práticos. Estes eram homens de idade madura, e a maioria deles ocupava em tempos passados cargos de importância social e oficial. Esse grupo consistia quase inteiramente de engenheiros, especialistas renomados e alguns professores e cientistas. Muitos eram homens de grande experiência prática, caráter forte e padrões éticos elevados. Antes da Revolução, muitos eram homens de integridade irrepreensível, e agora eles diziam abertamente que davam falso testemunho e denunciavam seus amigos e associados, argumentando que ter agido diferente seria impossível e insensato. Alguns deles chegavam a desprezar os "inflexíveis" e a descaradamente insistir para que esses últimos também "confessassem". Mas havia outros que falavam nisso com repulsa e horror, e por meio de palavras esforçavam-se para aliviar sua consciência.

Na prisão de Shpalernaya, como um lembrete para aqueles que se recusavam a "confessar", uma cela especial — a Cela nº 23 — havia sido preparada. Ela era ocupada por nove engenheiros importantes que tinham "confessado". A cela tinha dez catres; no meio dela havia uma grande mesa, e pendurada sobre a mesa uma lâmpada brilhante com um quebra-luz; cada prisioneiro tinha uma banqueta. Eles eram levados para o quarto de banho separadamente e recebiam comida melhor. **Nós víamos** essa cela quando passávamos pelo corredor e encontrávamos esses engenheiros no pátio.

Eu me lembro de ter discutido com um desses homens — em vão — sobre o assunto das "confissões".

— Não, meu amigo — ele dizia —, nós nos acostumamos a fazer tratos com nossa consciência, nós endurecemos nosso coração para aceitar o fato de que sem mentir não é possível viver nem um único dia no mundo soviético, e já perdemos há muito todos os nossos princípios. Por que então agora, quando a ameaça de uma morte infame paira sobre nós e nossas famílias se deparam com a pobreza, a fome e até mesmo a deportação, nós não faríamos todo o possível para aliviar nosso destino? O GPU exige que confessemos a prática de sabotagem e de espionagem? Tudo bem, então nós *somos* sabotadores e espiões. Eles exigem que denunciemos nossos amigos? Tudo bem, nós os denunciaremos. Se eu não fizer isso, outra pessoa fará. Nós cooperamos quando o governo soviético quis que formulássemos e aprovássemos planos absurdos, que arruinaram a indústria e empobreceram o povo; e agora cooperamos de novo com esse governo quando nossas "confissões" de sabotagem são necessárias para encobrir a vergonha de seus fracassos. Em ambos os casos estamos arriscando nossa vida pelo único propósito de protelar o inevitável e de salvar, pelo menos por algum tempo, a vida dos nossos entes queridos e a nossa própria.

— Não, você está errado — eu argumentei. — Eu sempre lutei com todas as minhas forças contra planos que eu sabia que seriam impraticáveis. Depois de perder tudo e acabar aqui na prisão, eu continuo afirmando que não causei danos por meio do meu trabalho, mesmo que em tempos de paz eu talvez não tenha trabalhado com tanto zelo nem servido ao meu país de modo mais diligente. Não, eu jamais vou denunciar a mim mesmo, nem denunciarei nenhuma outra pessoa.

— Mas o que você ganha com sua teimosia? Vai entrar em conflito com o interrogador, e o relatório dele ao conselho será desfavorável a você. Para o GPU é essencial anunciar conspirações a fim de justificar suas enormes apropriações e sua extensa equipe — e isso significa que você não pode esperar misericórdia deles. Também é preciso lembrar que o governo soviético precisa de nossas "confissões" para explicar por que nosso país está entregue à pobreza e à fome quando deveria desfrutar do bem-estar e da prosperidade prometidos. No atual estado de coisas, você vai sofrer as punições mais severas e provavelmente será executado. Eles não precisam de sua "confissão" para condená-lo. Não se esqueça de que não há julgamento, você não verá o conselho, o interrogador pode forjar sua assinatura ou até obrigar outras pessoas a fornecer evidências incriminatórias contra você.

— Então ele que faça o que gosta de fazer! Eu não vou ajudá-lo nesse trabalho sujo.

— Isso é mesmo muito nobre de sua parte, mas nos tempos atuais... Me perdoe a sinceridade, é ridículo! A realidade política em que vivemos não tem lugar para cavalheirismo nem quixotismo.

— E como pode ter tanta certeza de que sua confissão irá salvá-lo? — indaguei. — Não se esqueça do caso dos "48": eles "confessaram" e no dia seguinte o GPU anunciou as execuções de todos. Você devia saber que o GPU se orienta por uma lógica bastante peculiar.

— Ainda assim nós temos a ganhar confessando. Antes de mais nada, eles não mandaram prender nossos parentes de modo a nos forçar a sermos mais colaborativos. Além disso, evitamos que nos torturassem e que nos impusessem outros meios de coerção. A permanência na prisão torna-se mais fácil para nós e, portanto, temos mais chances de sobreviver aqui dentro sem arruinar totalmente nossa saúde.

Um dos homens mais jovens da prisão, um radical que simpatizava abertamente com os bolcheviques, juntou-se a nós na conversa. Ele também era acusado de "sabotagem".

— Mas é terrível perceber quanto dano você causa com suas falsas confissões. Coloque-se na posição do interrogador a quem você confessou, e na posição do Conselho do GPU que lê suas "novelas". Você os força a acreditar em uma sabotagem que não existe, e com base nisso eles se lançam em uma investigação que acaba destruindo pessoas indispensáveis ao país.

— Ah, não! Eles não são tão ingênuos assim. Meu interrogador sabe muito bem que eu nunca pratiquei sabotagem alguma, e que de maneira geral nós nunca tivemos nenhuma atividade de sabotagem em nossa fábrica. Seja lá como for, é tudo invenção deles. Vou lhes contar algo para que entendam quão pouco meu interrogador acredita em atividades de sabotagem. Ele me forçou a assinar uma declaração segundo a qual eu havia me envolvido em sabotagem e recebido dinheiro do estrangeiro. Então ele disse: "Escreva quanto foi". Quanto? Como eu poderia saber? Todo o dinheiro que eu via era o que eu recebia da fábrica. Pensei por um longo tempo e imaginei quanto pediria de propina um engenheiro na minha posição, que ganhava 1000 rublos por mês; era o que eu ganhava. Por fim, decidi escrever que eu havia recebido 200 mil rublos durante cinco anos. "O que você escreveu aí?", ele reclamou. "Duzentos mil rublos! Ficou louco? Que tipo de idiota lhe daria isso? Corte um zero, deixe 20 mil. Não, continua sendo muito! Você vai ter de reescrever toda a declaração. Informe que você recebeu 10 mil rublos." "Mas", respondi, "isso soma apenas 2 mil por ano. Quem acreditaria que eu aceitei correr esse risco por apenas 2 mil rublos? Com trabalhos de assessoramento ou de pesquisa eu poderia ganhar mais do que isso em algum momento, mas não tirei vantagem dessa oportunidade porque tive receio de ser acusado de concentrar trabalho demais nas minhas mãos". "Não discuta e escreva aí 10 mil rublos." O que eu poderia fazer? Escrevi o que ele mandou. E vocês insistem que eu deveria ter corrido o risco de levar uma bala na cabeça tentando provar a esse canalha que não existe atividade de sabotagem!

As "confissões" eram um assunto muito discutido na prisão, porque representavam o aspecto fundamental em todos os nossos "casos" e também o "trabalho" dos nossos interrogadores.

Era bastante difícil controlar a indignação contra aqueles que eram "novelistas" por princípio. Quanto aos prisioneiros que se rendiam ao interrogador em razão de tortura direta ou por medo de tortura, eles compunham uma figura extremamente patética: homens de vontade fraca e velhos confusos — verdadeiros cacos morais.

No inverno de 1930, um velho, o professor Z., foi transferido para uma cela comum após meio ano de confinamento solitário. Vi quando ele foi levado para o pátio pela primeira vez. Parecia completamente derrotado e debilitado, suas costas estavam recurvas e ele se movimentava com enorme dificuldade. Corriam rumores de que esse professor havia denunciado um grande número de pessoas e, no instante em que ele entrou no pátio, prisioneiros saídos de todos os lados se precipitaram sobre ele.

— Perdão, amigos, perdão! — ele disse com voz trêmula. — Sim, eu denunciei vocês. Sim, você também. E você. E ele. Eu não consegui resistir. Eles me forçaram a fazer isso. Eu sou velho. Não pude resistir. Eu também fui denunciado. Conhecem o professor N.? Ele me denunciou. Arranjaram um encontro e ele me denunciou de forma vergonhosa, na minha cara. O que eu poderia fazer?

— Professor — disse um dos prisioneiros com indignação. — Você não me conhece, não tem nenhuma ligação com meu trabalho e mal sabe da minha existência... Por que fez uma falsa acusação contra mim?

— E aquilo que você escreveu sobre mim? — interrompeu um outro, irritado.

— Não me lembro, amigo. Eu esqueci.

— Velhote estúpido! — alguém disse. — Já está com um pé na cova e em troca de uma sentença de dez anos num campo de concentração, de onde jamais vai sair vivo, ele não somente vende seu bom nome como destrói todos de quem consegue se lembrar. Covarde desprezível!

O idoso ainda teve a oportunidade de falar sobre alguns testemunhos que deu contra os outros. Era uma cena dolorosa de ver: um professor outrora respeitado terminaria sua longa vida mergulhado na infâmia.

Muitos dos "novelistas" tentavam ocultar suas "confissões", mas isso era quase impossível. O interrogador não fazia segredo delas, pelo contrário, ele as usava como recurso para coagir outras pessoas. Cada "caso" envolve

tantas pessoas que as notícias se espalham rápida e amplamente, de maneira que é lembrado por muito tempo e seguem os "confessores" até o exílio. A
atitude dos outros prisioneiros para com esses homens não é de hostilidade
evidente, e sim de desconfiança. Mas é pelas mãos dos interrogadores que
eles sofrem o pior tratamento. Depois de arrancarem dos "novelistas" todo
o testemunho de que precisavam, esses agentes do GPU quase sempre mu-
davam totalmente de atitude com relação a eles e começavam a maltratá-los.
Mais de uma vez eu já escutei interrogadores gritando "Lixo intelectual!
Basta assustar essa gente um pouquinho e eles já caem de joelhos e começam
a entregar todo mundo!".

Uma vez feita a "confissão", a utilidade do "novelista" se esgotava e ele
perdia a maior parte dos seus privilégios e vantagens. Dentro da prisão, nós
estávamos interessados principalmente em saber se "escrever uma novela"
realmente proporcionava uma sentença mais leve, como o interrogador pro-
metia e como frequentemente se pensava "lá fora". Durante o tempo que
passamos na prisão, a prática não confirmou isso. Conheço casos de pessoas
que confessaram e foram executadas, enquanto outras que foram falsamente denunciadas — mas permaneceram firmes e nada "confessaram" — foram
enviadas para campos de concentração.

Analisando os "casos" do GPU que eu encontrei na prisão, cheguei à
conclusão de que "confessar" não dava aos prisioneiros nenhuma vantagem
nem durante a investigação nem depois dela, e que a subsequente perda do
amor-próprio devia, na maioria dos casos, causar aos prisioneiros grande
tortura mental. Pareceu-me bem claro que os que "confessavam" motivados
por puro ganho eram poucos. Só pode ser juiz do próprio caso o homem que
enfrentou os horrores que o interrogador preparou para ele. Como pode
alguém acusar o professor T. de fraqueza quando ele se deu por vencido
apenas depois que lhe mostraram, através da portinhola da cela quente, sua
mulher e sua filha ofegantes, deitadas no chão e lutando para respirar, ambas pressionando a boca contra a fenda sob a porta de ferro? Algum de nós
acredita ter a mesma força de A. B. Ezerski — executado por ligações com o
caso dos "48" —, que foi carregado em uma maca depois de passar por dois
interrogatórios de 100 horas cada um e ainda assim se recusava a assinar a
mentira que eles tentaram obrigá-lo a confirmar?

CAPÍTULO 24

UMA DOENÇA QUE SE ALASTRA

Em janeiro de 1931, uma atividade incomum tomou conta da administração da prisão de Shpalernaya — como se uma inspeção estivesse prestes a acontecer. Celas estavam sendo esvaziadas; prisioneiros em grupos de vinte ou trinta homens simultaneamente eram chamados "com suas coisas", e evidentemente estavam sendo transferidos para outras prisões. Celas comuns ficaram menos cheias: em nossa cela sobraram apenas sessenta ou setenta homens. A Cela nº 19 ficou completamente vazia e foi transformada em uma "cela de distribuição"; todos os presos mais recentes foram colocados nela, e antes de serem transferidos para celas comuns foram levados para a casa de banho. A prisão forneceu roupas de baixo aos prisioneiros que não recebiam de fora artigos para uso pessoal. Os repulsivos colchões recheados de palha foram substituídos por outros cheios de palha fresca. Todo esse movimento deixou os prisioneiros agitados e começaram a se espalhar rumores de que uma delegação de estrangeiros visitaria nossa prisão. Essa suposição se transformou em certeza quando um pintor, também um dos prisioneiros, apareceu e encheu todas as rachaduras na parede com argamassa, emparedando milhares de percevejos. Em 24 de janeiro, quando tudo parecia terminado, a prisão foi inspecionada pelo representante do GPU, Medved, em pessoa, acompanhado de uma comitiva de servidores. Apesar de nosso isolamento, rumores se espalham muito rapidamente pela prisão, e no mesmo dia todos souberam que Medved estava descontente porque as celas estavam cheias demais e o lugar não estava pronto para uma exibição. Então ele ordenou que a prisão fosse imediatamente — no dia seguinte — "esvaziada", ou seja, que nós fôssemos transferidos para outra prisão. O temor foi geral. Por pior

NOS CAMPOS DE CONCENTRAÇÃO SOVIÉTICOS

que fosse a vida na prisão de Shpalernaya, ninguém queria ser transferido para outra prisão onde as condições talvez fossem ainda piores.

Ninguém acreditava que todos esses melhoramentos significassem uma mudança no regime da prisão em geral. Nós já tínhamos experimentado algo desse tipo, mas em menor grau, em novembro de 1930, quando uma epidemia de tifo ameaçou toda a população carcerária. Com a superlotação e a infestação de piolhos, um único caso de tifo acabaria inevitavelmente evoluindo para uma epidemia que poderia facilmente se alastrar pela cidade. Então, pela primeira vez, nós tivemos a oportunidade de nos banhar de maneira apropriada numa casa de banho. Geralmente nos concediam apenas quinze minutos de banho na casa de banho, sem contar o tempo gasto para chegar e para tirar a roupa; um grupo de vinte a 35 prisioneiros ficava amontoado num recinto com capacidade para vinte. Não havia água quente e não nos forneciam sabão. Apenas a minoria mais vigorosa conseguia lavar-se de certa forma, mas nem mesmo essas pessoas se livravam dos piolhos. Uma das causas para a disseminação desses bichos era o processo de "desinfecção", feito da seguinte maneira: toda a roupa de baixo e as roupas dos que se banhavam na casa de banho eram enfiadas em dois enormes sacos, que eram então ligeiramente aquecidos com vapor. Dez minutos depois, os sacos eram trazidos de volta e seu conteúdo despejado no chão sujo do vestiário. Talvez as roupas mais próximas das extremidades dos sacos recebessem aquecimento, mas na parte do meio tudo permanecia frio e o inquieto piolho passeava ativamente sobre todas as roupas.

Nós acreditávamos que o império dos piolhos fosse um meio de coerção, pois estávamos bem familiarizados com as ameaças prediletas dos interrogadores: "Você **vai apodrecer** na cela dos piolhos!"; "Um ano sendo devorado pelos piolhos e **você** vai confessar!". Um homem imundo e infestado de piolhos perde seu amor-próprio e oferece menos resistência ao interrogador.

Na prisão, a única maneira eficaz de combater o piolho é caçando-o, e todos os dias nós nos entregávamos a essa tarefa enquanto havia luz suficiente entrando pelas janelas. Moradores de Moscou, transferidos da prisão de Butyrki para a nossa, disseram-nos que os prisioneiros de lá haviam estabelecido a "hora do combate ao piolho", uma atividade diária. Mas sempre existiam pessoas que haviam se tornado indiferentes a tudo e que não podiam ser obrigadas a tomar parte regularmente nessa tarefa.

Em novembro, contando apenas com uma ajuda muito pequena da administração da prisão, nós conseguimos derrotar o piolho; mas, assim que a ameaça da epidemia de tifo foi afastada, nós retornamos ao velho regime.

Além do piolho, o GPU tinha outro aliado, ainda mais eficiente que o primeiro: o escorbuto. A dieta especial da prisão, a proibição de frutas e vegetais nos pacotes enviados de fora e a falta de ar fresco levavam quase todos a adoecer. Homens relativamente jovens perdiam os dentes e quase todos sofriam de sangramento na gengiva e dores nas articulações, principalmente das pernas. É fato conhecido que os sintomas típicos do escorbuto são falta de energia, apatia e depressão. Os interrogadores tiraram proveito disso largamente, e em janeiro, após a destruição temporária de carrapatos e piolhos, continuaram a permitir o crescimento de escorbuto, furunculose, anemia e tuberculose.

Eu não mencionei a ampla disseminação de doenças nervosas e mentais. Quase todos os que passavam metade de um ano em confinamento solitário começavam a ter alucinações, muitos perdiam a cabeça completamente e se tornavam violentamente insanos.

Casos de insanidade súbita frequentemente ocorrem no momento em que o prisioneiro, após um longo período de confinamento solitário, é colocado numa cela comum e não consegue suportar o choque da transição para um lugar apinhado de gente e barulhento. À noite nós costumávamos ouvir gritos lancinantes. A prisão inteira mergulhava no silêncio e escutava, em grande expectativa, tentando perceber se alguém estava sendo torturado, arrastado para a execução ou enlouquecendo. Alguns dos presos não suportavam isso e chamavam o carcereiro em serviço. Se fosse um bom homem, ele seria honesto com esses presos e os tranquilizaria.

— Não, isso não é no escritório do interrogador. Preste atenção; os gritos vêm lá do alto da escadaria. É só alguém ficando louco. Logo o levarão daqui.

Essa era a vida na prisão de Shpalernaya, e mesmo assim nós temíamos a possibilidade de mudar para outra prisão.

CAPÍTULO 25

TRANSFERIDOS PARA KRESTI

Na manhã de 25 de janeiro de 1931 nós soubemos que 500 homens seriam transferidos para a prisão Kresti. A comoção por causa disso foi geral. Muitos, principalmente veteranos, estavam angustiados porque com a transferência eles perderiam todos os privilégios. Todos estávamos sofrendo diante da expectativa de perder nossas pequenas, porém valiosas, posses – coisas como agulhas, pedaços de barbante e facas improvisadas –, que muito provavelmente seriam tiradas de nós durante a busca que sempre acompanha uma transferência.

O distúrbio e a confusão gerados pela exigência da administração para que as ordens fossem cumpridas imediatamente foram deprimentes ao extremo. Durante horas nós fomos mantidos de pé na cela, esperando pelo humilhante procedimento de revista; por horas nós fomos revistados, examinados, nossos nomes colocados em listas, contados e recontados; por horas tivemos de esperar pelo camburão, que, lotado até o máximo, nos transportou em grupos até o outro lado do Neva, para Kresti. Os prisioneiros que aguardavam o transporte e já tinham sido revistados, contados e registrados eram vigiados não pela guarda da prisão, cujo número havia se provado insuficiente, mas por soldados comuns do GPU. Eles olhavam para a gente com curiosidade, e cautelosamente iniciavam uma conversa.

– Por que foi preso, camarada?

– Quem pode saber? Eu é que não sei – era o tipo de resposta que se ouvia quase sempre.

– Onde esse mundo vai parar? Por que eles deixam pessoas como vocês na prisão? Ladrões estão livres por aí, infestando as ruas, mas gente de bem é que fica nas prisões.

— Fale mais baixo — outro soldado avisava. — Não viu o espião? Bem ali?
— E ele fez um gesto na direção de um guarda da prisão.

Finalmente chegou minha vez. Nós fomos empurrados para a carroceria fechada de um veículo, tão apinhada que os últimos a entrar nela tiveram de ser pressionados para dentro com a porta fechada. O camburão arrancou e a barragem do Rio Neva passou rapidamente pela pequena janela; então o veículo fez uma curva fechada e nós entramos no pátio da prisão.

Antes da Revolução, as celas da prisão Kresti eram aparelhadas para um preso: continham uma cama dobrável, uma mesa, uma cadeira, um armário para utensílios de cozinha e roupas, um lavatório e uma privada na forma de uma caixa de madeira com cobertura e um balde do lado de dentro. Depois da Revolução, todo esse equipamento foi quebrado e destruído. No lugar da cama dobrável havia tábuas toscas sobre cavaletes baixos, e onde ficava a privada havia um balde — um balde amassado, inacreditavelmente sujo e enferrujado, sem cobertura nenhuma. Esse balde só podia ser retirado da cela para ser esvaziado duas vezes por dia. É difícil descrever o cheiro que tomava conta da cela. Além disso, de acordo com o princípio soviético da aglomeração de pessoas, pelo menos cinco homens eram colocados em cada cela — dois deles podiam dormir nas tábuas duras e os outros no chão. Em muitas celas havia seis homens juntos, e em algumas eram colocados até dez. Com cinco prisioneiros em nossa cela não havia espaço para caminhar, e só fazíamos algum tipo de exercício quando éramos levados para o lavatório que ficava no final do corredor, fora da cela — tínhamos um minuto para nos lavarmos —, e durante a permanência de quinze minutos no pátio.

Não bastassem todas essas privações, éramos obrigados a enfrentar um frio intenso e uma terrível umidade. A água literalmente escorria pelas paredes, embora a enxugássemos constantemente; o chão ficava molhado o tempo todo, e uma grossa camada de gelo cobria o vidro da janela.

Eu agora tinha novos colegas de cela. Eram pessoas dos mais variados tipos. O mais respeitado e influente era o veterano professor E., cujos trabalhos científicos eu já conhecia de outros tempos. Ele estava na prisão fazia dois anos, acusado de praticar contrarrevolução. Nos últimos três meses os interrogadores não o haviam convocado para depor, e ele esperava receber seu veredicto em breve. Um dos prisioneiros era um oficial de artilharia que já estava na prisão fazia um bom tempo. O tártaro que estava conosco tinha sido preso pouco tempo atrás; ele era chefe de limpeza de um grande prédio de apartamentos e acabou preso por envolvimento com o caso do sacerdote muçulmano Bigeeff, que escapara para o estrangeiro. Muitos tártaros haviam sido presos, acusados de ligação com esse caso. O outro interno da nossa cela era um joalheiro idoso, funcionário da loja de joias estatal. Fazia quatro meses que esse homem estava preso, e ele era o único de nós que não sabia do que estava sendo acusado; até aquele momento não o haviam convocado para nenhuma sessão de interrogatório.

Apesar da disparidade das nossas profissões, nós nos tornamos amigos muito rapidamente — isso era bastante importante, porque nossos alojamentos nessa prisão pareciam ter relativamente mais ocupantes do que em Shpalernaya. Nós começamos a organizar rigidamente o nosso dia.

Pela manhã, antes do "chá", fazíamos ginástica sob meu comando. E antes da saída para o pátio, o professor E. e eu dávamos aulas de caráter mais ou menos popular. Depois da refeição principal, todos se mantinham em silêncio, cada qual ocupado com os próprios interesses. O professor E. geralmente formulava questões relacionadas ao jogo de xadrez ou fazia algum pequeno artigo para nosso conforto — um quebra-luz para a lâmpada, uma cobertura para o balde que servia como privada ou pequenas prateleiras. Ferramentas e materiais perdidos durante a transferência foram novamente recolhidos e utilizados com uma criatividade da qual só um prisioneiro é capaz. Por um longo tempo eu me ocupei em modelar peças de jogo de xadrez, cachimbos e suportes para cigarros feitos com pão submetido previamente a um tratamento especial. É claro que tudo era feito em segredo, porque as ferramentas — pedaços de lata, vidro, arame e coisas do tipo — e os materiais que usávamos, exceto o pão, eram obtidos por meio de ações que violavam os regulamentos das prisões. Geralmente encontrávamos todos os nossos tesouros no pátio, ou quando éramos levados à casa de banho. Tenho de admitir que o tédio na prisão nos tornou tão hábeis nesse aspecto que certa vez eu consegui roubar do pátio uma tora de madeira inteira, que nos forneceu material infinito para trabalhos manuais.

À noite contávamos histórias uns para os outros, principalmente experiências pessoais, a fim de não falarmos sobre "casos" nem nos debruçarmos sobre fatos do cotidiano prisional.

Apesar de nossa existência miserável, da situação de superlotação, do ar pútrido, da escuridão e da umidade, eu sentia que estava descansando e que meus nervos estavam se acalmando. A organização e a atmosfera amigável em nossa cela transmitiam tranquilidade depois do caos e do barulho da cela comum em Shpalernaya. O interrogador parecia ter se esquecido completamente de mim. De algum modo eu já não estava mais tão convencido de que poderia ser subitamente executado ou deportado. E se eles me libertassem? E se eu voltasse para casa e visse minha família de novo? Eu voltaria a trabalhar — sob a ameaça constante de ser novamente preso? Trabalhar — e assumir os cargos dos meus camaradas executados? Jamais! Na "liberdade" da minha terra natal não havia lugar para mim.

CAPÍTULO 26

"ISSO NÃO É JULGAMENTO"

Na primeira noite nós permanecemos acordados por um bom tempo. A luz estava apagada, mas nosso tártaro continuava a contar suas histórias em voz baixa e o ouvíamos com interesse enquanto ele narrava como as pessoas costumavam viver. De súbito escutamos passos, e em seguida o som de chaves tinindo. A luz se acendeu e uma voz soou:

— Nome? — O guarda apontou o dedo para cada um de nós, um após o outro. Dirigiu- se a mim. — Iniciais?

— V. V. — eu respondi.

— Iniciais completas! — ele murmurou em tom ameaçador.

— Primeiro nome e nome do pai, você quer dizer?

— Claro! — ele retrucou.

Dei a resposta a ele.

— Vamos, mexa-se. E rápido!

Comecei a me vestir. Meus companheiros de cela olhavam para mim com preocupação e piedade.

— Devo vestir meu sobretudo? — perguntei.

— Não me disseram nada a respeito disso — ele respondeu. — Então, sem sobretudo.

Saí da cela e o segui. Descemos por uma escadaria de ferro íngreme até um corredor mais abaixo, onde ele me fez parar e me deixou tiritando no silêncio e na escuridão da prisão. Quando eu já estava irremediavelmente resfriado, ele retornou e resmungou:

— Andando!

Entrei em um escritório. Diante de mim estava um novo interrogador, com uma expressão fria e repulsiva no rosto. Era um jovem de constituição delgada e pele morena, com uma testa estreita e pequenos olhos cruéis. Havia uma insígnia de general no seu uniforme militar. Meu outro interrogador tinha insígnia de coronel. Evidentemente esse novo interrogador era o chefe.

— Sente-se — ele disse, mal-humorado. — Sobre o que você foi questionado em seu último interrogatório?

— Sobre a possibilidade de utilizar restos de peixe da Costa de Murmansk. — Essa foi a primeira coisa que me veio à mente.

— Fale sobre isso — ele disse com uma voz sinistra.

Comecei a falar lentamente, a fim de ordenar meus pensamentos. Fazia muito frio no escritório; o interrogador usava um pesado sobretudo. Eu tremia demais, era inevitável, e isso atrapalhava meus pensamentos. Eu me senti estúpido — o demente que me interrogava poderia pensar que eu estava tremendo de medo. Ele me olhou fixamente, de um modo irritante, mas não disse uma palavra.

De repente ele me interrompeu com aspereza:

— Basta! Pare de despejar sobre nós sua estúpida cantilena técnica. Lembre-se: isto não é um julgamento. O camarada que conduziu seu caso chegou à conclusão de que você deveria ser executado. E eu concordo com ele. Você *deve* ser executado! — Ele não estava falando, mas sim gritando, com raiva e descontroladamente.

— Bem, o que está esperando? Faça isso! — retruquei, controlando com dificuldade minha raiva.

— M. e T. visitaram você em sua casa! — ele disse, referindo-se a duas mulheres que eu conhecia.

— Sim — respondi.

— Elas são prostitutas! — ele gritou o mais alto que pôde.

— Não. Uma delas é esposa de um professor e a outra é esposa de um engenheiro. Você sabe disso.

Ele pulou de sua cadeira e começou a andar de um lado para outro da sala, e por alguma razão continuou a gritar.

— O interrogatório está fazendo avanços enormes! — ele bradou.

Comecei a rir. Como eu estava tremendo inteiro de raiva, minha risada soou insolente e alta.

— Está rindo de quê? — ele ralhou.

— É engraçado, eu estou rindo porque é engraçado — repliquei de maneira provocante.

É uma tarefa difícil reproduzir os acontecimentos do subsequente interrogatório. Ele gritava comigo e eu com ele. A porta do escritório não permanecia fechada, e vez por outra ele corria até essa porta e a fechava com força, mas ela voltava a se abrir, e as nossas vozes ecoavam por todo o presídio. Indubitavelmente toda a prisão nos ouvia agora, com apreensão. O interrogador me ameaçou com execução, lançou abominações fantasiosas a respeito da minha vida e me acusou repetidas vezes de ter recebido dinheiro do estrangeiro. Eu estava tão tomado pela raiva que mal sabia o que dizer. As maneiras insolentes dele, seu rosto e sua voz, tudo estava me enlouquecendo. "Não vou bater nesse sujeito", era o único pensamento que permanecia claro na minha mente. Nós ficamos de frente um para o outro, encarando-nos, com nossos punhos cerrados.

— Quem é o interrogador, eu ou você? — ele gritou.

— Você! Acha que eu aceitaria fazer esse tipo de trabalho? — gritei em resposta.

— Nós vamos fuzilar você! E os peixes continuarão todos no mar — ele berrou. — Nós executamos Tolstoy e Scherbakoff também... E não faltou nenhum peixe no mar. E agora nós vamos exterminar você também!

— Isso mesmo, vá em frente! Fuzile todo mundo. O mar vai ficar cada vez mais cheio de peixes, pois não vai sobrar ninguém para pescá-los.

— Sabotador! Tolstoy testemunhou que você era um sabotador.

— Mentira!

— Está dizendo que o GPU mente? — ele gritou ameaçadoramente.

— Mentira! Mentira! — bradei, completamente descontrolado.

— Fora daqui! Vá pro inferno!

Eu saí depressa do escritório e esbarrei com o guarda, que por causa da gritaria havia se posicionado diante da porta, pronto para prestar socorro ao seu chefe.

O interrogador me alcançou.

— Aonde pensa que vai? — ele berrou.

— Para o inferno! — retruquei, também gritando.

— A morte é a única solução para você! — ele resmungou, furioso, e depois se dirigiu ao guarda: — Leve-o para a cela dele.

Subi rapidamente para o 4º andar, pulando vários degraus de uma vez, batendo os pés com força na escadaria de ferro. Nem prestei atenção ao guarda, que mal conseguia me acompanhar. Ele não fez nenhuma tentativa para me deter, e na minha agitação extrema eu subi pela escadaria errada e não consegui encontrar minha cela. Nesse momento eu me acalmei; controlei-me e deixei que o guarda encontrasse a cela para mim.

Ninguém estava dormindo na nossa cela e, assim que eu entrei, e o guarda trancou a porta, todos começaram a me perguntar ansiosamente o que havia provocado tamanha gritaria.

Minha raiva já tinha se dissipado. Eu me dei conta de que havia participado de uma cena absurda e hilariamente comecei a descrevê-la.

— Valeu a pena se comportar dessa maneira? — perguntou-me o professor E. — É preciso manter o controle. Você não deve agir desse modo com eles. Só o que conseguirá é fazer do interrogador um inimigo ainda pior.

— Mas o que é que eu posso fazer, meu amigo? Eu tenho esse temperamento estúpido. Graças a Deus não esmurrei a cara daquele sujeito. Seja como for, ele não conseguiu me deixar assustado.

E. estava bastante preocupado comigo. Ele era um exemplo admirável de autocontrole, e sua atitude para com os guardas e a administração da prisão era excepcional. Sua figura grande e sólida, seu rosto sério, ainda que gentil, sua autoconfiança e seu antigo hábito de autoridade — tudo isso mostrava uma imagem tão completa de dignidade que até os carcereiros sentiam desconforto em sua presença. Senti muita inveja de seu autocontrole e de seu comportamento digno. Mas para mim isso era inatingível.

Então ele contou, de sua maneira peculiar, a história de sua primeira sessão de interrogatório na prisão Shpalernaya. O interrogador perguntou a idade dele. Ele respondeu educadamente, e logo em seguida acrescentou: "E qual é a sua idade?".

O examinador ficou confuso diante disso. "E o que isso tem a ver com o caso?", ele questionou.

"Nada, é claro. Só perguntei por curiosidade. Se acha que minha pergunta é descabida, não responda a ela, por favor, não há necessidade."

"Bem, eu tenho 25", respondeu modestamente o agente.

"Vinte e cinco!" O professor suspirou com simpatia. "Como você é jovem! Você nem mesmo tinha nascido quando eu fui encarcerado nesta mesma prisão por fazer oposição ao regime tzarista. Veja só como os tempos mudam!"

"Educação?", perguntou o interrogador, interrompendo-o secamente. O professor respondeu e imediatamente indagou: "E qual é sua educação?".

"Eu estudei no Instituto de Pedagogia, mas não me formei."

"ISSO NÃO É JULGAMENTO"

"Que coincidência...", comentou E., pensativo. "Eu ministrei um curso lá. Você seria um de meus alunos se tivesse ficado mais tempo. E você se tornaria um professor. É um trabalho bom, útil. Você não se formou, e agora está trabalhando aqui. Que pena! É mesmo uma pena!

CAPÍTULO 27

TORTURA NA CELA DOS PIOLHOS

Na noite seguinte à de meu desastroso encontro com o interrogador, o velho joalheiro foi convocado para o seu primeiro interrogatório. Ele desapareceu por quatro dias. Depois de passar quatro meses preso, ficou tão transtornado por ser intimado a sair que se esqueceu de sua dentadura. Ele estava irreconhecível quando voltou, na noite do quarto dia. Assim que entrou na cela começou a falar freneticamente. Atacou com entusiasmo a comida que havíamos guardado para ele, engasgou-se com a sopa e o pão, riu a ponto de sacudir o corpo, tropeçou nas palavras — mas continuou tentando comer e falar ao mesmo tempo.

— Que divertido, que divertido! Vou contar a vocês, mas vocês não vão acreditar. Nunca vão acreditar no que me aconteceu. Divertido! Como eles são espertos. Eles sabem mesmo como fazer isso. Eles me levaram para a prisão de Gorokhovaya e me colocaram na cela dos "piolhos". Isso mesmo, cela dos piolhos. Vocês sabem, já ouviram falar nisso: cela "dos piolhos". É muito engraçado!

Então ele engasgou de verdade com a sopa e o pão e começou a tossir violentamente. Nós o aconselhamos a se acalmar e descansar, mas o homem não comia fazia quatro dias. Ele continuou comendo e tagarelando ao mesmo tempo.

— Havia entre 200 e 300 pessoas na cela dos piolhos: homens, mulheres e algumas crianças, todos jogados ali, amontoados. Como é quente lá! E tem tanta gente que ninguém consegue se sentar nem deitar. Eles me empurraram lá pra dentro e só havia lugar pra ficar de pé. A multidão oscilava pra frente e pra trás sem parar. Pessoas com rostos vermelhos e olhos esbugalhados. Uma coisa medonha! Mas eu encontrei lá um amigo que insistiu para que eu abrisse caminho e chegasse às grades. Que Deus possa recompensar esse meu amigo por ter falado comigo e por me mostrar o que fazer, caso contrário eu não estaria aqui agora, vivo. Mais ou menos no final da primeira noite eu perdi a consciência. O que aconteceu, e como aconteceu... Bem, eu não sei. Quando recuperei a consciência, estava deitado. Eu havia sido carregado para o corredor. Certamente teria morrido se não estivesse perto das grades. Minha cabeça estava apoiada em uma mulher, uma mulher gorda com peitos grandes que também estava inconsciente. E depois dela havia outra mulher. Que engraçado! Engraçado demais!

Ele riu histericamente, chacoalhando o corpo todo, engasgando e tossindo. Entregamos ao joalheiro sua dentadura, para que ele pudesse comer com mais facilidade.

– Obrigado, obrigado! – ele disparou. – Eu me esqueci completamente da minha dentadura, e estava me perguntando por que não conseguia comer. Que bom. Obrigado!

Embora ele ainda estivesse tremendo e rindo, sua história logo se tornou mais compreensível, e pela primeira vez nós ouvíamos — diretamente dos lábios de uma testemunha — uma descrição daquele que seja talvez o método de tortura mais vil usado pelo GPU: a cela "dos piolhos", "superlotada" ou do "dinheiro estrangeiro". Escutando as palavras incoerentes do joalheiro e suas respostas às nossas perguntas, nós fomos pouco a pouco juntando as peças até entendermos por completo o inacreditável estratagema usado pelo GPU para financiar boa parte de seu trabalho.

Segundo nosso colega, a cela dos piolhos na prisão de Gorokhovaya tinha apenas *metade* do tamanho das celas comuns superlotadas da Shpalernaya, mas foram amontoadas nessa cela de 200 a 300 pessoas, que ficavam espremidas umas contra as outras. Para aumentar a tortura, a cela era mantida em alta temperatura. Todos ficam cobertos de piolhos, e lutar contra eles é impossível. Não há vaso sanitário; os prisioneiros são conduzidos para fora, três de cada vez, sob forte guarda, e homens e mulheres são levados juntos para o mesmo vaso sanitário. Isso continua dessa maneira sem parar, dia e noite. E uma movimentação generalizada sempre se inicia quando alguém força passagem entre as pessoas para chegar à grade, causando vaivém ou oscilação na cela inteira.

Ninguém pode se sentar nem se deitar. De tempos em tempos um agente do GPU entra na cela e fica em pé numa banqueta, no meio dessa exausta massa de pessoas. Se esse agente descobre que há um prisioneiro sentado,

TORTURA NA CELA DOS PIOLHOS

ele obriga a cela inteira a fazer o exercício de agachamento — todos se abaixam lentamente até o chão dobrando os joelhos, e depois se levantam de novo lentamente, várias vezes. Esse movimento é torturante quando as pernas de todos estão inchadas devido à longa permanência em pé; por isso os prisioneiros vigiam uns aos outros para que ninguém possa escorregar para o chão.

As roupas de baixo das pessoas que ficam na cela por vários dias acabam horrivelmente fétidas e gastas, e o corpo dessas pessoas fica totalmente coberto de mordidas de piolhos. Muitas vezes eczemas surgem na pele delas.

— Essa gente recebe alguma coisa pra comer lá? — nós perguntamos, horrorizados com esse cenário de tortura.

— Sim, sim! Cada um recebe 200 gramas de pão e uma caneca de água por dia. Todos bebem a água, mas ninguém come o pão, porque ele ficaria grudado na garganta. Uma piada cruel! A cela inteira pode ser vista do corredor. Eles deixam que as pessoas vejam a cela antes de interrogá-las, e mais tarde, sob a ameaça de serem atiradas lá dentro, elas entregam todo o seu dinheiro, suas joias — dão tudo para escaparem desse infortúnio. São astutos esses demônios do GPU, são bem astutos.

— Mas e você, Ivan Ivanovitch, por que não disse imediatamente a eles que entregaria tudo?

— Eles não me pediram. Aí é que está: eles não me pediram nada. Mantiveram-me aqui por quatro meses sem me dizer uma única palavra, vocês sabem. Por quase quatro dias eles me deixaram na cela dos piolhos e eu não pude nem mesmo falar com eles a respeito disso. Esse é apenas um dos meios que eles têm para aterrorizar as pessoas. O GPU sabe como amedrontar as pessoas, eles são astutos!

— Quando o quarto dia chegou — ele continuou —, quarenta de nós fomos escolhidos e levados para outra cela, onde esperamos por cerca de duas horas. Finalmente um jovem entrou na cela, um jovem de grande vivacidade. Ele explicou tudo tão claramente que nós compreendemos o que estava em jogo. "Vocês são parasitas", ele disse, "e inimigos do governo soviético. Vocês todos deviam ser executados sem piedade, mas o governo soviético será benevolente para com vocês durante algum tempo. Permitirá que vocês cortem as próprias raízes. O governo precisa de dinheiro para a *Piatiletka*, dinheiro de verdade! Dinheiro estrangeiro e moedas de ouro servirão, e aqueles que não têm nada disso podem doar artigos de ouro e pedras preciosas. Quanto mais rico o governo for, mais rápido será capaz de concretizar a *Piatiletka* e

NOS CAMPOS DE CONCENTRAÇÃO SOVIÉTICOS

estabelecer uma sociedade sem classes, onde não haverá lugar para parasitas como vocês. Em resumo, vocês devem doar voluntariamente para a *Piatiletka* a quantia que será designada a cada um de vocês. Aqueles que se recusarem retornarão para a cela dos piolhos, ou serão levados para o 'comboio'. E não se esqueçam dos campos de concentração". Então, depois de passar um tempo considerável gritando conosco e nos xingando, ele nos enviou um a um ao interrogador.

— Eu tenho de admitir — o joalheiro prosseguiu — que esse agente era um sujeito esperto, muito esperto, e conhecedor de pedras preciosas. Quando ele me disse que minha contribuição deveria ser de um determinado valor em pedras preciosas, eu aceitei completamente. Isso significava que eu teria de entregar todas as joias que guardei em meus 55 anos de trabalho. Minha única preocupação era que isso não fosse o bastante para cobrir o valor que exigiram de mim. Ele me disse para assinar o acordo, e eu assinei. "Vou enviá-lo hoje à sua residência, e você pode nos mostrar onde estão escondidas essas pedras preciosas. Se não houver o suficiente para atingir o valor que você deve doar, nós o colocaremos de volta na cela dos piolhos."

— E tudo aconteceu como esse agente disse. Um homem foi designado para me acompanhar, e nós fomos de bonde direto para minha casa.

— Vocês foram de bonde até sua casa? — nós perguntamos, surpresos.

— Sim, nós simplesmente pegamos um bonde — e isso foi tão estranho. Eu não conseguia acreditar que era verdade, que eu realmente estava na rua, andando de bonde, que as pessoas ao meu redor estavam livres. Eu mesmo parecia um homem livre, mas sabia que na verdade eu era um prisioneiro. Ah, Deus, Deus! Quando minha senhora atendeu a porta ela quase desmaiou. Mas compreendeu imediatamente que algo estava errado, porque havia um estranho comigo. Ela não sabia o que fazer. Levei o homem que me acompanhava direto para o lugar onde as pedras estavam escondidas. Eu as tirei do esconderijo, contei-as e as entreguei a ele dentro de um papelote. Então ele ordenou que voltássemos à prisão. Mas minha senhora implorou que me deixasse ficar pelo menos para uma xícara de chá. Sendo um bom sujeito, ele acatou o pedido dela. Se querem saber, não há nada para comer em casa, mas eu bebi um pouco de chá e vesti roupas de baixo limpas. Fiz o melhor que pude para animar minha senhora; disse a ela que tudo estava bem e que eu logo voltaria para casa. Ela estava chorando. Nós somos dois velhos. E ele, o sujeito do GPU, não parava de me apressar, dizendo "Vamos embora, velho, pare com essa choradeira!".

— Quando voltamos à prisão de Gorokhovaya, o mesmo interrogador examinou minhas joias como um perito. "Bom", ele disse, "está tudo perfeito. Isso vai ser o suficiente por enquanto, velho. Depois de amanhã você será libertado, e nós o deixaremos em paz por algum tempo." E aqui estou eu.

— Mas diga, Ivan Ivanovitch, por que eles o deixaram sair de lá tão rápido? — perguntamos. — Sempre ouvimos falar que as pessoas ficam presas na cela dos piolhos por semanas.

— Sim, muitas ficam — ele respondeu. — Um joalheiro amigo meu ficou detido lá por trinta dias, e foi levado para o "comboio" duas vezes. A questão é que algumas pessoas preferem perder a vida a perder seu dinheiro. Elas não entregam o dinheiro, ou então tentam barganhar o valor. E existem também aqueles que são obrigados a dar o que jamais tiveram. Essa situação é definitivamente horrível, porque são torturados, realmente torturados, até desejarem a morte; e então são deportados para um campo de concentração por insubordinação.

Ele respirou fundo e então prosseguiu:

— E há vários tipos de pessoas detidas lá: comerciantes, dentistas, médicos, engenheiros — todo tipo de gente. Qualquer um que possa ter algum dinheiro é levado preso. Não importa quão bem o dinheiro ou o ouro estejam escondidos: o GPU segue o rastro de tudo, fareja tudo, e exige que tudo lhe seja entregue.

Ivan Ivanovitch terminou sua história e nós fomos dormir. Na manhã seguinte, quando acordou, ele estava silencioso e reticente. Tentamos descobrir mais coisas, mas ele não falava. Evidentemente a lembrança de sua tagarelice na noite anterior — consequência de uma reação histérica que ele talvez tenha experimentado pela primeira vez na sua vida naturalmente tranquila — foi bastante desagradável para ele. E ele não nos disse nada mais a respeito desse assunto.

No dia seguinte ele foi mandado para casa "com as suas coisas". Ivan Ivanovitch havia comprado a própria liberdade.

Prisioneiros carregando entulho em gulag.

CAPÍTULO 28

O "COMBOIO"

Depois disso, ao longo do tempo, eu encontrei muitos homens que não apenas haviam sofrido as torturas da cela dos piolhos mas também as do "comboio". Um desses homens foi um ex-bancário, um judeu de cerca de 55 anos, que aparentava ser bem mais velho. Seu cabelo estava bastante branco, seu corpo era arqueado, e ele caminhava com dificuldade.

— Eu não tinha cabelos brancos quando fui preso — ele disse. — Seis meses na Shpalernaya e trinta dias na Gorokhovaya e olhe como estou agora! Sou um velho: cabelos brancos, pernas fracas...

— Por causa da cela dos piolhos? — indaguei.

— A cela dos piolhos é terrível, apavorante, mas não é nada em comparação com o "comboio" — ele respondeu.

— Mas o que é exatamente esse "comboio"? — perguntei.

— Vou explicar. Imagine, se puder, uma tortura tão terrível que se pedissem a você para cortar o próprio braço você cortaria. Eis aí o que é o "comboio". Imagine um grupo de cerca de quarenta prisioneiros, homens e mulheres, esgotados, famintos, devorados por piolhos, sofrendo com dores nas pernas depois de passar um longo tempo em pé... Pessoas que ficaram várias noites sem dormir. Nós estávamos nessas condições quando fomos conduzidos em fila única para uma grande sala com três ou quatro mesas, e em cada mesa havia um interrogador. E mais adiante havia outra sala e mais interrogadores, um corredor, escadas e mais salas com interrogadores. Quando eles gritavam o comando "Correndo!", nós tínhamos de correr de uma mesa para a outra. E, quando nos aproximávamos de cada mesa, o interrogador começava a gritar conosco na linguagem mais vil que se possa imaginar. Eles usavam os xingamentos mais imundos contra nós, judeus. Lançavam suas ofensas mais

NOS CAMPOS DE CONCENTRAÇÃO SOVIÉTICOS

obscenas sobre nós e berravam "Lixo judeu! Entregue logo esse seu dinheiro! Vou te fazer correr até morrer! Dê logo esse dinheiro! Não vai dar? Então não pare, filho da puta, continue! Quer levar uma paulada?". E ele batia com seu cassetete na mesa.

— Na minha frente corria uma mulher, uma dentista, pessoa das mais respeitáveis. Ela não era muito jovem, devia ter uns 40 anos, era pesada e não gozava de boa saúde. Ela respirava com dificuldade e fazia um esforço enorme para continuar correndo. Eles gritavam com essa mulher da maneira mais sórdida possível, formulando todo tipo de perversão sexual que se pode imaginar. A pobre mulher continuava correndo, caía, era levantada e então empurrada com brutalidade de uma mesa a outra. Ela gritava: "Eu juro que não tenho ouro, eu juro! Eu ficaria feliz em dar tudo para vocês, mas eu não tenho isso. O que eu posso fazer se não tenho?". E os interrogadores continuavam a berrar as coisas mais obscenas para ela. Alguns gritavam com tanto vigor que acabavam perdendo a voz e só ficavam ali balançando os punhos e fazendo ameaças com seus cassetetes e revólveres.

— Bem, e depois?

— Depois nós continuávamos correndo. Correndo em círculos sem parar.

— Mas isso não tinha fim?

— Fim? O fim chega quando a pessoa cai e não consegue mais se levantar. Essa pessoa é sacudida, erguida pelos ombros, recebe golpes de cassetete nas pernas. Se consegue correr de novo, ela corre; se não, é atirada de volta na cela dos piolhos e no dia seguinte trazida para mais uma sessão de "comboio".

O bancário suspirou. Ele ainda tinha mais a contar:

— Esse tipo de tortura dura de dez a doze horas. Os interrogadores paravam para descansar; quando se cansavam de tanto ficar sentados gritando imundícies, eles eram substituídos por outros, mas os prisioneiros tinham de continuar correndo. Ainda assim há pessoas que não desistem de seu dinheiro tão rápido. Elas sabem tudo sobre o "comboio", mas mesmo assim não cedem. Essas pessoas só se rendem depois de passar vários dias correndo, depois de perderem a consciência, voltarem a si novamente e serem obrigadas a correr ainda mais. No início eu ficava zangado porque acreditava que era por causa dessa gente teimosa que o uso do "comboio" continuava, mas acabei percebendo que na verdade elas eram as mais espertas na maioria das vezes.

— Eu não entendi — um de nós comentou.

204

— Não entendeu — ele repetiu, sorrindo com tristeza. — Bem, a princípio eu também não entendia. Veja, é preciso saber *como* dar dinheiro ao GPU para não continuar sofrendo nas mãos deles. Digamos que eles exijam que você lhes entregue 10 mil rublos, e que você tenha exatamente essa quantia. O que você deve fazer? Se você concordar em entregar esses 10 mil, o interrogador pensará que você provavelmente tem mais — talvez 15 mil ou 20 mil. Então ele toma seus 10 mil, coloca você na cela dos piolhos e depois o manda para o "comboio" a fim de exigir mais 5 mil de você. E como conseguirá convencê-lo de que não tem esse dinheiro? Você acaba morrendo no "comboio", porque não pode dar o que não tem. Por isso, a fim de convencer o interrogador de que você está se despojando de tudo o que possui, de algo que é tão essencial quanto sua própria vida, você precisa suportar a tortura, colocar em risco sua saúde; e assim talvez finalmente conquiste a liberdade. É necessário compreender a psicologia do interrogador.

— Mas e nós que não temos nada? — ele continuou. — O que podemos fazer? Eu juro a vocês agora, assim como jurei para o interrogador, que eu não tive e não tenho dinheiro. Antes da Revolução eu trabalhei num banco, e por isso eles pensaram que eu tivesse algum dinheiro estrangeiro guardado. Queriam 5 mil rublos, e eu não tinha isso. Tive que enfrentar o pior tipo de tratamento, perdi dez anos da minha vida e fui sentenciado a cinco anos num campo de concentração — um ano para cada 1000 rublos que eu não tinha.

— Mas não fizeram nenhuma acusação contra você? — eu indaguei.

— Acusação? Que acusação? Só querem que você dê o dinheiro. Se você entrega, está livre, se não entrega... é campo de concentração na certa. Eles sempre conseguem encontrar algum artigo conveniente na lei. Se eu nunca tivesse especulado com moeda estrangeira, nem possuído esse dinheiro, eu seria acusado exatamente disso, de acordo com o Artigo 59, parágrafo 12: especulação com moeda estrangeira. Se eu tivesse realmente especulado e tivesse dinheiro, pagaria e iria para casa. Essa é a justiça proletária!

— E como eles escolhem as pessoas que serão presas?

— É muito simples. Eles prendem qualquer um que antes da Revolução ou na época da Nova Política Econômica tinha seu negócio, desde que exista a possibilidade de que a pessoa ainda tenha algum dinheiro. Joalheiros são presos porque podem ainda ter pedras e metais preciosos, dentistas são presos pelo ouro que precisam usar em seu trabalho, e médicos e engenheiros porque antigamente recebiam bons salários. Se essas pessoas gastam muito dinheiro, elas são acusadas de apropriação indébita de recursos ou de

NOS CAMPOS DE CONCENTRAÇÃO SOVIÉTICOS

receber dinheiro por "sabotagem"; se gastam pouco, são suspeitas de terem dinheiro investido em moeda estrangeira, e essa moeda é exigida por eles.

— Eu só quero acrescentar que entre 80 e 90 por cento das pessoas presas sob suspeita de envolvimento com tais casos são judeus. Quem eram os joalheiros, relojoeiros e dentistas? Judeus. Nas celas comuns, de 10 a 20 por cento dos prisioneiros são judeus, mas na prisão Gorokhovaya de 80 a 90 por cento são judeus. E mesmo assim as pessoas dizem que os bolcheviques são judeus, que os judeus estimularam a Revolução! Não vai demorar e nós estaremos presos todos juntos em campos de concentração. Nem aqueles que entregam seu dinheiro permanecem livres. Muitos deles são presos novamente pela segunda, terceira e quarta vez. Enquanto podem pagar, eles continuam sendo presos, e quando não podem mais são mandados para campos de concentração. O GPU está destruindo os judeus, mas está fazendo isso sem alarde e à própria maneira.

Meu companheiro tinha razão, pois a fobia a judeus havia atingido proporções enormes no GPU. Os interrogadores muitas vezes abordavam os prisioneiros judeus chamando-os de "lixo judeu". Na prisão de Kresti, um dos agentes até fazia com que os judeus gritassem "Eu sou um lixo judeu", enquanto eles corriam pelos corredores de volta para suas celas, depois do interrogatório.

— Eles coletaram uma quantidade enorme de dinheiro dessa maneira — nosso amigo bancário continuou. — Esse é agora um dos principais expedientes com que o governo conta para se apoderar de moeda estrangeira. A *Piatiletka* fracassou; não há mercadorias, não há comércio, mas eles precisam pagar pelo maquinário comprado do estrangeiro, ainda que esse equipamento não seja mais útil para eles. Por isso estão recolhendo moeda estrangeira. Os outros países não perguntam como os bolcheviques conseguem seu dinheiro. Dinheiro não tem cheiro! Eles até podem não aceitar nossas mercadorias porque são produzidas com trabalho forçado, ou porque não precisam delas, mas estão sempre prontos a negociar com os bolcheviques, e aceitam de bom grado esse dinheiro que é extorquido do povo russo por meio de tortura.

CAPÍTULO 29

DINAMITE E IMAGINAÇÃO

O cotidiano na prisão de Kresti era bem parecido com o da prisão de Shpalernaya, com a diferença de que em Kresti os casos de grande parte dos prisioneiros estavam próximos do encerramento e, portanto, muitos vinham sendo deportados. O professor E. recebeu uma sentença de dez anos em um campo de concentração e seu lugar foi ocupado por um jovem aviador militar. Ivan Ivanovitch foi substituído por um funcionário da Academia de Ciências. A vida ganhou características de rotina, e tragédias humanas agora pareciam nos afetar menos do que no primeiro período de nosso aprisionamento. Então, certa noite, um novo interno foi empurrado para dentro de nossa cela.

Ele era bastante jovem. Suas roupas estavam rasgadas, suas mãos tremiam e seus olhos vagavam. Ele se encontrava em tal estado de agitação que parecia não nos ver, nem se dar conta do que havia à sua volta. Deixou que suas coisas caíssem no chão indolentemente e tentou caminhar pela cela de um lado para outro; mas não havia espaço, e ele parou no canto próximo da porta, agarrando a cabeça com as mãos e murmurando palavras incoerentes.

— Quarenta e oito horas... Execução em 48 horas! E fim. Não há saída. O que eu posso fazer?

Ele girou o corpo e se contorceu como se estivesse morrendo em agonia. Nós sugerimos que ele se sentasse em um dos catres, oferecemo-nos para colocar suas coisas em ordem e lhe trouxemos um pouco de água, mas ele não nos escutava nem percebia nossa presença: o rapaz só conseguia enxergar o próprio destino iminente. Por fim, para responder a uma pergunta feita por um de nós — quem ele era e de onde vinha —, ele se virou em nossa direção e começou a falar de maneira irrepreensível, contando sua história e tentando nos fazer compreender o inacreditável e absurdo curso de eventos que o haviam colocado naquela situação.

— Vocês precisam entender uma coisa — ele disse com voz chorosa. — Eu sofro de histeria. Tenho uma imaginação doentia e uma obsessão, a mania de inventar histórias extraordinárias. Mas como eu posso explicar isso aos interrogadores? Como eu posso convencê-los de que isso não passa de uma grande bobagem que eu inventei? É impossível. Eu vou ser executado em 48 horas. E não há como evitar isso.

— Mas o que foi que você inventou? — perguntamos.

— Dinamite! Eu inventei que tinha dinamite. Eu nunca tive nenhuma dinamite, mas eu disse a uma garota que tinha. Uma garota com quem eu morava quando era estudante em São Petersburgo. Não sei por que eu fui dizer isso a ela. Provavelmente para me exibir. Ela ficou apavorada e me fez jurar que eu devolveria a dinamite às pessoas que a tinham dado a mim, e eu prometi que devolveria. — Ele deu de ombros. — Não havia dinamite nenhuma, mas eu não podia explicar isso a ela, porque pareceria absurdo. Mas logo me esqueci de que tinha contado essa história a ela. Nós nos separamos. Eu me casei com outra garota e fui para o Sul. A vida lá estava entediante para minha mulher. Tive de me dedicar inteiramente ao meu trabalho, mas ganhava pouco. Ela queria morar em Moscou, vestir-se bem e ir a festas. Nós brigávamos muito por pequenas coisas, como um chapéu novo ou batom nos lábios. Um dia ela avisou que iria embora e não voltaria mais. Ela se foi, mas acabou voltando, e me pediu perdão, toda carinhosa. Geralmente ela ficava zangada depois de brigarmos. Eu comecei a achar que ela reconhecia de fato que tinha cometido um erro. Acreditei que nossa vida teria um recomeço. No meio da noite eu acordei e vi minha mulher sentada na cama, olhando para mim de um modo estranho. Fiquei assustado.

"Onde você esconde a dinamite?", ela perguntou.

"Dinamite? Que absurdo é esse? Não sei nada sobre dinamite nenhuma. Vá dormir.

— E isso foi tudo — o jovem continuou. — Não me lembro em que ocasião contei a ela essa besteira sobre dinamite. A garota com quem eu morei em Petersburgo deve ter contado a ela; as duas se conheciam. Mas eu não prestei mais atenção a essa nossa conversa. Alguns dias depois, deram uma busca na minha casa e me prenderam. Minha mulher foi presa também. Nós fomos levados a Leningrado, separadamente, é claro, e eu não a vi nem entendi nada. Fiquei preocupado porque pensei que ela tivesse sido presa por minha causa.

Durante os interrogatórios, supus a princípio que fosse tudo um mal-entendido, um engano. Disseram-me nomes de pessoas que eu jamais conheci, interrogaram-me a respeito de lugares onde eu nunca estive. E por fim o interrogador declarou que minha persistência seria inútil enquanto eles soubessem que eu *tinha* dinamite em meu poder. Eu neguei isso, e também neguei que tivesse dito a alguém que estava guardando esse tipo de material.

— Mas por que você fez isso? — um de nós perguntou energicamente, percebendo que o jovem havia perdido sua única chance de explicar toda a história.

— Nem eu sei por que fiz isso. Eu estava perturbado. Vi todo o horror da minha situação. Minha esposa — sem dúvida foi ela quem me denunciou, depois da nossa briga. Não sei por que eu disse "não". Mais tarde eu tive medo de me contradizer, de me enredar no meu próprio testemunho. Fui interrogado muitas vezes e demoradamente por diversos interrogadores. Mantive com firmeza minha declaração de que nunca havia guardado dinamite comigo. Afirmei que nunca tinha dito a ninguém que guardava isso; porém era mentira. E isso selou meu destino: vão me matar dentro de 48 horas. Vou morrer por ter uma estúpida imaginação fértil, porque quis parecer mais interessante para uma mulher.

Ele voltou a ficar agitado, mas não tinha espaço para perambular de um lado para outro. Podia apenas ficar de pé no canto e literalmente dar com a cabeça na parede.

— Por que você vai ser executado? E por que em 48 horas? — perguntamos. Era doloroso ver a angústia insana do jovem.

— Tudo acaba, tudo chega ao fim um dia. Não existe mais esperança. É o fim. Hoje eles me levaram para a prisão Gorokhovaya. Fiquei esperando em uma grande sala lindamente mobiliada, que não lembrava em nada uma prisão. Meu interrogador apareceu várias vezes, me perguntou algumas coisas. Parecia inquieto. Eu estava ansioso e completamente esgotado. Então ele entrou rapidamente na sala e disse: "Venha rápido!". Fui levado para um grande escritório com móveis estofados, tapetes, cortinas. Na extremidade oposta havia uma mesa enorme, e nessa mesa sentava-se um homem bem barbeado, aspecto pálido, rosto contraído. Vários gepeístas se mantinham respeitosamente ao seu lado, e entre eles vi meu interrogador. Eu me senti muito constrangido — estava muito sujo e malvestido. Todos os olhos estavam voltados para mim. Comecei a tirar meu sobretudo. "Isso não é uma revista!", o homem sentado na mesa gritou. "Venha até aqui."

— Esse aí era o Medved, o representante do GPU em Leningrado — disse o aviador, interrompendo a narrativa do outro. — Eu o conheço.

— Talvez — continuou nosso jovem amigo, revivendo o horror de toda a cena. — Eu caminhei até a mesa. Ele me fitava com um olhar cruel e o rosto crispado. O silêncio no recinto era total. Era difícil de suportar. Até que finalmente ele falou: "Lembre-se: o tempo de fazer gracinhas já acabou. Você andou guardando dinamite ou não?".

"Não!", eu respondi. Então ele bateu na mesa com o punho cerrado e disse:

"Vai mentir para mim, seu sabotador? Responda: Você disse a alguém que estava guardando dinamite?"

"Não."

"É assim que vai ser? Pois bem, você vai ter o que merece, miserável!" Então ele atirou um papel na mesa, na minha direção, e disse: "Leia!".

— Eu peguei o papel e comecei a ler. As letras dançavam diante dos meus olhos. *"Decisão do Conselho do GPU. Caso nº —- do acusado conforme o Artigo 58, parágrafos 8 e 6. Veredito: FUZILAMENTO."* Vocês ouviram? Vão atirar em mim! Depois disso eu não consegui ver mais nada, nem raciocinar. Então ele me disse para assinar e confirmar que o veredicto havia sido lido por mim, mas minha mão tremia tanto que eu não conseguia escrever.

"Está tremendo, sabotador?", ele ainda disse. "Não tem medo de mentir, mas tem pavor da morte. Assine. Já mandei assinar!" E eu assinei, com dificuldade. E ele continuou: "Agora escute. Sua sentença de morte foi assinada, e eu posso matar você quando bem entender. Mas eu também posso perdoá--lo. Diga-me a verdade e será perdoado". Ele então olhou direto nos meus olhos: "Você contou a alguém que estava guardando dinamite? Responda".

"Sim", eu respondi. "Sim, eu contei." Vocês entenderam? Eu respondi: "Sim, contei". Então ele se virou para os gepeístas e falou:

"Viram só? Vocês entenderam agora como um interrogatório deve ser conduzido?". E depois se dirigiu a mim: "O que você fez com a dinamite?".

"Eu nunca tive nenhuma dinamite", respondi.

"Mais mentiras!" Ele esmurrou a mesa com tanta força que tudo o que havia em cima dela balançou. "Eu vou matar você agora mesmo, seu verme! Diga a verdade! O que você fez com a dinamite?"

"Eu nunca tive nenhuma dinamite!"

"É, eu vou ter de forçar você a falar! Tragam a testemunha." Então a porta se abriu, e a minha ex-namorada de Petersburgo foi conduzida para

DINAMITE E IMAGINAÇÃO

dentro do escritório. Eu a reconheci de imediato, embora ela tivesse mudado bastante. Ela se sentou numa cadeira, mas não olhou para mim.

"Você a conhece?", o interrogador me perguntou.

"Sim, conheço."

Então ele se voltou para minha ex-namorada: "Ele contou a você que guardava dinamite?".

"Sim", ela respondeu.

"Onde você guardava a dinamite?", ele gritou para mim.

"Eu não tinha dinamite. Menti para ela."

"Você está mentindo agora, infeliz!", e em seguida se virou e perguntou a ela se eu poderia ter mentido sobre a dinamite, se eu seria capaz de inventar essa história mesmo sem ter nenhum motivo para fazer isso.

"Sim", ela disse em voz baixa, "eu acredito que seja possível. Ele é um homem doente, histérico. Eu acho... Não, tenho certeza de que ele mentiu para mim na ocasião, que ele inventou toda essa história sobre a dinamite". Nesse momento, pela primeira vez ela olhou diretamente para mim, com os olhos bem abertos.

"Sim, eu menti para ela — afirmei, chorando e engasgando. — Eu só queria me gabar. Eu menti. Não sei explicar por que fiz isso."

Ela então foi retirada da sala, e o homem se voltou para mim novamente.

"Não tente representar suas cenas, seu sabotador, isso não é um palco de teatro. Você vai atuar num papel diferente quando nós amarrarmos suas mãos e enfiarmos essa belezoca na sua nuca." Ele agarrou seu revólver. O rosto dele se contorceu terrivelmente e ele gritou: "Tragam a próxima testemunha!".

Minha esposa foi trazida. Ela olhou para mim com ódio nos olhos. Olhei-a com atenção, e vi que ela tinha um casaco novo e um novo chapéu. De onde haviam saído essas coisas? Nós dois fomos presos na mesma ocasião e não tínhamos dinheiro. Ela não poderia ter comprado aquele casaco.

"Seu marido lhe disse que havia guardado dinamite?"

"Sim", ela respondeu em voz alta.

"Acredita que ele possa ter mentido para você? Pense com cuidado antes de responder. A vida dele depende dessa sua resposta. Se você disser que tem certeza de que ele guardou dinamite, nós o executaremos."

"Tenho certeza de que ele me disse a verdade", e pulou da cadeira. "Ele estava sempre me dizendo que odiava o governo soviético, que ansiava pela volta do Exército Branco! Que unicamente por culpa do governo soviético

NOS CAMPOS DE CONCENTRAÇÃO SOVIÉTICOS

ele foi obrigado a morar num buraco entediante, e se não fosse pelo governo ele estaria vivendo em Petersburgo ou em Moscou, teria boas roupas e comeria em bons restaurantes."

"Por que está mentindo assim?", eu gritei. Foi insuportável ouvi-la falar daquela forma. "O que foi que te fiz pra merecer isso? Era você que desejava mais que tudo viver em Moscou, ter roupas! Você, não eu! Quando foi que falei sobre o Exército Branco? Você sabe muito bem que quando lhe falei a respeito da minha intenção de entrar para o Partido Comunista você foi contra. Foi *você* quem gastou todo o nosso dinheiro, foi *você* quem insistiu para que eu deixasse meu trabalho nas províncias e nos mudássemos para Moscou."

Enquanto discutíamos, o interrogador nos observou o tempo todo com um desprezo indescritível. "Eis aqui o que eu vou fazer", ele disse. "Vou lhes dar dez minutos para se entenderem". Então ele se dirigiu à minha mulher: "Terminados esses dez minutos você me dará sua resposta final, e me dirá com certeza se o considera um inimigo do governo soviético capaz de atos terroristas ou se acha que ele simplesmente inventou a história sobre a dinamite com o propósito de contar vantagem".

— E durante esses dez minutos — o pobre rapaz continuou — minha mulher continuou gritando que eu deveria confessar que havia guardado dinamite. Ela inventou conversas absurdas, que jamais aconteceram, e afirmou que nessas conversas eu criticava o governo soviético e ela tentava me fazer mudar de opinião. Tentei detê-la, e percebi que estava perdendo minha última esperança de sobreviver. Às vezes eu parava de escutar o que ela dizia, perdia a noção do lugar onde eu estava e do que eu mesmo falava. Por fim, o interrogador nos interrompeu:

"Basta, eu já ouvi o suficiente. Eu lhes dei dez minutos para decidirem, e vocês já estão discutindo faz quinze minutos. Dê a sua resposta final: ele era um inimigo do governo soviético? Você tem certeza de que ele disse a verdade quando lhe contou que teve dinamite em seu poder?"

"Execute-o!", ela gritou, pulando novamente da cadeira. "Ele tinha dinamite! Ele é um inimigo do governo soviético!" Ela abriu todo o casaco de alto a baixo. "Veja, eu estou grávida, grávida dele, ele é o pai do meu bebê, e eu juro que ele possuía dinamite, que ele é um inimigo do governo soviético, que ele sonhava com a chegada do Exército Branco!"

— Os gritos histéricos dela me deixaram completamente louco. Num movimento súbito eu peguei o revólver do interrogador, que estava em cima

212

da mesa, coloquei-o contra minha cabeça e puxei o gatilho. Mas a arma não disparou! Eu então me vi no chão; um dos gepeístas me dominou colocando o joelho sobre meu peito, enquanto outro torcia minha mão para arrancar dela o revólver. Nada parecia real para mim; eu só conseguia ouvir a terrível voz dela e sua risada: "Não acredite nele, é mentiroso e covarde! Mate-o!". Quando me levantaram do chão ela já havia saído do escritório.

"Confesse agora que você *realmente* guardava dinamite", o interrogador disse.

"Mas eu *não* guardei dinamite", gritei, desesperado. "Nunca tive nada disso comigo."

"Silêncio. Vou lhe dar exatamente 48 horas, e nem um minuto a mais. E você vai ter de me revelar também de quem recebeu a dinamite e para quem iria entregá-la. Se não fizer isso, vai ser levado da cela e fuzilado!"

— Eu não sabia o que responder. Ele não acreditou em mim quando eu disse a verdade. Comecei a andar de um lado para outro no escritório.

"Fique quieto, seu desgraçado, isso não é um desfile!", ele ralhou, batendo na mesa mais uma vez. Eu avancei na direção dele e em resposta gritei que se quisesse caminhar eu caminharia. Então fui contido e levado para fora.

— No automóvel, quando me traziam de volta para cá, um dos interrogadores me perguntou por que eu havia mentido. Disse-me que havia ficado claro para ele que minha mulher deu um testemunho falso, e insistiu para que eu contasse toda a verdade, pois fazendo isso eu seria perdoado. Mas eu sei que seria inútil. Não há saída para mim, entendem? Nenhuma!

Ele parou de falar. Na escuridão da noite, alguns de nós adormeceram, mas durante toda a noite os gemidos desesperados dele continuaram. Em menos de 48 horas levaram-no embora "com suas coisas".

...мне писала я его очень
...нь тебе благодарю. Мама я
...ршло учусь в 11-м классе зани-
...е и посредственно. Ты мама
...спокойн... мне здесь не плохо
...есь мною ребята весело. Я уж...
...доров... ну Феликс наилучшую о...
...отокись, я здорова не гордует...
...мной не приезжают... пиш...
...чаем. Я очень довольна что...
...пишу письма они хорошо. Я...
...пишу письма очень давно теб...
...ться видаться. До эрюм я...
...лю крепко крепко тебя тво...
...рь

РЕНА БЕРКОВСЬКАЯ
воспитательница

Sem papel, prisioneiros escreviam mensagens e cartas secretas utilizando embalagem de cigarros, ou mesmo cascas de árvores. Memorial Society

CAPÍTULO 30

A CELA DA MORTE

O interrogador mandou me chamar de novo exatamente uma semana depois do nosso encontro tortuoso. Sentado à sua mesa, ele parecia mal--humorado e soturno.

— Sente-se. Bem, vamos hoje de novo ficar aos berros um com o outro?

Eu dei de ombros.

— Eu não sei qual método de interrogatório você vai aplicar hoje. Isso não depende de mim.

— Vamos então conversar pacificamente — ele disse.

A conversa rapidamente se limitou a um assunto — a confissão da minha própria "sabotagem" ou a confissão de que eu sabia das atividades de sabotagem de Tolstoy e de Scherbakoff. Não houve gritos nem xingamentos, mas ficou claro para mim que ele não hesitaria em usar seus "meios de coerção", embora ainda não tivesse decidido quais desses meios aplicar. Não demorou muito para que ele começasse a mostrar as garras.

— Se você insistir nessa atitude, vou ser obrigado a empregar medidas excepcionais. Sua mulher será presa e ficará na prisão até você assinar uma confissão honesta.

Fiquei em silêncio. Eu já esperava algo cruel, mas não um golpe desses.

— E então? Isso não tem importância para você? — ele disse lentamente, claramente, observando-me com atenção.

— Eu já lhe disse que não tenho nada a confessar, e eu não mentirei. Respeito demais o trabalho de investigação do GPU para produzir falsas declarações só por causa das suas ameaças — respondi com uma precisão que se igualava à dele. Eu sabia que essa resposta o deixaria furioso. Não havia nada que ele pudesse dizer quanto a isso, e era minha única vingança.

Ele me mandou de volta para a cela. Eu estava desesperado. Dessa vez eu acreditei no interrogador. Ele sem dúvida havia entendido que ameaçar-me com execução ou com celas punitivas não me faria ceder. Agora tentaria me atingir num ponto novo e mais sensível — minha família. Eu já estava conformado havia um bom tempo com a ideia do meu próprio fim, mas me consolava com a crença de que minha mulher e meu filho pequeno seriam poupados. Agora, porém, tudo estava desabando.

Será que ele levaria adiante sua ameaça? Eu descobriria isso dentro de uma semana, quando recebesse minha remessa de casa. Minha mulher sempre escrevia a lista de itens à mão. Se a letra não fosse dela, isso significaria que...

Mas eu não precisei esperar uma semana: três dias depois o interrogador mandou me chamar.

— Ontem eu prendi sua mulher. Ela se encontra agora na prisão de Shpalernaya.

Eu não disse nada. Só pensava em um modo de ocultar minha emoção da melhor maneira possível. Não podia deixar que ele percebesse o impacto que suas palavras haviam causado em mim. Fingir indiferença era a única maneira que eu tinha de ajudar minha esposa agora.

— Você não me deu alternativa — ele continuou, sempre me observando atentamente. — Todos os meios foram tentados em vão. Nós temos de forçá-lo a confessar. Por enquanto seu filho permanece em casa. Mas se você continuar se recusando a assinar sua confissão, sua mulher será deportada para Solovki.

Ele parou de falar por um instante e me lançou um olhar inquiridor. E então disse:

— Você sabe, é claro, qual destino aguarda uma mulher em Solovki?

Outra pausa.

— Eles não são muito respeitosos com as mulheres por lá, não é? — ele prosseguiu.

— Bem, o que eu posso fazer a respeito? — respondi, fazendo um esforço enorme para me manter controlado.

— Confesse. Confesse e sua esposa será imediatamente libertada.

— Não tenho nada para confessar.

— Você não vai ceder? Nós não podemos perder tempo com inimigos obstinados. Você vai ser executado! E sua mulher vai ser mandada para Solovki. E seu filho? Pense só no que vai acontecer ao seu filho.

— O governo soviético vai tomar conta dele — retruquei rispidamente.

— Lembre-se, estou falando com você pela última vez. Não precisa me responder agora; vejo que você está bastante nervoso.

Dei de ombros mais uma vez e olhei para ele com indignação.

— Volte para sua cela e pense na situação com cuidado — ele disse, pegando uma folha de papel e um lápis. — Vou lhe dar três dias, três dias inteiros, para que você escreva sua confissão. Escreva resumidamente: "Eu me confesso culpado de sabotagem", ou "Eu sabia das atividades de sabotagem de Tolstoy e de Scherbakoff". Isso vai ser o suficiente. Depois entregue a declaração para o guarda em serviço. Eu vou recebê-la imediatamente, e, assim que isso acontecer, darei a ordem para que libertem sua mulher. A libertação dela depende só de você. Lembre-se disso! Se não me enviar sua confissão, essa será nossa última conversa; na próxima vez que o tirarem da cela você será executado. Nós não brincamos com sabotadores. Você será eliminado! Não se esqueça do fim que levou Tolstoy. Sua esposa irá para Solovki, e seu filho ficará sozinho no mundo. Está somente nas suas mãos evitar que tudo isso aconteça.

Ele me estendeu o papel e o lápis.

— Eu não quero esse seu papel — gritei. — Que comédia patética é esta? Atire em mim agora mesmo, entendeu? Estou cansado disso tudo, então atire logo! Você tem seu revólver e eu não tenho nada a confessar.

— Está sugerindo que eu tome a lei nas minhas próprias mãos? — ele retrucou sarcasticamente. — Nós não temos pressa. Tudo será resolvido no devido tempo, quando todas as formalidades forem cumpridas. Eu não lhe pedi para responder agora. Você se recusa a aceitar o papel. Tudo bem. Você só precisa chamar o guarda em serviço, e a qualquer hora, durante os próximos três dias, receberá papel e lápis. Vai ter três dias inteiros para pensar bem nesse assunto, mas depois disso será o fim: não haverá a menor compaixão para com você nem para com sua mulher. Volte para sua cela.

Será que ele estava mentindo ou dizendo a verdade? O fim estaria realmente próximo? Seria verdade que minha mulher estava na prisão?

Esperei ansiosamente pelo pacote que me enviariam de casa, e quando a remessa chegou eu agarrei o bilhete imediatamente — estava escrito com a letra do meu filho e assinado "*Seu filho, A. Tchernavin*". Pobre garoto! Com 12 anos, em vez de brincar e ir para a escola, tem de se responsabilizar por compras e enviá-las para prisões. Onde você está conseguindo dinheiro? Está vendendo coisas de casa? E depois, como vai viver? Você nem mesmo sabe o que o destino lhe reserva dentro de três dias!

Quando o terceiro dia se aproximava do fim, chamei o guarda e lhe pedi papel e lápis. Em uma metade da folha escrevi ao interrogador, e na outra fiz uma cópia da minha declaração para o promotor público: *"Sou acusado de sabotagem. Eu jamais me envolvi em sabotagem. Não sei nada sobre atividades de sabotagem de outras pessoas; não recebi ilegalmente nenhum dinheiro de ninguém"*. Assinei essa declaração e a entreguei ao guarda.

A noite caiu. O comando para que fôssemos dormir soou. Nós apagamos a luz e nos deitamos, mas ninguém dormiu. Se o interrogador não tivesse blefado, eu seria levado para a execução. Cerca de uma hora se passou. Nós conversávamos baixo, atentos a qualquer ruído. Em determinado momento, ouvimos passos no corredor, e o barulho de chaves retinindo. Alguém parou à nossa porta. A luz se acendeu e uma chave girou na fechadura da porta.

— Nome? — um guarda carcereiro disse, apontando o dedo para um dos meus companheiros de cela.

Eu disse meu nome em voz alta, como se soubesse que estavam ali por minha causa.

O guarda imediatamente se virou na minha direção.

— Primeiro nome, nome do pai?

Eu respondi.

— Vamos andando. Com as suas coisas — ele disse. O interrogador não havia blefado.

Juntei meus pertences com indiferença. Pouco importava o que eu levaria comigo. Eu não iria muito longe mesmo. Meus companheiros me ajudaram com interesse especial, como se tentassem mostrar que não acreditavam que eu estivesse a caminho da execução. Eles estavam abatidos e sérios, esforçavam-se para me encorajar, mas evitavam me olhar nos olhos. O guarda me apressava. Tudo isso era tão familiar! Quantas vezes eu havia testemunhado cenas idênticas de pessoas sendo levadas para a execução!

Disse adeus aos meus companheiros e saí para o corredor. A porta foi fechada com força depois que saí.

— Andando!

— Para onde? — perguntei em voz alta.

— Fique calado e me siga — disse-me um dos guardas. O outro caminhava atrás. Eles avançavam com cuidado para não fazer barulho ao pisar no capacho de corda que cobria o chão do corredor. Nós descemos para o andar de baixo e entramos em outro corredor. Então, um dos guardas falou em voz baixa com o carcereiro, mas eu não consegui ouvir o que disseram. Seguimos o caminho e finalmente paramos na porta de uma cela.

"A cela da morte", eu pensei. "Isso significa que não vou ser executado imediatamente."

A tranca foi aberta, a porta se abriu e eu entrei. Era uma cela comum, exatamente como aquela da qual eu tinha acabado de sair. Ela era ocupada por cinco homens, mas havia agora apenas quatro — o quinto acabara de ser levado "com suas coisas".

Na manhã seguinte, o interrogador mandou me chamar. Era evidente que ele estava jogando comigo e queria ver que efeito sua manobra havia causado em mim. Mas eu tinha dormido profundamente a noite inteira em minha nova cela e sentia-me perfeitamente capaz de estampar no meu rosto uma expressão de indiferença e tédio. Ele me interrogou do modo costumeiro, como se já não se lembrasse de que havia acabado de me ameaçar de morte. Mas no final da sessão, logo antes de me dispensar, ele me fez uma pergunta bastante incomum.

— Diga-me: o que havia no seu último trabalho que poderíamos definir como útil à indústria da pesca? Quais dos seus trabalhos científicos foram aplicados com sucesso?"

Eu citei vários experimentos do meu laboratório que tiveram ampla aplicação prática. Ele fez algumas anotações e me enviou de volta para a cela.

Um mês mais tarde, no dia 10 de abril, ele mandou me chamar novamente e me informou que a investigação sobre meu caso havia sido concluída:

— Você agora vai sair, e vai trabalhar sem pagamento na sua nova Murmansk — ele disse, mas rapidamente acrescentou: — a menos que o conselho decida que você deve ser executado.

Desde que eu havia sido preso, cerca de seis meses antes, era a primeira vez que me diziam que talvez eu *não* fosse fuzilado. Voltei para minha cela e esperei o veredicto com total indiferença — afinal, o que importava? Minha única preocupação era com minha mulher. Será que já a haviam libertado? Aguardei ansiosamente as remessas de casa, mas a lista vinha sempre com a letra do meu filho. Duas semanas se passaram — duas remessas — e ainda não havia nenhuma notícia dela.

Durante seis meses eu vivi na prisão, discutindo continuamente com o interrogador. Foi um tempo de extrema tensão. Agora as consequências disso apareciam. Sentado preguiçosamente e esperando por um veredicto estúpido, fui dominado por uma raiva tão feroz que estava me sufocando

NOS CAMPOS DE CONCENTRAÇÃO SOVIÉTICOS

— eu não conseguia comer nem dormir. Depois de três dias dessa tortura interna eu finalmente me forcei a comer, mas fiz isso com enorme dificuldade, e estava perdendo peso rapidamente. Fui esmagado pela compreensão da minha completa impotência e desesperança. Sentia-me como um animal enjaulado, um animal que enfim percebe que é inútil roer as barras de ferro da sua jaula, que ele não pode derrubá-las e jamais será livre de novo. Eu *tinha de* escapar — mas antes seria necessário saber para onde eu seria enviado, e o que fariam com minha mulher e meu filho. Então eu poderia elaborar meus planos. O pensamento de escapar se tornou uma obsessão; eu parei de reparar na prisão e nas pessoas à minha volta — eu agora apenas aguardava minha sentença.

No dia 25 de abril, na metade do dia, o carcereiro entrou na cela, chamou meu nome e leu:

— "Fragmento da ata da reunião do Conselho do OGPU de 13 de abril de 1931. Caso nº 2634, de Tchernavin, V. V., acusado, de acordo com o Artigo 58, parágrafo 7. Sentença: Deportação para um campo de concentração por um período de cinco anos". — Então o carcereiro se dirigiu a mim. — Assine isso para confirmar que você leu o veredicto.

Eu assinei.

— Posso enviar um telegrama? — perguntei.

— Pode, se tiver o dinheiro.

Escrevi um telegrama endereçado ao meu filho: "Sentença recebida. Solicite visita", e o entreguei ao carcereiro.

No mesmo dia eu fui levado para um exame médico e, enquanto o doutor preenchia seu relatório, eu consegui ler no formulário onde ele estava escrevendo: "Destino: campo de Solovetzki em Kem. Regime: Ordinário".

Embora possa parecer estranho, a notícia de que eu seria deportado para o campo de Solovetzki — famoso pela crueldade incomum no tratamento aos prisioneiros — agradou-me bastante. Ficava em uma região que me era familiar, em razão das minhas numerosas expedições: os lagos profundos do Mar Branco, os arquipélagos, o infinito labirinto de baías e estreitos, despenhadeiros, rochas de granito empilhadas em desordem, as quase intransponíveis florestas e pântanos. Se eu pelo menos conseguisse alcançar o mar lá, seria um páreo duro para os guardas.

"Qual é a distância até a fronteira?", especulei mentalmente, tentando visualizar o mapa. "De 200 a 300 quilômetros de uma área desabitada de floresta e pântano. Perfeito. Justamente do que eu preciso." E nesse exato momento eu tomei a decisão de fugir para a Finlândia.

Eu era agora um condenado, não mais um cidadão. Desde o início do regime soviético conduzi meu trabalho do mesmo modo de sempre: empenhando-me para ser útil — tanto na esfera prática quanto na científica — à indústria para a qual eu trabalhava, e vivendo apenas do que eu ganhava por esses serviços. Mesmo assim, fui trancafiado em uma prisão por seis meses e interrogado não menos que dezessete vezes. Eles tinham dado a mim duas alternativas: dez anos de trabalhos forçados se eu "confessasse" ou execução se não fizesse isso. Eu não confessei, porque não era culpado; em todos os registros dessas autoridades não há um traço sequer de algum crime que eu tenha cometido. E mesmo assim me transformaram em um condenado. Cinco anos em um campo de concentração!

Meus camaradas me cumprimentaram.

— Só cinco anos! E sem confisco dos seus bens! Eles seguramente vão libertar sua mulher agora, não é?

Mas será que libertariam mesmo?

CAPÍTULO 31

MEU FILHO TRAZ UMA MENSAGEM

Um dia antes de nossa deportação, de manhã cedo, os prisioneiros começaram a ser chamados para se encontrar com seus familiares. Houve grande agitação entre nós; todos se perguntavam se teriam uma última chance de ver aqueles que amavam. Durante o período de investigações, raramente era permitido a um prisioneiro ver membros de sua família, mas antes da deportação permissões para visitas eram largamente concedidas. O único problema era conseguir que os parentes tomassem conhecimento da deportação a tempo de cumprir as detalhadas e complicadas formalidades para a obtenção de permissão para essa visita. O dia avançava, mas muitos de nós ainda não tínhamos sido chamados. Nós havíamos perdido tudo — e também nos seria negado o direito de ver pela última vez aqueles que nos eram mais caros?

Preparativos para nossa partida foram feitos apressadamente: equipamentos da prisão, como canecas e tigelas, foram tirados de nós; um grupo estava sendo organizado para ir à casa de banho. Tentei não pensar na visita. A ideia de ser mandado para longe sem ver meu filho uma última vez era insuportável. Pelo menos 100 de nós fomos enfileirados e contados antes de sermos levados para o banho. E quando estávamos prestes a ir, um carcereiro chegou com uma lista de nomes a ser chamados. Ele leu em voz alta vinte nomes, e o meu estava entre eles. Um minuto mais tarde e nós já teríamos ido para a casa de banho — e eu teria perdido a visita do meu filho.

Tremendo de emoção, nós fomos conduzidos a uma grande sala com uma divisória de grades diante de nós. Cerca de 1 metro além dessas grades havia outras grades, atrás das quais estavam nossos visitantes. Havia uma multidão — 100 prisioneiros do nosso lado e mais de 100 visitantes do outro, todos tentando desesperadamente encontrar seus entes queridos. As pessoas estavam muito próximas umas das outras, comprimindo-se. Algumas se agarravam às barras e pressionavam o corpo inteiro contra elas, os rostos distorcidos pela emoção; outras tentavam desesperadamente encontrar uma passagem em meio à massa humana através da qual pudessem se espremer. Todos ali sabiam que estavam vendo seus familiares pela última vez, e que dentro de dez minutos seriam separados — talvez para sempre. Com a agitação e o barulho — vozes incisivas e tensas de mulheres, gritos agudos de crianças — era quase impossível conversar. Era como um apavorante grito de tortura e de adeus.

Em meio a esse caos eu vi meu filho. Ele estava de pé próximo da grade, agarrando-se nas barras com toda a sua força, acenando para mim e gritando com sua brava voz de criança. Eu me precipitei na direção dele, mas não consegui alcançar a grade. "Me deixem passar, me deixem passar, pelo amor de Deus!", eu gritava, mas ninguém me ouvia. Cada um tinha diante de si apenas o rosto que lhe era querido, e prestava atenção somente às suas palavras. Tentei freneticamente empurrar um prisioneiro para o lado, e por um segundo ele se voltou para mim, com o rosto molhado de lágrimas e as mãos agarrando obstinadamente as barras. Com um grande esforço, usei o ombro para abrir caminho e avançar e agarrei a grade divisória com uma mão. Algo se rachou ruidosamente e a grade começou a ceder. Guardas avançaram para dar sustentação à divisória e, enquanto eles a escoravam, eu consegui me aproximar dela o suficiente para escutar as palavras que o meu filho gritava.

— A mãe está na prisão — ele gritou, suplantando o barulho e toda a gritaria das outras pessoas à nossa volta. — Envio remessas para ela. Eles não vão me deixar vê-la. Ela me mandou uma carta.

— E como está N.? — gritei.

— Ela está na prisão.

— E N. N.?

— Também na prisão. Misha também ficou sozinho. Ele manda remessas para ela.

— E N. N. N.?

— Ela morreu.

Tive medo de continuar perguntando. Não havia restado ninguém com quem eu pudesse contar. Na multidão eu conseguia distinguir vagamente, atrás do meu filho, uma mulher que me era desconhecida. Evidentemente ela havia trazido meu filho para a visita.

MEU FILHO TRAZ UMA MENSAGEM

— Se a mãe for deportada, tente ir com ela — gritei.

— Tudo bem — ele respondeu, e sua boca infantil se contorceu, e grandes lágrimas rolaram de seus olhos e escorreram por seu rosto. Mas ele não pareceu perceber isso, e não as enxugou.

— Tem algum dinheiro? Do que você está vivendo? — perguntei.

— Eu vendi sua câmera.

— Ótimo, venda o que puder vender. Mande remessas para sua mãe. Não envie nada para mim. E agora escute com cuidado: eu vou para Kem. Kem, você entendeu? Por cinco anos. E lembre-se do seguinte: eu não assinei nenhuma confissão. Vão me deportar inocente. Lembre-se bem: eu não me rendi.

Eu estava gritado muito alto, e para minha surpresa senti que minha voz começou a falhar, que as lágrimas corriam pela minha face.

A visita chegara ao fim. Começaram a nos retirar da sala.

— Adeus, querido, adeus! — Bradei afobadamente em meio à lamentação e à gritaria terríveis que enchiam o recinto.

— Lembre-se de sua mãe! Tome conta dela! Adeus!

PARTE 3

NÓS SOMOS CONDENADOS DE SOLOVKI

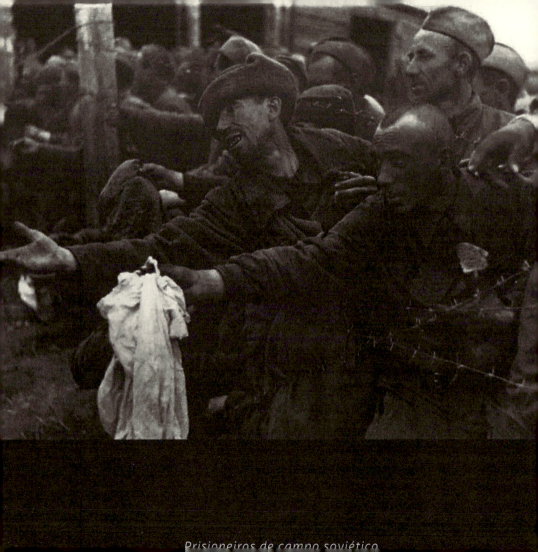

Prisioneiros de campo soviético

CAPÍTULO 32

O TREM DOS CONDENADOS

A confusão da partida começou cedo na manhã seguinte. Nós fomos conduzidos escadaria abaixo e enfileirados em formação militar. A administração da prisão estava nos entregando à escolta que nos acompanharia até o campo de concentração. Eles nos chamaram um a um para uma mesa, perguntaram-nos nosso nome, o Artigo sob o qual tínhamos sido condenados e a duração da sentença, e então nos entregavam "pessoalmente" para a guarda de escolta, junto com um envelope contendo nosso "caso".

Houve muitos mal-entendidos — as listas do GPU estavam repletas de erros. Nomes e sentenças haviam sido registrados incorretamente; nós já sabíamos que uma semelhança entre nomes frequentemente fazia o homem errado ser enviado para Solovki.

Os prisioneiros que estavam sendo checados foram levados para outro corredor, onde foram revistados novamente, e dessa vez todo o tabaco foi tirado deles — a fim de evitar qualquer possibilidade de que o prisioneiro atirasse o tabaco no olho de um guarda para tentar escapar. Criminosos muitas vezes tentavam pôr em prática tais fugas, e por isso eram forçados a submeter-se a revistas particularmente meticulosas, durante as quais eram totalmente despidos e dedos eram enfiados em sua boca.

Por fim, várias horas mais tarde, fomos todos novamente reunidos, contados mais uma vez, enfileirados em pares e levados para a saída, onde cada um de nós recebeu 1 quilo de pão e dois arenques — provisões para a viagem de 800 quilômetros até Kem. Todos carregávamos coisas em nossas mãos, e, como não tínhamos permissão de parar para acondicionar a comida distribuída a nós, muitos não conseguiram pegar essas rações. Nem imaginávamos que acabaríamos ficando seis dias na estrada!

O comandante da guarda se dirigiu a nós:

— Vocês vão marchar em formação militar! Obedeçam a todos os comandos! Um passo para fora da linha à esquerda ou à direita será visto como uma tentativa de escapar! Os guardas vão atirar sem avisar!

Depois ele se dirigiu aos guardas:

— Carreguem os rifles!

Os ferrolhos foram acionados.

— Vigiem com toda a atenção! Atirem sem avisar!

Os portões foram abertos e nós fomos conduzidos ao aterro do Neva. Era um dia quente de verão. O Neva corria largo e pacífico. Muitos de nós olhavam para o Neva pela última vez. Na calçada próxima aos portões da prisão, e também na calçada oposta, pequenos grupos de pessoas se aglomeravam, em sua maioria mulheres e crianças, familiares que buscavam um último vislumbre de seus entes queridos. Gente pálida, abatida, malvestida — eles pouco difeririam de nós, os prisioneiros. Soldados da nossa guarda os xingavam, os afugentavam e ameaçavam atirá-los na prisão. Mas as mulheres eram mais espertas que os guardas e os ludibriavam correndo à frente e retornando pelo outro lado da rua na esperança de trocar apenas mais um quase imperceptível sorriso, aceno ou olhar. Não havia ninguém para me ver partir ou se despedir de mim: minha mulher ainda estava na prisão.

— Avancem! Não fiquem para trás! — nós ouvíamos o tempo todo. Depois de passar seis meses encarcerado, era extremamente difícil caminhar usando um sobretudo e carregando pertences. Eu me sentia zonzo, com o rosto acalorado, e o meu coração batia violentamente. Os velhos sofriam mais; eles ofegavam muito e tropeçavam. Os guardas os xingavam e os obrigavam a seguir em frente. Passantes nos olhavam com indiferença.

Nós fomos guiados por pequenas ruas laterais na direção do pátio da Estação de Trem Finlândia, embora os trens para Kem e Murmansk saíssem da antiga Estação Nikolaevski. Em tempos passados, os prisioneiros eram levados através das avenidas Liteini e Nevski, mas durante as deportações em massa de 1930 essa rota foi considerada ostensiva demais — eles podiam ser vistos por estrangeiros.

Fomos amontoados dentro de vagões de terceira classe com barras entre os carros e nas janelas e portas — sessenta homens num vagão construído para 28. Apenas aqueles que tinham compartimento superior ou prateleira de bagagem podiam se deitar; os demais tiveram de viajar sentados durante todo o trajeto, em grande desconforto; caminhar entre os carros era proibido. Oito vagões estavam lotados dessa maneira, e um deles era reservado a mulheres. Criminosos e presos políticos (contrarrevolucionários segundo o Artigo 58) viajavam em grupos; desprovidos da disciplina que nós mantínhamos com eficácia na cela, esses criminosos eram de difícil convivência.

Até o escurecer nós permanecemos em trilhos laterais, durante a noite fomos transferidos para a Estrada de Ferro de Murmansk, e somente pela manhã começamos a seguir caminho. Nós não paramos nas estações, mas ficamos retidos durante longos períodos nos semáforos e nos trilhos laterais. Evidentemente, até nesses pontos existia o risco de que algum observador estrangeiro acabasse nos vendo. Em consequência disso, não podíamos receber água e passamos muita sede. O pequeno tanque de água no vagão se esgotou já no primeiro dia. A ração que tínhamos consistia de pão preto e arenque, e a sede causada por essa comida era insuportável. Além do mais, as janelas não se abriam e com o tempo tornou-se indescritivelmente quente e abafado dentro do vagão. Nós implorávamos por uma coisa apenas: água. Fomos avisados de que receberíamos água quente uma vez por dia e que teríamos mais apenas se o trem parasse nas estações onde houvesse água disponível. Somente uma vez durante a viagem inteira — no primeiro dia — dois baldes de água quente foram trazidos para todos nós — sessenta homens. Ficamos sem água durante o restante da viagem.

Concentramos todos os nossos esforços em abrir as janelas que estavam fortemente parafusadas. Um dos criminosos tinha uma faca, mas ela quebrou. Passei metade de um dia afinando uma moeda de cobre enquanto os criminosos zombavam de meu trabalho — um "intelectual" tentando bancar o ladrão —, mas, quando minha chave de fenda realmente abriu a janela, eles decidiram fazer amizade e me mostrar suas habilidades. "Longy", um forte sujeito de uns 20 anos, colocou o dedo sobre um grande torrão de açúcar duro e com apenas um golpe de seu punho esmagou-o em pedaços. O dedo dele começou a sangrar, é claro. "Lively", um jovem e vigoroso ladrão, retirou de meu bolso meu porta-moedas contendo 3 rublos (dinheiro com o qual eu começaria minha vida de trabalhos forçados) e com igual mestria recolocou-o no mesmo lugar. "Sashka, o Judeu", que não aparentava ter mais de 15 anos, cantou para mim todo o seu repertório de canções de órfão — e ele era inimitável, cantava com sentimento e senso musical. Talvez já não houvesse mais salvação para essas pessoas, mas a capacidade de resistência delas era assombrosa. Eles eram capazes de dormir quase nus e em qualquer posição

NOS CAMPOS DE CONCENTRAÇÃO SOVIÉTICOS

sem sofrer e podiam suportar a fome igualmente bem. Desde o primeiro instante da deportação ficaram atentos a qualquer oportunidade de escapar.

No quarto dia de nossa viagem, se bem me lembro, no carro contíguo ao nosso, criminosos conseguiram serrar uma passagem no chão através da qual um homem poderia se enfiar. Foi descoberta quando já estava tudo pronto para uma fuga. Os planos deles se mostraram perspicazes: Petrozavodsk estava atrás de nós, e nosso trem passava por Vigozer e Segozer, aproximando-se do Mar Branco. Em volta havia uma floresta de sempre-vivas. Os dias eram quentes, mas os pântanos continuavam congelados. A neve havia derretido em quase todos os lugares e seria fácil encontrar uvas-do-monte do ano anterior.

Os criminosos do nosso carro ficaram bastante agitados com a notícia da fuga malograda.

— Para onde eles queriam fugir? — perguntei a eles.

— Bem provável que para Leningrado. Não há outro lugar. A pessoa teria que andar pela floresta até Petrozavodsk mantendo a maior distância possível das vias férreas, e de lá poderia até pegar um trem, se tivesse dinheiro.

— Por que eles iriam para Petrozavodsk?

— Não dá pra pegar um trem aqui; a guarda do campo coloca homens para dar busca nos trens e examinar todos os documentos. De Petrozavodsk até Leningrado não há controle.

— Mas em Leningrado eles seriam presos novamente.

— E daí? Se tiverem de ser presos, que sejam. Esse é nosso destino. A gente escapa de novo. E não é tão fácil assim acharem a gente numa cidade.

— É difícil ficar escondido na floresta agora nesta época — argumentei, tentando aprender tudo o que pudesse sobre meios de fuga. — Não há nada para comer. As noites são frias demais.

— E os campos de concentração serão aquecidos e neles nós teremos fartura de comida! — ele replicou sarcasticamente. — Nós estamos calejados contra o frio e a fome.

— Por que não escapam para o estrangeiro?

— Lá eles já têm bastante da própria ralé. Seríamos imediatamente presos e mandados de volta. Para "políticos", fugir para o estrangeiro é um bom negócio. Aqui eles não são capazes de se esconder. Mas, se forem pegos durante uma tentativa de fuga, é o fim para eles. São mortos. Quando nós somos presos durante uma fuga, só recebemos uma extensão da nossa pena — um ou dois anos a mais, e isso é tudo.

Eu jamais me esquecerei de um monge que estava conosco, condenado a dez anos de trabalhos forçados. Ele ainda era jovem, mas terrivelmente magro e pálido, com olhos fundos e uma tosse martirizante — evidentemente eram os últimos estágios de tuberculose. Enquanto os criminosos discutiam, faziam provocações, piadas e brigavam, ele permanecia imóvel, olhando pela janela na direção da floresta da Carélia e dos pântanos que ele jamais voltaria a ver. Ele estaria de fato observando a paisagem fria e lúgubre, com suas bétulas debilmente retorcidas e abetos carregados pelo vento, ou tudo isso passava despercebido diante dos seus olhos? Durante a viagem inteira ele não se deitou nem mesmo uma vez — e também não comeu nem dormiu. Passou todo esse torturante tempo ali recolhido, sentado num banco pequeno junto da janela com grade.

Mas havia conosco outro monge, completamente diferente do monge jovem à janela. Tratava-se de um velho robusto, de cerca de 60 anos, careca e com uma barba grisalha desgrenhada. Ele também tinha sido condenado a dez anos em Solovki. Falava alto, com voz confiante e até alegre, sua risada era contagiante. Era evidente que a prisão não havia destruído sua saúde nem sua natureza jovial. Seus vários amigos o haviam abastecido para a viagem com roupas quentes, botas e provisões. Provavelmente não se esqueceriam dele na prisão; alguém o havia ajudado a procurar um bom lugar no vagão.

— Não desanimem, irmãos — ele nos encorajava, em voz alta e alegremente. — Há pessoas vivendo em Solovki, e, se elas conseguem, nós também conseguiremos. A vontade de Deus está em tudo. Quis o destino que sofrêssemos pelo Senhor, e devemos suportar. Aceitemos o fardo com alegria.

Ele seguia para Solovki como se estivesse em peregrinação — tinha um dever a cumprir.

Um ano se passou antes que eu o encontrasse de novo no campo de concentração de Solovetzki. Era inverno. Caminhar era difícil e doloroso para esse monge, e ele o fazia com a ajuda de uma bengala. Ele estava no meio de um grupo de vigilantes, homens velhos como ele, todos corcundas e cobertos com os farrapos que haviam restado das roupas antigas. Um ou outro usava jaqueta de presidiário. Alguns haviam enrolado pedaços de corda em torno do corpo trêmulo na tentativa de se aquecerem. Os cabelos e a barba deles, foscos e emaranhados, balançavam ao vento; seus rostos estavam castigados pelo tempo e vermelhos em razão do frio. Todas as noites eles vigiavam os depósitos de suprimentos.

O velho monge, que costumava ser alegre e jovial, era o mais alto, mas da sua saúde e força nada tinha restado. Seus olhos estavam turvos, seu rosto marcado com rugas profundas. Eu o cumprimentei, mas ele retribuiu com indiferença, sem olhar para cima. Solovki também o havia destruído.

Descobrimos entre nós um criminoso que havia escapado de Solovki, mas foi recapturado e agora mandavam-no de volta para lá com uma sentença aumentada. Embora tivesse apenas cerca de 35 anos, ele parecia um velho. Fazia caretas e agia como um palhaço.

— Ei, você! — um trabalhador se dirigiu a ele. — Como será a vida em Solovki?

— Você vai ver com os próprios olhos, é divertido lá! — respondeu o outro, rindo e mostrando as suas gengivas pálidas e sem dentes. — Viu esses dentes lindos que eu tenho? Fiquei assim comendo *kasha* em Solovki, com trabalhos forçados em campos de madeira e preso nas "celas de isolamento".

— Isso é escorbuto? — perguntou o trabalhador, olhando para ele com horror.

— Isso mesmo. O que o porrete deixou na minha boca o escorbuto levou.

Depois dessa conversa nós nos sentimos ainda mais deprimidos.

No quinto dia já não tínhamos mais nada para comer. Estávamos famintos e com muita sede. Faltavam apenas 60 quilômetros para Kem, mas o trem ficava parado em trilhos laterais mais tempo do que se mantinha em movimento.

Caminhávamos para o final do sexto dia da nossa viagem — o primeiro dia de maio, dia dos trabalhadores no mundo todo — quando chegamos a Kem, e nosso trem foi desviado para um trilho lateral. Cada um de nós recebeu uma caneca de água quente, mas nenhuma comida. Naquela noite e durante todo o dia seguinte permanecemos no trilho lateral sem comida nem água. Eu duvido que gado tivesse sobrevivido nessas condições — mas nós sobrevivemos.

Na noite de 2 de maio fomos transferidos por um ramal da via férrea para a Ilha Popoff, o Ponto Central de Distribuição dos campos de prisão de Solovetzki.

CAPÍTULO 33

"BEM-VINDO À PRISÃO DE SOLOVKI"

A Ilha Popoff é ligada ao continente por uma porção de terra baixa que se cobre de água duas vezes por dia, quando a maré chega. No resto do tempo é um pântano extremamente difícil de atravessar. No passado já foi bastante arborizada; agora, porém, restam apenas algumas árvores recurvas. As bétulas polares se espalharam pelo solo e os pântanos de musgo se alternam com enormes rochas de granito polidas por placas de gelo.

A ilha contava com um porto no qual navios estrangeiros atracavam em busca de madeira soviética. Também tinha uma enorme serraria e, à distância de 2 ou 3 quilômetros do porto, dois pontos de distribuição do campo de concentração de Solovetzki — "Moreplav" e "Kop".

Nós desembarcamos do trem e marchamos para "Moreplav" por uma estrada lamacenta, atravessamos pântanos e neve que derretia. Estávamos ainda mais cansados do que quando saímos de Kresti e mal nos aguentávamos em pé. Não podíamos carregar nossas coisas sem deixá-las cair de vez em quando, mas os guardas nos obrigavam a seguir em frente. Arrastamo-nos por 2 quilômetros até enfim avistarmos torres de observação de madeira, sentinelas, uma cerca de arame farpado e um portão alto.

— Olhe! — disse um colega prisioneiro ao meu lado, puxando a manga do meu casaco.

Sobre o portão eu vi um arco decorado com ramos de abeto e com dois letreiros: "VIVA O DIA PRIMEIRO DE MAIO, O DIA DOS TRABALHADORES EM TODO O MUNDO!", e "BEM-VINDOS!".

Foi impossível deixar de rir: a hipocrisia e a extravagância soviética não conhecem limites.

NOS CAMPOS DE CONCENTRAÇÃO SOVIÉTICOS

— O que você acha? — o colega ao meu lado especulou. — Isso é uma piada, é para estrangeiros ou estão rodando algum filme?

Nós nos dirigimos para um pequeno portão lateral. Dois guardas de cada lado nos pegavam pelos braços, empurravam-nos pela estreita abertura e nos contavam em voz alta enquanto um agente do GPU checava os pares em seu bloco de anotações.

Fomos contados novamente, nossos nomes foram checados e nossos documentos verificados. Quando enfim a formalidade de entrega terminou, estávamos sob controle do campo de prisioneiros. Nós nos colocamos em formação e esperamos. A breve noite ia chegando ao fim. O ar estava transparente e carregado com o familiar cheiro do mar e da floresta. Meu coração foi invadido por um alvoroço de emoções. Eu não ligava para o que estava acontecendo comigo.

— Aqueles que já serviram no GPU ou na Tcheka, apresentem-se! — alguém ordenou.

Vários homens saíram de nossas fileiras. Eles foram levados para um ponto mais afastado.

— Nossos futuros chefes — sussurrou meu colega.

— Aqueles que estavam servindo no Exército Vermelho quando foram presos, apresentem-se! — soou uma nova ordem.

Alguns poucos homens obedeceram.

— A futura guarda militar — explicou meu colega.

— Pessoal do "59" e do "35", à frente!

Esses eram os artigos do Código Penal referentes a roubo, vadiagem e coisas do tipo.

— E esses? O que eles serão?

Na ocasião nós nem imaginávamos que esses criminosos seriam os recrutas dos nossos guardas, supervisores, encarregados e principalmente educadores.

Restavam agora apenas camponeses, intelectuais e trabalhadores — esses eram os reais prisioneiros e teriam de trabalhar.

Depois dessa divisão em "classes", ordenaram-nos que entregássemos todo o dinheiro que tínhamos conosco; esses valores foram trocados por recibos especiais do GPU. Se as autoridades decidissem que determinado prisioneiro trazia dinheiro demais no bolso, a quantia era confiscada e não lhe davam recibo nenhum em troca. Mais uma revista foi efetuada. Já eram 5 da manhã quando alcançamos os galpões especiais da 3ª Companhia de Quarentena,

236

ocupados por prisioneiros recém-chegados. Era uma construção baixa de madeira com pequenas janelas, quase todas quebradas e tapadas com roupas sujas. Os alojamentos dos prisioneiros dividiam-se em quatro seções, cada uma com cerca de 5 por 30 metros. Os lados do comprimento tinham duas fileiras de tábuas e uma passagem estreita no meio delas. Um pequeno fogão fornecia aquecimento. O piso era composto de tábuas finas, que vergavam sob o peso dos pés. Havia grandes rachaduras nesse piso. Tudo era preto, coberto de fuligem e de sujeira. Eu subi na tábua superior e me inclinei contra a parede. Não nos forneceram colchões nem roupas de cama; na verdade, usá-los teria sido difícil, pois cada homem tinha um espaço de cerca de 50 centímetros apenas. Havia mil prisioneiros na construção inteira, cerca de 250 em cada grupo. Eu me estiquei com real prazer sobre a tábua dura, mas quase imediatamente fui atacado por todos os lados por percevejos, e fui obrigado a iniciar uma guerra contra eles. Mal se passaram duas horas quando soou a ordem:

— Vamos à ordem do dia! Vamos rápido!

Os ex-membros do GPU e ex-integrantes do Exército Vermelho que haviam sido deportados conosco já estavam vestidos com algum tipo de uniforme militar, com a palavra "guarda" em seus bonés, e tinham sido armados com rifles. Eles nos estavam colocando em fila, dando-nos ordens, xingando, ainda que timidamente, mas tentando imitar seus superiores — também criminosos que eram mestres da blasfêmia.

O comandante da companhia, um ladrão profissional de rosto ossudo que vestia um elegante sobretudo militar, caminhava para cima e para baixo ao longo da fila e dava ordens em voz alta. Depois do comando "atenção", ele começou a ler a ordem do dia do quartel-general do campo.

— Ordem de Maio, 1931, Campos de Trabalho Correcional da OGPU, Solovetzki-Kem, Moreplav. — Ele deu ênfase especial à letra "O" quando pronunciou "OGPU".

— Por coabitação ilegal no território do campo, o prisioneiro da 5ª Companhia, Ivanoff Vassili, pseudônimo Petroff Ivan, e o prisioneiro Smirnoff Eudoxie são, por meio deste, sentenciados ao confinamento solitário por quinze dias, mas não serão afastados do trabalho.

— Prisioneiros Koozmin, Stepanide e Platnikoff Irene, por negligência na limpeza dos alojamentos: sete dias de confinamento solitário.

E assim por diante.

Nós ouvimos com interesse, curiosos para saber quais crimes eram cometidos nesse campo e quais as punições resultantes.

NOS CAMPOS DE CONCENTRAÇÃO SOVIÉTICOS

A leitura terminou e nosso comandante se dirigiu a nós. Descobrimos mais tarde que ele tinha um fraco por fazer discursos, que ele aproveitava essas leituras de agenda pela manhã e ao anoitecer para satisfazer essa vontade de discursar, e que esses discursos eram conhecidos como "conversas culturais e educacionais com os prisioneiros".

— Onde vocês estão? — ele começou. — Nos campos correcionais de trabalhos forçados do OGPU. Entenderam? Vocês foram enviados para cá na condição de elementos não produtivos, parasitas que precisam de correção e que terão de adquirir hábitos de trabalho. Entenderam? Eu sou seu líder e educador. Esse não é o ano de 1930 para vocês! Esse é o Campo de Designação Especial do OGPU; isso significa destruição de prisioneiros, significa ofensa, xingamento e espancamento. Agora é educação cultural e educação para o trabalho, conhecimento, conhecimento político e coisas desse tipo. Entenderam? A instrução é obrigatória, de acordo com o regulamento do campo. Nós temos uma organização semimilitar. Por exemplo, o pelotão da companhia. Temos um comandante de companhia e comandantes de pelotão. Temos trabalho educacional e cultural e temos disciplina. Isso aqui não é um bordel. Violar a disciplina significa violar o regulamento do campo. Ou seja: cela de punição! Entenderam?

Essa introdução se arrastou por um longo tempo, e depois começou o discurso de fato:

— Uma briga aconteceu na companhia sob meu comando. Eu vi nisso uma violação do regulamento do campo e um conflito de classe. *(Pausa)* Depois de uma investigação descobri que os prisioneiros Petroff e Belovzoroff surraram o prisioneiro Gartushvili. Isso deve ser considerado inimizade entre classes e perseguição de minorias nacionais, o que é conflito de classe. Entenderam? E qual é a punição que o Código Penal Revolucionário Soviético reserva a essa transgressão? A principal medida de defesa nacional! *(Pausa)* — Disso se conclui que esses culpados de violar o regulamento do campo estarão sujeitos a... Eu vou colocar vocês na cela de punição, filhos da puta! Entenderam? Isso é um campo correcional, não é um bar! Eu vou injetar a psicologia do proletariado em vocês!

Ele levou muito tempo para terminar e nos mandar de volta para os alojamentos — zonzos de fraqueza e tão desalentados que aceitaríamos de bom grado nos deitar e morrer. Nós não receberíamos nenhuma comida, afinal? Era só nisso que pensávamos.

O comandante da companhia apareceu e escolheu dois prisioneiros para irem buscar a comida e dois para trazerem a água quente.

> "BEM-VINDO À PRISÃO DE SOLOVKI"

— Cidadão comandante, e os utensílios para comermos? Nós não temos onde pôr a comida! — Vários perguntaram de todos os lados.

— O que vocês querem? Que a gente ponha a comida na boca de vocês? Se vocês estiverem com fome, vão encontrar alguma coisa pra servir de utensílio — o comandante disse, e se foi. Muitos prisioneiros correram até uma pilha de lixo e apanharam algumas latas descartadas.

Dois baldes foram trazidos. Um continha cereal de painço e *kasha* fina e aguada, e no outro tinha "água quente" quase gelada. A ração de um homem era de aproximadamente 200 centímetros cúbicos (pouco mais da metade de um copo) e pão. Cada prisioneiro deveria receber 400 gramas de pão por dia, mas na realidade nós recebíamos bem menos que isso.

Reclamações partiram de todos os lados:

— O que é isso? Assim vamos morrer! Como pode um homem viver com isso?

Minutos depois o comandante da companhia retornou.

— De pé! Atenção! Quem foi que reclamou da comida? Apareçam! — ele esbravejou em voz alta. — Ninguém está descontente agora? Muito cuidado... Eu não vou tolerar motim! Vou imediatamente notificar o Departamento de Investigação do campo a respeito disso. Vamos pegar os culpados. Que só vão ter dois caminhos: isolamento ou morte. Entenderam? O que pode haver aqui pra deixar alguém descontente? A *kasha* é muito rala? Em primeiro lugar nem é *kasha,* é mingau, e mingau é assim mesmo. Deu pra vocês entenderem? — Ele nos olhou furioso, então se virou subitamente e se foi.

Todos aqueles que ainda tinham algum dinheiro começaram a tentar obter comida. Não tínhamos permissão para ir ao depósito do GPU, mas com a ajuda dos guardas podíamos comprar alguns alimentos estragados — arenque e conservas fermentadas. Fora do campo de prisioneiros os guardas não podiam vender esses alimentos legalmente, mas no campo eles podiam comercializar pelo preço de mercadoria nova aos prisioneiros esfomeados. Por intermédio dos guardas e dos criminosos, que também participavam dessas transações, nós podíamos comprar pão preto ao preço de 5 rublos o quilo — o preço oficial era de 9 copeques — e também água a 50 copeques a caneca. O sofrimento causado pela sede era tão grande que até o mais pobre de nós gastava seu último copeque em água.

Era possível obter tabaco por 3,50 rublos o grama, e vodca a um preço que nem posso imaginar.

NOS CAMPOS DE CONCENTRAÇÃO SOVIÉTICOS

Depois da deprimente experiência com o "almoço", nós fomos levados em grupos de trinta para a casa de banho construída, é claro, pelas mãos de prisioneiros, bem na margem do golfo. Cada homem levou todas as suas coisas: sobretudo, gorro, cobertor e travesseiro. Esse material, juntamente com tudo o que estávamos vestindo, tinha de ser entregue para desinfecção. Completamente nus, fomos enfileirados diante de uma área cercada na qual quatro barbeiros, todos criminosos-prisioneiros, realizavam seu trabalho com uma velocidade furiosa; dois deles se ocupavam da cabeça e os outros aparavam os pelos do corpo. Quando terminavam e nós saíamos de trás da divisória, estávamos simplesmente lamentáveis: tufos de cabelo se destacavam nas cabeças, e o sangue corria do nosso corpo devido aos cortes de navalha. Entramos na casa de banho tremendo de frio, recebemos duas etiquetas de metal que deveríamos trocar por água e um pequeno pedaço de sabão mole. Dentro da casa de banho não havia água corrente, davam a cada prisioneiro duas pequenas bacias de água aquecida que esfriava imediatamente. Depois de nos banharmos da melhor maneira possível, fomos para o vestiário e esperamos, nus e desfigurados, que nos devolvessem nossas coisas desinfectadas. Elas estavam quase irreconhecíveis: estragadas e com um cheiro nauseante, casacos de pele e gorros completamente arruinados. Voltamos para os alojamentos em triste procissão. O clima havia mudado: um vento cortante soprava do norte e grandes flocos de neve caíam. Fazia um frio terrível dentro dos alojamentos. Eu subi para meu canto. As fendas abertas deixavam a neve entrar, e eu tive de tapá-las com as minhas roupas de baixo. Nós imploramos ao comandante da companhia que nos desse madeira para o fogão, mas em vão. Ele se recusou a fazer isso.

Nós estávamos muito famintos. Trouxeram nosso jantar: sopa de repolho estragada, que tinha um cheiro horrível, e como segundo prato o mesmo tipo de "mingau" de antes. Algo precisava ser feito. Meu vizinho e eu compramos juntos 1 quilo de arenque defumado fermentado. Depois dessa compra me restaram 2 rublos, e para o meu vizinho, um outrora próspero engenheiro de Petersburgo, sobraram 3,50 rublos — se tudo corresse bem, esse dinheiro seria suficiente para mais duas refeições. A fome batia à nossa porta. Durante a viagem de trem eu havia desenvolvido sintomas de escorbuto: sangramento gengival e enrijecimento das articulações. Nossa esperança era que nos enviassem quanto antes para o trabalho, pois havia rumores de que a comida no trabalho era melhor. Enquanto discutíamos tristemente o

240

"BEM-VINDO À PRISÃO DE SOLOVKI"

futuro, uma comoção tomou conta do alojamento e exclamações de espanto foram ouvidas.

Uma mulher havia entrado nos nossos alojamentos! Ela era jovem, com 20 anos aproximadamente, usava um casaco da prisão e uma saia muito curta. Tinha um aspecto geral atraente, e toda a sua aparência e suas maneiras não deixavam dúvida quanto à sua profissão. Um homem jovem a acompanhava, também vestindo roupa da prisão. Quando chegou ao meio do galpão, tendo já atraído a atenção de todos nós à sua volta, ela se dirigiu a nós:

— Camaradas! Inscrevam-se para apoiar o financiamento da *Piatiletka* em quatro anos! Cada prisioneiro deve colaborar para a construção do Socialismo. Sintam-se à vontade para oferecerem quanto puderem. Eu aceito empréstimos em parcelas, a ser pagos no prazo de seis meses.

Nós a ouvíamos estupefatos, sem conseguir acreditar no que ela dizia. Ali estávamos nós, condenados, famintos, reduzidos aos últimos estágios da pobreza — e eles ainda queriam que lhes fizéssemos empréstimos "voluntários"! Vozes tímidas, mais como expressão de perplexidade do que de protesto, soaram de vários lados.

— Mas de onde vamos tirar isso? Tomaram tudo o que tínhamos... Podemos nos inscrever, mas como vamos pagar?

— Camaradas! — ela respondeu com voz simuladamente ofendida. — Essa é uma atitude muito estranha da parte de sua companhia. Onde está a consciência de vocês? Não sabem onde encontrar dinheiro? Talvez vocês possam receber algum dinheiro de sua casa.

— Eles não têm nada para comer em casa! — alguém gritou atrás dela. — Tiraram até o último copeque deles para empréstimos.

— Mas vocês podem ser enviados ao trabalho — a garota prosseguiu sem se perturbar. — Receberão seu dinheiro de prêmio.

— O que isso significa? — a garota continuou, com irritação na voz. — Uma multidão de homens aqui, e ninguém quer se inscrever! Aqui eu também sou uma prisioneira, e não tenho nada, mas *eu* me inscrevi.

— De acordo com qual artigo você foi sentenciada, cidadã? — alguém perguntou sarcasticamente.

— Artigo 35. Roubo e prostituição. Sou um elemento próximo das massas.

— Você não vai morrer aqui, garota, vai ganhar dinheiro — murmurou alguém na multidão.

— Ela sempre vai ter o suficiente para fiança e pó facial — acrescentou outro.

241

— Homens, vocês não deviam me insultar. Deviam ter consciência — ela replicou, sem parecer nem um pouco ofendida.

— Camaradas! — interferiu o homem jovem com voz autoritária. Todos aqui têm de provar sua lealdade. Aqueles que não querem se inscrever para o empréstimo, e principalmente aqueles que se manifestam contra o empréstimo, como se vê aqui, são inimigos inveterados do governo soviético, que não desejam se submeter à correção. Medidas específicas são tomadas contra esses inimigos aqui. Eu recomendo que se comprometam com o empréstimo.

Para nossa grande surpresa, um dos prisioneiros que haviam chegado conosco caminhou até a garota, pegou das mãos dela a folha de papel pautada e registrou seu nome com 50 rublos — uma quantia enorme para um prisioneiro.

— Vejam! — ela exclamou triunfante. — Vejam como é consciente esse camarada!

A esse homem seguiram-se um segundo, um terceiro e um quarto. Então os mendigos fizeram fila; eles hesitavam, suspiravam, mas por fim se inscreviam, alguns com 10 rublos, outros com 15. O jovem e a garota estavam trabalhando sem parar.

— Onde é que vai conseguir tanto dinheiro? — perguntei ao primeiro homem que assinou a lista.

— Bem, foi a exata quantidade de dinheiro que eles tiraram de mim. Deixe que usem para o financiamento. É dinheiro perdido, de qualquer modo.

— Eu não estou gostando nada disso — meu vizinho disse em voz baixa. — Veja, todos estão assinando. Assim nós vamos ser os únicos classificados como inimigos do governo soviético.

— Por mim eles podem ir para o inferno — ralhei. — Eles não vão aumentar nossa pena só porque não assinamos. Que cenário tão tocante! Prisioneiros, condenados, contrarrevolucionários incorrigíveis, famintos, imundos e degradados, mas ardentemente entusiasmados com a construção da pátria socialista. Vamos tentar descobrir o que o N. foi fazer lá. Ele não tem um copeque, mas se comprometeu com uma quantia de 25 rublos.

— Está esperando alguma herança? Acabou de jogar 25 rublos no lixo — eu disse discretamente a N.

— E o que mais eu posso fazer? Todo mundo está assinando. Malditos dos infernos! Querem consciência e redenção, então vou dar isso a eles!

— Mas como vai pagar isso?

"BEM-VINDO À PRISÃO DE SOLOVKI"

— Não tenho a menor ideia! Não me resta uma moedinha, e não tenho ninguém pra me mandar nem um copeque, por isso posso assinar sem preocupação. O que é que podem tirar de mim? Minha cueca?

Mais da metade dos prisioneiros assinou a lista. Apenas os camponeses e um pequeno grupo de intelectuais se recusaram obstinadamente a fazer isso.

— Não faz diferença, camaradas, vocês vão assinar! — avisou sarcasticamente o jovem que acompanhava a mulher. — Assim que forem levados para o trabalho vocês darão o primeiro prêmio em dinheiro que receberem.

— Que ótimo. Primeiro vamos convencê-los a dar, depois vamos tomar deles. E nós não temos nada.

Depois que os dois se foram, um barbeiro apareceu, vestiu um avental imundo e colocou suas ferramentas no peitoril sujo da janela.

— Quem quiser cortar o cabelo ou fazer a barba, a um preço reduzido, aproxime-se. Façam fila!

Todos estavam desfigurados, por isso muitos aceitaram. Sem dúvida esse barbeiro pagaria uma comissão àqueles que nos haviam maltratado na casa de banho — todos os barbeiros do campo eram criminosos, e eram fortemente organizados. Ele deu início à sua tarefa, trabalhando rapidamente e com vigor. Seu preço variava de pessoa para pessoa; para alguns, 1 rublo, para outros, 50 copeques. No meio de seu trabalho, quando o homem havia acabado de barbear um lado do rosto de um prisioneiro, o comandante do pelotão entrou e gritou para ele:

— Vá falar com o comandante da companhia! Ele quer ser barbeado.

O barbeiro recolheu suas coisas e desapareceu.

E assim terminou o nosso primeiro dia na prisão de Solovki. Eu não me esquecerei da placa sobre os portões: "BEM-VINDO".

CAPÍTULO 34

TRABALHOS FORÇADOS: MADEIRA

Nós permanecemos na Companhia de Quarentena por duas semanas, com poucas coisas para fazer e sofrendo duramente de frio e de fome. Por vezes nos mandavam carregar troncos em pequenos carros de mão. Outros homens carregavam a madeira pelo cais e a armazenavam dentro de navios estrangeiros. Esse procedimento era realizado desde o início da campanha estrangeira contra o uso do trabalho de condenados no negócio de madeira. Os prisioneiros eram mantidos fora da vista dos estrangeiros e, assim, embora a madeira fosse cortada e preparada por condenados, todo o trabalho no cais e nos navios era realizado por trabalhadores contratados. Nessa época a "mão de obra livre" era escassa, por isso os atrasos no carregamento eram comuns.

Quando o prazo da quarentena chegou ao fim, fomos transferidos para outros alojamentos que externamente pareciam melhores que os de quarentena, mas do lado de dentro diferiam pouco do primeiro: eram igualmente imundos, frios, apinhados e repletos de percevejos. A única diferença era um enorme letreiro estendido ao longo dos alojamentos com os dizeres: "*Trabalho sem beleza e sem arte é barbarismo*". Esse letreiro foi resultado da atividade do Departamento "Cultural-Educacional". Confusos, os camponeses tentavam decifrar esse estranho lema por sílabas. "Barbarismo? O que é isso, camarada? Talvez você saiba", eles perguntavam.

Agora tínhamos permissão para caminhar dentro do terreno do campo e conhecer prisioneiros de outras companhias, tanto os recém-chegados, como nós mesmos, até veteranos que já estavam no campo de concentração havia vários anos. Esses veteranos eram em sua maioria camponeses que tinham trabalhado com madeira em campos de concentração, até que foram rapidamente afastados dessa tarefa em razão da iminente chegada de uma

NOS CAMPOS DE CONCENTRAÇÃO SOVIÉTICOS

Comissão Americana que iria investigar se de fato existiam campos de trabalhos forçados ligados ao comércio madeireiro.

Na preparação para essa visita, todos os campos ligados à atividade madeireira foram desmontados em poucos dias, os alojamentos de prisioneiros colocados abaixo, e os próprios prisioneiros agrupados nos pontos de distribuição. Esses camponeses nos descreveram vividamente o pânico e a correria envolvidos nesse desmonte. Um mensageiro especial cavalgava apressadamente para chegar a campos distantes no meio da floresta selvagem, entregava sua mensagem ao chefe de um campo e saía galopando até o próximo campo. As ordens eram: interromper o trabalho, derrubar os alojamentos, destruir tudo o que pudesse ser destruído. Receberam atenção especial as celas punitivas (com sua situação calamitosa), as torres de guarda e as cercas de arame farpado. Nos alojamentos construídos com toras — difíceis de destruir em cima da hora —, todas as inscrições feitas por prisioneiros, todas as ordens e letreiros foram apagados ou removidos. Tudo o que podia ser queimado teve esse fim. Um agente especial do GPU fez visitas de inspeção a fim de garantir que não passasse despercebido nenhum sinal que pudesse indicar que prisioneiros (e não madeireiros) haviam trabalhado ali. Assim, dia e noite prisioneiros foram conduzidos pela floresta até a via férrea. O tumulto e o pânico foram tão grandes que muitos acreditaram que a guerra havia sido declarada e que todos estavam sendo removidos para além da fronteira.

Se um trem aparecesse na distância enquanto os agentes do GPU conduzissem um enorme ajuntamento de prisioneiros ao longo das estradas de ferro, esses prisioneiros eram obrigados a deitar-se no pântano, na neve, e a permanecer assim escondidos até que o trem passasse. O GPU temia que alguém pudesse vê-los das janelas.

Depois dessa retirada, os prisioneiros foram dispersados por diversos pontos de distribuição, onde se debilitaram devido às rações mirradas.

— Para nós era melhor trabalhar nas florestas — eles nos disseram. — Recebíamos 1 quilo de pão lá, e aqui recebemos só 300 gramas. A *kasha* também era mais encorpada. Aqui a única coisa que nos resta é morrer de fome.

— Mas o que nos faz uma grande falta é o tabaco que recebíamos como prêmio — outro acrescentou. — Não era muito, mas ainda assim eram quatro pacotes de 50 gramas cada um por mês. Talvez seja mais fácil passar sem pão do que sem fumar.

— O tabaco é caro aqui — disse outro. — Três rublos por 125 gramas. E 3 rublos é prêmio pago por um mês inteiro. E aqui nem isso nós temos.

TRABALHOS FORÇADOS: MADEIRA

Nós, os novatos, fizemos uma pergunta:

— É verdade que nos campos de trabalho madeireiros eles distribuem "tarefas" que ninguém pode cumprir e que isso significa a morte?

— Não, meu caro, esse perigo agora não existe mais. Espancamento não é mais permitido; eles pararam com isso um ano atrás. Já ouviu falar em Kourilko? Quando ele operava aqui na Ilha Popoff, quanta gente ele não aterrorizou e matou! Está fazendo um ano que ele foi morto. Sorte sua ter chegado aqui depois que ele se foi.

— Mas o que acontecia aqui antes?

— O que acontecia? Bom, posso contar a vocês, mas não aqui. Vamos para outro lugar.

Encontramos um lugar sob a luz do sol e protegido do vento. Camponeses eram pessoas objetivas, francas; podia-se falar com eles sem receio.

— Nós chegamos à Ilha de Popoff em 1929, na época em que Kourilko estava por aqui. Fomos trazidos de trem. Ficamos todos esperando no vagão, segurando nossos pacotes, nossos sacos. Alguns tinham bagagem nas costas. Ouvimos a ordem: "Saiam do vagão um por um!". O primeiro prisioneiro saiu. O degrau é alto em relação ao chão, você sabe. Dois guardas estavam parados logo abaixo. Quando ele estava pronto para pular no chão, eles gritaram: "Pare! Você usa uma cruz?". Ele ficou com medo de dizer a eles que usava. "Não, eu não tenho cruz", respondeu. "Vamos lá, pule." O prisioneiro pulou, e eles começaram a bater na cabeça dele com os punhos cerrados. Ele simplesmente caiu. — "Isso é o que você ganha por não usar uma cruz! Próximo!" O prisioneiro seguinte se apresentou. Ele viu o que havia acontecido com o anterior e estava bastante assustado. "Você usa uma cruz?" "Sim", ele respondeu. "Pule!" E eles bateram nesse prisioneiro também, dizendo: "Isso é o que você ganha por usar uma cruz!". O terceiro não respondeu nada e apanhou por ter ficado em silêncio. Todo o agrupamento de prisioneiros teve o mesmo tratamento. Então fomos levados para dentro do lugar cercado de arame farpado; e vocês nem imaginam o que fizeram com a gente lá!

Um camponês mais velho quis falar também:

— Vou contar a vocês como fomos levados à floresta para trabalhar. Era inverno. Estávamos a pé. Tínhamos de levar nossas próprias coisas e arrastar trenós com provisões e com as coisas dos membros da guarda. É difícil caminhar na neve macia e funda. Nós todos estávamos famintos; nossas forças começaram a minguar. Estávamos deixando nossos pertences pelo caminho; muitos descartaram até suas roupas. Os guardas apanhavam essas coisas e as colocavam nos trenós, e as dividiam entre si. Quando chegamos ao nosso destino dentro da floresta, eles nos mandaram pisotear a neve para abaixá-la. Fomos dispostos em fileiras e nos ordenaram que limpássemos as estradas que levavam ao campo e um lugar para erguermos o alojamento. A neve, como vocês sabem, chega até a cintura e às vezes pode alcançar o peito. Os guardas tinham uma barraca para passar a noite, mas nós dormíamos no lugar em que estávamos, bem debaixo das árvores. Cortávamos madeira para aqueles guardas e preparávamos o jantar deles. Então construímos alojamentos para eles, mas dormíamos na neve, debaixo de galhos. Depois construímos a cela punitiva, onde nós seríamos trancafiados para morrer, e mais tarde um armazém. Quando todas essas tarefas foram concluídas, tivemos permissão para erguer nossos alojamentos usando árvores finas. Não tínhamos chão. Nem é possível estimar quantos de nós morreram congelados ou derrubando árvores e erguendo o campo.

— E como é trabalhar nas florestas? — perguntamos com apreensão.

— O trabalho na floresta é concedido por tarefa a dois homens que trabalham juntos. A tarefa inteira é o que chamamos de 100 por cento. Um especialista determina que porcentagem cada árvore representa. Onde as árvores são compactas, menos árvores são necessárias para compor uma tarefa; onde elas são finas, um maior número delas é necessário. Em resumo: as tarefas **eram definidas** com tamanho grau de dificuldade que dois madeireiros experientes mal conseguiam cumpri-las em catorze ou dezesseis horas de trabalho duro.

— E aqueles que não podiam cumprir as tarefas?

— Eles não recebiam alimento nem tinham permissão para retornar aos alojamentos. E também eram espancados.

— Bem, e o que acontecia a eles?

— À mercê do frio e da fome, como pode um homem trabalhar? Para quem não conseguisse continuar trabalhando, a única coisa que restava era morrer. De qualquer maneira, o homem seria surrado ou, se fosse inverno, colocado nu num tronco de árvore para penar no frio congelante. No verão, seria deixado ao relento, sem roupa, amarrado a uma árvore e com as mãos atadas, à mercê dos mosquitos. Um cervo não consegue suportar os mosquitos e foge para a praia onde há vento... Como um homem conseguiria?

— Eles morreram?

— Mas é claro que morreram. Muitos também morreram nas "celas do grito". É assim que chamamos as celas de punição. Eles chamam, imploram,

TRABALHOS FORÇADOS: MADEIRA

gritam em agonia por algum tempo, antes de morrer, pensando que alguém terá pena deles, então ficam em silêncio e morrem de frio. E que providências os guardas tomam? "Que morram, não servem pra nada mesmo", eles dizem. A verdade é que somente os mais fortes sobrevivem. Quem desagradasse a algum guarda já poderia se considerar um homem morto. Os guardas tinham o próprio modo de fazer isso; eles mandavam que o homem fosse buscar lenha na floresta, a uma distância de cerca de 30 metros, digamos. Negar-se a cumprir a ordem significava a morte. Então, quando o homem saía, o guarda deixava que caminhasse uns 15 metros, fazia pontaria e disparava: fim da história. Depois era só preparar um relatório alegando que o prisioneiro foi alvejado quando tentava escapar.

A companhia se separou. Fiquei para trás a fim de ouvir um camponês da Ucrânia.

— Vou lhe contar como foi que meu camarada morreu. Já se passaram dois anos desde que aconteceu, mas quando eu penso nisso meus olhos se enchem de lágrimas, mesmo depois de ter visto tudo o que já vi aqui. Ele era um sujeito jovem e vivia segundo as leis do Sabbath. As pessoas da religião dele acreditam que é um grande pecado realizar qualquer tipo de trabalho no Sabbath: sábado. Ele era o melhor trabalhador do campo; ninguém se comparava a ele. Era tremendamente forte e um trabalhador incansável, muito quieto e obediente. Nunca disse uma obscenidade sequer, nem mesmo uma palavra rude. Fazia tudo o que lhe era ordenado, exceto trabalhar no sábado: ele se recusava terminantemente a fazer isso. Executava sua tarefa de sábado nos outros dias da semana, aumentando sua cota diária. A administração do campo tentou em vão obrigá-lo a trabalhar aos sábados; ele foi espancado inúmeras vezes, até que finalmente resolveram deixá-lo em paz. E por algum tempo as coisas permaneceram assim. Então um novo chefe chegou ao nosso campo. Ele percebeu que aos sábados esse meu colega cruzava os braços. "Por que não está trabalhando?" "Não posso, minha fé não permite. Vou cumprir minha tarefa, mas não no sábado." "Ah, você não pode?! Eu já vou mostrar sua fé!" E bateu nele com força. "Vai trabalhar?" "Não posso", ele respondeu. E o chefe bateu nele mais uma vez. Corria sangue pelo rosto dele, mas a surra continuou. "Vai trabalhar agora?" "Não posso trabalhar hoje." "Não pode?" Ele chamou um guarda e trocou algumas palavras com ele. O guarda apoiou o rifle no ombro e apontou para meu camarada. "Vai trabalhar?" "Não posso; se eu tiver de morrer pela minha fé, que seja!" O chefe disse algo ao guarda. O guarda atirou. Meu camarada gemeu e caiu. Ele ainda estava vivo, depois de receber uma bala no peito. O chefe se aproximou dele. "Vai trabalhar?", e chutou-lhe o rosto com sua bota. Eu corri até meu camarada e implorei a ele que obedecesse, que pelo menos segurasse uma serra nas mãos só para fingir que trabalhava. "Faça isso, pelo amor de Deus!", implorei. "Se não fizer, eles o matarão." Mas de que adianta falar de trabalho com um homem que está morrendo? Ele se levantou, olhou para mim e desabou no chão com o rosto virado para a neve. Eles o chutaram várias e **várias vezes** e depois o deixaram lá. Após o trabalho nos deram permissão **para enterrá-lo.**

O camponês da Ucrânia contou-me isso sem **pressa, tristemente,** sem indignação nem ressentimento, como eles todos faziam. Quantas histórias desse tipo eu já ouvi, principalmente de camponeses e de pescadores com os quais eu tive de conviver e trabalhar, e elas sempre foram contadas não apenas como narrativas de vidas humanas individuais, mas como revelações de um destino implacável que estava exterminando a humanidade.

CAPÍTULO 35

O SÍMBOLO DO ELEFANTE

Em seu discurso de "boas-vindas", o comandante da nossa companhia falou longamente sobre a mudança de política nos campos do GPU desde a primavera de 1930. Uma comissão especial enviada de Moscou ao campo de Solovetzki realmente declarou que a destruição de prisioneiros, levada a efeito sistematicamente por muitos anos, e agora — estava implícito — descoberta pela primeira vez pelo GPU, devia-se às ações irresponsáveis dos agentes de campo recrutados das fileiras de prisioneiros.

Cinquenta supervisores, guardas e outros agentes de campo, incluindo Kourilko, da Ilha Popoff, famoso por sua crueldade, foram sumariamente executados. Vários gepeístas assalariados foram transferidos para outros campos, mas muitos carrascos ainda conseguiram conservar seus cargos. Nesse caso, como sempre, líderes do GPU não receberam punição por seus atos.

Houve uma mudança, contudo. Os antigos Campos de Designação Especial deviam agora denominar-se Campos Corretivos de Trabalho Solovetzki e Kem. A forma abreviada desse novo nome (em russo) era impronunciável, motivo pelo qual o antigo nome abreviado (OOSLON) continuou a ser empregado regularmente, e o símbolo e a marca registrada dos campos — um elefante — mantiveram-se inalterados.

Punições tais como redução de ração, confinamento solitário ou a morte deviam agora ser impostas apenas de acordo com a decisão de autoridades superiores que não tinham contato direto com prisioneiros. Os julgamentos de prisioneiros tinham de ser anunciados na ordem do dia. Desse modo, a vida do prisioneiro tornou-se um pouco menos terrível.

Evidentemente, o motivo oculto para essa mudança abrupta na política foi o tremendo ingresso de prisioneiros em 1930, que aconteceu como resultado do fracasso, a essa altura já bem evidente, da *Piatiletka* na indústria e na agricultura. Não eram mais dezenas de milhares, mas sim centenas de milhares de "sabotadores", "*kulaks*" e "*sub-kulaks*" que se encontravam em campos de condenados.

Era totalmente impossível, até mesmo sob o regime soviético, manter tais hordas de prisioneiros escondidas em ilhas isoladas do Mar Branco e nas florestas da Carélia, tratando-os como se fossem lixo, sem que notícias a respeito disso vazassem e se espalhassem. A publicidade "indesejável", em 1929 e 1930, ia parar no exterior. Particularmente infeliz para o GPU foi o testemunho dado sob juramento pelo estudante de medicina Malisheff, que havia escapado do campo de Solovetzki. A campanha estrangeira contra trabalhos forçados em campos madeireiros estava prejudicando a atividade básica do campo, a qual trouxe a moeda estrangeira indispensável para o GPU em seu trabalho no estrangeiro.

A contra-agitação soviética, assim como o filme *Solovki* — extremamente enganoso — e alguns artigos em jornais soviéticos, nos quais a prisão de Solovki era mostrada como uma estação de férias, não tivera êxito. Prosseguir com a destruição de prisioneiros por trás de um disfarce tão ruim havia se tornado impossível.

Por fim, o aniquilamento de prisioneiros acabou por se mostrar comercialmente desvantajoso. Por que destruir uma força de trabalho — muitas vezes qualificada ao extremo — que poderia gerar lucro? Assim sendo, de 1930 em diante os campos de concentração foram transformados num formidável empreendimento de trabalho escravo do GPU. Nos dias de hoje, o GPU já não tenta mais esconder a existência de trabalho forçado, e partiu para a ofensiva: deu aos seus campos a imagem de instituições corretivas para criminosos perigosos, e faz ampla propaganda dessas instituições, do trabalho educacional que é realizado nelas e dos resultados das atividades dos seus alunos. Escritores soviéticos, tais como Gorki e Alexis Tolstoy, estão agora sob as ordens do GPU e escrevem novelas e comédias nas quais exaltam as virtudes do trabalho forçado. Enquanto isso, escondido sob toda essa encenação, o GPU segue trabalhando discretamente e obtém lucros enormes com seu tráfico de escravos.

Esse novo sistema, cujas características econômicas eu descreverei depois mais detalhadamente, trouxe uma clara mudança no tratamento inicial aos prisioneiros — como nós já tínhamos percebido. Foi decretado que o piolho deveria desaparecer (isso explicava o corte de cabelo, a raspagem de pelos e a desinfecção das nossas coisas). Não mais haveria a "cela do piolho",

O SÍMBOLO DO ELEFANTE

nem nas prisões nem nos campos; era o fim dessa arma tão poderosa usada por interrogadores e autoridades dos campos de concentração para liquidar prisioneiros. Epidemias de tifo — causadas pelo piolho — nunca cessavam; morriam milhares de vítimas. Agora, após o tratamento num dos "pontos de distribuição", se um único piolho fosse encontrado em um prisioneiro quando ele passasse por exame médico mais tarde, o médico do ponto de distribuição teria de enfrentar trinta dias numa cela de punição. Não deveria haver mais epidemia — isso poderia atrapalhar o desempenho dos prisioneiros e impedir que rendessem o máximo no trabalho.

Uma repartição especial, também composta de prisioneiros, encarregava-se do registro de prisioneiros recém-chegados ao ponto de distribuição. Fichas individuais eram preenchidas para cada prisioneiro, mostrando suas qualificações especiais e o trabalho ao qual ele poderia ser destinado. Depois de preenchidas, essas fichas eram enviadas ao escritório da administração central dos campos, que também recebia todas as solicitações de mão de obra das várias seções de um campo.

Em seguida, realizava-se o exame médico dos prisioneiros, com o objetivo de determinar a capacidade física deles para o trabalho. Em 1931-1932 todos eram divididos em três grupos: o primeiro grupo compunha-se de homens aptos a qualquer trabalho braçal; o segundo, de homens aptos a trabalhos mais leves; e o terceiro relacionava homens incapazes de realizar trabalho pesado. Essa classificação era alterada de tempos em tempos; existiu certa vez o grupo dos que não podiam caminhar sem ajuda. Os prisioneiros do primeiro grupo eram usados em campos madeireiros, na construção de estradas, na recuperação de terras, em operações de embarque e desembarque, no setor de pesca, e assim por diante. Os que integravam o segundo grupo eram designados para os mesmos tipos de trabalho, mas em funções mais leves, e os do terceiro grupo eram colocados para trabalhar como sentinelas, faxineiros, escriturários etc.

Alguns prisioneiros chegam em condições tão ruins que nem mesmo podiam se sentar. Isso aconteceu com o professor Farmanoff, que antes de ser preso, em 1930, ministrava um curso de ictiologia no Instituto de Agricultura de Petrovski. Com 70 anos, o professor tinha paralisia em ambas as pernas. Foi preciso carregá-lo numa maca da prisão até o trem, e do trem até o hospital do campo, onde ele ainda se encontrava — incapaz de se sentar em sua cama — durante os anos 1931-1932. Ele ainda estava lá quando eu escapei. É horrível pensar em seu destino sombrio e sem esperança.

253

Como regra geral, todos os prisioneiros incluídos no primeiro grupo são enviados ao trabalho braçal: exceções são feitas apenas para os especialistas cujos serviços são importantes para o GPU; contudo, esses especialistas permanecem sob o risco constante de serem enviados de volta ao "trabalho regular" caso seu conhecimento específico não seja mais necessário, ou se houver escassez de mão de obra, ou como punição por desobediência ou por algum erro cometido. Pessoas instruídas do segundo grupo e principalmente do terceiro são em geral enviadas a vários departamentos administrativos do campo para trabalhar como secretários, contadores, estatísticos etc. Padres, contudo, formam uma classe especial: segundo instruções categóricas do GPU, eles são enviados apenas para trabalho braçal pesado ou, em casos de completa incapacidade, são designados como guardas noturnos. Pessoas cujas especialidades não tenham valor prático para o GPU — por exemplo, historiadores, arqueólogos e homens de letras — são as que enfrentam as maiores dificuldades para encontrar tarefas adequadas.

Médicos — que também são prisioneiros sob rígida supervisão dos agentes do GPU — são avisados com antecipação a respeito da porcentagem de novatos que eles têm a permissão de considerar incapazes para o trabalho. E esses médicos não se atrevem a desobedecer. Levando-se em conta a condição em que se encontram os homens que chegam aos campos depois da passagem pela prisão e da viagem, nenhuma comissão médica decente seria capaz de considerar um único homem saudável e realmente apto para o trabalho manual pesado. Mas o dilema de médicos e prisioneiros é agravado quando há escassez de mão de obra no GPU, como a que ocorreu no verão e no outono de 1931, quando teve início a construção do Canal Mar Branco—Mar Báltico. As condições eram pavorosas; os prisioneiros trabalhavam em pântanos, em florestas, sem alojamentos, vestindo farrapos. O número de baixas era inacreditável. De modo a providenciar a reposição de trabalhadores exigida, mandaram reexaminar os integrantes do segundo e do terceiro grupos — e todos aqueles com menos de 50 anos e que tivessem pernas e braços foram transferidos para o primeiro grupo e enviados para cavar o canal. Os que fazem parte do primeiro grupo nunca são examinados; um homem fica nele até cair desmaiado.

Depois dessa classificação preliminar, os prisioneiros eram distribuídos entre os vários departamentos do campo, conforme exigido pelas requisições. A maioria deles partia para o trabalho com uma vaga esperança de que a vida se tornaria um pouco mais fácil; apenas os destacamentos levados

O SÍMBOLO DO ELEFANTE

para as ilhas Solovetzki permaneceram apreensivos. Esses homens malfadados sabiam que carregavam a fama de serem prisioneiros particularmente perigosos e, portanto, tinham poucas chances de "anistia" ou de redução, por menor que fosse, em suas penas. Além disso, era apavorante o extremo isolamento das Ilhas Solovetzki, sobretudo no inverno, quando o contato com o continente era mantido apenas por viagens ocasionais dos aviões do GPU.

Médicos e atores eram sempre os primeiros a ser "distribuídos" — individualmente, com frequência no dia de sua chegada, com total descaso para com as exigências de quarentena, simplesmente porque, antes de mais nada, estavam à disposição dos agentes contratados do GPU. As mulheres e as amantes desses gepeístas solicitavam constantemente cuidados médicos, para si próprias e para suas crianças, dos médicos mais qualificados, cuja "chegada" era sempre conhecida previamente. Atores e atrizes eram aguardados com não menos impaciência. Um teatro, com pequenas companhias de ópera, de comédia musical e de drama, é vinculado aos centros de operações do campo, e segue esses centros de operações quando eles são transferidos de um lugar para outro. O ator Ksendzovski, ex-diretor da Comédia Musical de Petersburgo, foi o protagonista nesse teatro a certa altura.

Infelizmente eu nunca tive a chance de visitar esse peculiar teatro escravo, mas às vezes chegavam ao meu conhecimento notícias relacionadas a ele, e no dia a dia eu observei o declínio de uma jovem e linda atriz que, sob as condições de vida no campo, rapidamente perdeu a voz, abandonou o teatro e acabou num cargo administrativo; e era obrigada a passar um dia inteiro, até as 11 da noite, em meio à atmosfera fumarenta dos escritórios administrativos.

Em seguida, depois dos médicos e atores, os engenheiros e técnicos eram escolhidos — agrônomos, especialistas em madeira, contadores. O restante de nós ansiava por ouvir informações a respeito das atividades no campo, na esperança de que aparecesse algum trabalho relacionado à nossa área.

Conversando com veteranos que retornavam dos campos madeireiros, eu soube que todo um departamento de indústria de pesca estava incluído na organização do campo, e que as áreas de pesca se localizavam em lugares pouco habitados ao longo da costa ocidental do Mar Branco.

Eu conhecia aquela região, e imaginei que, se tivesse a chance de ir trabalhar lá como especialista, daria meu primeiro passo na direção do meu objetivo — fugir. Por enquanto, tudo o que eu podia fazer era colocar na minha ficha de registro informações sobre mim mesmo que pudessem chamar atenção dos administradores do departamento de pesca, levando- -os a acreditar que meu trabalho seria de real valor para eles. E eu tive êxito nessa manobra. Apenas um mês depois, trabalhadores do Departamento de Registro, também prisioneiros, disseram-me em segredo que a Administração de pescas em Kem havia requisitado meus serviços como especialista científico.

CAPÍTULO 36

VEGUERASHKA

Especialista ou não, a verdade era que, como condenado, eu tinha de me reportar aos meus novos chefes. Usando roupas da prisão — camisa de algodão surrada, calça e boné também surrados, casaco puído do Exército, sapatos velhos —, eu marchava pela lama até a Estrada de Ferro da Ilha de Popoff, tendo ao meu lado um guarda armado. A chuva forte me encharcava, mas eu nem ligava para isso. Embora eu fosse um condenado, a fortuna começava a sorrir para mim.

O guarda se sentou ao meu lado no vagão, mantendo seu rifle entre os joelhos. Havia muitos passageiros: trabalhadores das serrarias, camponeses, mulheres e crianças, pessoas livres que estavam entabulando conversas casuais sobre a vida cotidiana. Fazia muito tempo que eu não via crianças. Queria muito conversar com um garotinho de cabelos claros que se sentava diante de mim e me examinava furtivamente, mas eu não podia — "comunicação ilegal com pessoas livres" era algo que me mandaria direto para a cela de punição.

Pela janela aberta eu podia ver pântanos e florestas pouco densas, mas nem um único ser humano — uma triste e sombria paisagem. Ponderei minhas chances de escapar do trem: talvez fosse possível pular dele enquanto estivesse em movimento... Provavelmente o guarda não me perseguiria... Ele atiraria, mas o movimento do trem prejudicaria sua pontaria. A floresta próxima não era nada farta, mas ainda assim forneceria cobertura suficiente... Nesse momento percebi uma estrada ao longo da via férrea, e um homem montado a cavalo, com um rifle, seguindo nosso trem. Quando paramos, ele nos ultrapassou e seguiu adiante lentamente; quando passamos por ele, ele iniciou um galope, ficou para trás e depois nos alcançou na próxima parada. Esse homem estava fazendo isso por algum motivo, sem dúvida: ele poderia facilmente detectar um fugitivo e capturá-lo ou atirar nele. "Não", eu pensei, "Preciso ser mais cauteloso. Eles não são tão descuidados."

Na última parada antes de chegarmos a Kem, meu guarda ordenou, contrariado:

— Vamos andando. Saia!

Nós estávamos a caminho de Veguerashka.

A 2 quilômetros na direção oeste, no litoral do golfo, situava-se a modesta e cinzenta cidadezinha de Kem; a leste ficava uma divisão do campo de Solovetzki: Veguerashka, construída em 1930. Depois da transferência da administração do campo das Ilhas Solovetzki para Kem, Veguerashka ganhou a atenção do alto-comando, e dizia-se que os prisioneiros aqui viviam em melhores condições que em outros lugares.

Veguerashka se estende ao longo da margem esquerda do Rio Kem; pelo lado de terra é circundada por uma cerca de arame farpado alta, e conta com torres de vigia para sentinelas. Do lado de dentro da cerca há alojamentos de dois andares feitos de toras para os prisioneiros, construídos com uma certa pretensão de estilo. As armações das janelas são bastante largas, mas dispostas em amplos intervalos e cobertas por um trabalho em treliça fechada. (Em 1930 teria sido impossível obter painéis de vidro de tamanho considerável.) Os caminhos que levam aos alojamentos são lamacentos, e as construções situam-se em terreno pantanoso. Estreitos passadiços de madeira estendem-se ao longo dos alojamentos. Mais perto da margem do rio, muitas outras edificações foram erguidas sem nenhum sistema — a cozinha, a casa de banho, dois armazéns, a gráfica, a padaria, a central elétrica e o hospital.

Alguns prisioneiros usando uniforme cinza estavam num local visível no passadiço perto das edificações, vagando ao acaso e em passo lento; eles eram os doentes, os que haviam sido liberados do trabalho. Viam-se também outros homens que tinham acabado de chegar de outros campos e ainda não haviam sido designados para nenhum trabalho. A construção mais próxima da entrada eram os alojamentos femininos; prisioneiras políticas e criminosas eram colocadas ali juntas — idosas instruídas e refinadas, esposas de professores, mulheres jovens, estudantes, freiras, camponesas, ciganas que, mesmo presas, ainda exibiam atitude arrogante e, mais extravagantes ainda, as representantes do submundo de Leningrado.

Eu fui encaminhado aos alojamentos da 3ª Companhia, considerados os melhores e mais limpos. Eram ocupados exclusivamente por homens instruídos: médicos, engenheiros, agrônomos, técnicos, contadores, e assim por diante, todos com cargos de responsabilidade nos vários departamentos da administração do campo. Porém esses alojamentos não eram muito diferentes dos da Ilha Popoff; tinham a mesma sujeira e gente amontoada — mil homens, 500 em cada área, em bancadas duplas.

Cada prisioneiro tinha os mesmos 50 centímetros de tábua de madeira sobre a qual dormir, comer e passar todo o seu tempo livre durante os longos anos de sua absoluta miséria. A iluminação era fraca — poucas lâmpadas elétricas sem anteparo fixadas no teto, ligadas a noite inteira e ofuscando aqueles que dormiam nas bancadas superiores, enquanto os que ocupavam as bancadas inferiores estavam sempre na escuridão.

Depois de dez meses de prisão eu havia me tornado mais duro e capaz de suportar tudo, ou pelo menos pensava assim. Mas nesse campo o mau cheiro era abominável, insuportável. As latrinas para mil homens ficavam dentro da construção e não havia água corrente. Todas as noites elas transbordavam, e nós literalmente sufocávamos. Homens gemiam e se sacudiam durante o sono; eu tinha ataques intensos de náusea, e, em busca de um pouco de ar fresco, passava com cautela pelos guardas que cochilavam e ia até a escadaria e tentava permanecer lá a noite inteira, encostando-me o mais que podia à parede para evitar que me vissem.

A rotina diária começava às 7. Mil homens banhando-se num lavatório sem sabão nem toalhas, durante meia hora, e depois passando ao pátio, onde se formava a fila para as rações — sob chuva ou sob neve. *Kasha* de cereal cozido ou de cevada e pão — a ração básica — eram distribuídos de acordo com os "grupos" aos quais os prisioneiros pertenciam. Primeiro grupo, 800 gramas; segundo grupo — incluindo os especialistas em produção —, 500 gramas; os demais, 400 gramas. O primeiro grupo — trabalhadores braçais — recebia algumas gotas de óleo vegetal em sua *kasha*. Aqueles que possuíam uma chaleira podiam receber um pouco de água quente. Todos se apressavam devido ao longo procedimento que tinha lugar antes que alguém pudesse sair para trabalhar fora do campo. Primeiro era preciso obter um "livro de trabalho" do comandante da companhia nos alojamentos, e depois esse livro tinha de ser apresentado à administração central, que emitia uma permissão para que os homens saíssem do campo. Aqueles que recebiam seus livros e permissões eram enfileirados no passadiço e levados até os portões, onde a sentinela contava os prisioneiros e checava as permissões. Do lado de fora da cerca de arame os prisioneiros eram colocados em fila novamente, e então conduzidos sob escolta aos seus locais de trabalho. Às 8 horas todos já deveriam ter partido, e às 9 todos os prisioneiros tinham de estar em seus postos nas muitas instituições do campo espalhadas por toda a cidade de Kem.

Alguns dos guardas eram severos demais no cumprimento do seu serviço e exigiam que nos mantivéssemos em formação militar; mas nossos calçados estavam em petição de miséria e muitos prisioneiros se arrastavam pela lama pegajosa no limite de suas forças.

— Não saiam do alinhamento! — o comandante do pelotão de guarda gritava, fazendo-nos parar para nos colocar em linha. — Ou vocês vão ficar aqui até cair a noite!

— E daí? — alguém gritava nas fileiras. — Temos bastante tempo de pena para cumprir ainda!

Então o guarda tratava de identificar rapidamente os autores dos comentários ofensivos, recolhia cinco ou seis documentos e anotava os nomes — para os transgressores, isso significava de cinco a dez dias fechados em celas de punição.

Na chegada ao local de trabalho havia outras formalidades, e, depois, trabalhava-se o dia inteiro. Às 5 horas havia um intervalo, a formação em fila na rua, a reunião de vários destacamentos e a marcha de 2 quilômetros de volta a Veguerashka, outra chamada e a entrega de documentos antes que os trabalhadores famintos se arrastassem até as janelas da cozinha para uma refeição às 6 — sopa com algumas folhas de couve rançosas e um pequeno pedaço de carne salgada de cavalo ou de camelo e uma colherada do mesmo cereal cozido servido pela manhã. Às 7 era hora de "retirar os documentos" mais uma vez e marchar para o trabalho noturno, que começava às 8 e terminava às 11. Quando retornávamos aos alojamentos já era meia-noite, e nessa ocasião recebíamos outra colherada de *kasha* e água quente, e nos deitávamos em nossas tábuas, torturados pelos percevejos e pelo fedor que estava em toda parte.

Nós mal adormecíamos e a inspeção da noite começava, e, embora não fôssemos obrigados a nos levantar para a chamada, sempre havia erros nas listas e todos eram acordados.

Não havia aquecimento nos alojamentos, a não ser quando os prisioneiros recolhiam entulho para queimar. Não nos forneciam madeira — mesmo em pleno inverno no Extremo Norte.

E assim seguia a vida — e ainda segue para milhares de russos — durante cinco ou dez longos anos de pena de prisão: dias monótonos e sem esperança, e noites turbulentas

CAPÍTULO 37

ADMITIDO PARA O TRABALHO

No meu primeiro dia de serviço comecei trabalhando sozinho. Antes que minha permissão fosse emitida, o grupo ao qual eu pertencia já havia partido para Kem. Eu não consigo descrever quão estranho me pareceu, depois de meses de aprisionamento, caminhar sozinho ao longo de uma rua sem um guarda nos meus calcanhares. Eu tinha cerca de 2 quilômetros para percorrer — uma caminhada de meia hora. Para aproveitar ao máximo minha nova "liberdade", eu caminhava mais rápido, e então mais devagar, e então eu parava. Podia fazer isso quando bem entendesse, segundo minha própria vontade, sem que ninguém me ameaçasse aos gritos atrás de mim. Não foi fácil para mim refrear um desejo constante de olhar para trás para me certificar de que nenhum guarda me seguia. Eu me mantive no meio da rua, pois sabia que se algum agente ou guarda do campo me encontrasse caminhando na calçada em Kem me enviaria para uma cela de punição; mas eu caminhei devagar e cruzei a rua de um lado a outro várias vezes, sem pressa.

O GPU não corria risco nenhum deixando-me sair sem a vigilância de um guarda; eu usava roupas de presidiário, não tinha provisões nem dinheiro. Não apenas a cidade propriamente dita como também todas as estradas ao redor dela estavam repletas de guardas. Como não bastasse isso, minha mulher era prisioneira deles em Shpalernaya, e meu filho estava em Leningrado; se eu escapasse, eles seriam tomados como reféns.

A cidade de Kem não era estranha para mim: eu já havia estado lá no passado, fazendo trabalho experimental no Mar Branco. É um vilarejo de pescadores mais do que uma cidade, e se estende ao longo da margem do rio, com uma estrada pavimentada (construída por prisioneiros em 1928) e pequenas casas de madeira cinzentas. Na parte de cima da cidade, em uma colina, situa-se a linda catedral antiga, erguida no século XVII, agora numa triste condição: a cruz havia caído de uma das cúpulas e uma antena de rádio se projetava da cúpula central.

Na cidade de Kem é que ficava o edifício de pedra ocupado pela Administração do Campo de Solovetzki, construído no tempo da Nova Política Econômica (NPE) e destinado a outros propósitos. O 1º andar, com enormes janelas de vidro laminado, tinha sido ocupado por uma luxuosa loja de departamentos para agentes do GPU, uma barbearia bem equipada e um estúdio de fotografia. Mas o principal motivo de orgulho do GPU era um grande restaurante no 2º andar, com uma sacada para o público e um palco para a orquestra. Nesse local os gepeístas celebravam a vida dia e noite alegremente – havia também recintos privativos à disposição deles. O GPU costumava se gabar de que em nenhum lugar da União Soviética se podia obter comida nem serviço melhores do que ali. Havia uma razão para isso: trabalhavam ali os melhores cozinheiros e confeiteiros, vindos de todas as partes da Rússia. Antigos proprietários de restaurantes famosos trabalhavam como garçons; o erro mais insignificante ou uma simples palavra de insatisfação da parte de algum "cliente" resultava, para os funcionários-escravos, numa pena de confinamento solitário ou na transferência para os campos madeireiros. A orquestra também era excelente – afinal era inteiramente formada por músicos de qualidade.

Os tempos mudaram, a loja foi abolida e a manutenção de um restaurante de luxo para festanças tornou-se incompatível com a nova política geral do partido. O salão do restaurante e as lojas foram divididos em várias celas pequenas, onde especialistas-prisioneiros – amontoados como arenques num barril – elaboravam os planos de produção de Cinco Anos do GPU e geravam lucro de trabalhos forçados. Mas um prédio não podia abrigar o enorme corpo administrativo do GPU. Todas as melhores residências particulares foram confiscadas e marcadas com os símbolos do GPU, compreensíveis apenas para os iniciados.

Meu destino era o setor de pesca, o chamado *Ribprom*, que tinha como centro administrativo uma dessas residências, onde algum camponês rico devia ter morado no passado. Entrei nessa casa. A pequena sala no andar térreo estava cheia de mesas de vários tamanhos e formas, tão próximas umas das outras que mal se podia passar entre elas. Nessas mesas, sentados em banquinhos (cadeiras eram consideradas um luxo desnecessário para

ADMITIDO PARA O TRABALHO

prisioneiros), "especialistas" trabalhavam escrevendo, lendo e calculando. Sobre algumas dessas mesas havia letreiros: "Gerente de escritório", "Contador", "Gerente de produção", e assim por diante. Numa mesinha sentava-se uma jovem, usando vestido de prisioneira, diante de uma máquina de escrever. A sala era barulhenta e o ambiente, tomado por fumaça de tabaco.

Fui recebido com cordialidade pelos especialistas-prisioneiros, meus colegas no novo trabalho, todos professores universitários presos como contrarrevolucionários, e todos malvestidos como eu, usando uma combinação de roupas civis e trajes de prisão. Seus rostos magros e cansados, e especialmente seus semblantes macilentos, eram indicadores claros dos infortúnios pelos quais haviam passado. Eles me fizeram sentar a uma mesa, trouxeram-me uma caneca de água quente, um pedaço de pão preto, alguns pequenos arenques e vários torrões de açúcar.

— Por favor, coma. Fique à vontade. O arenque nós mesmos apanhamos, é das áreas de pesca. Os chefes ainda não chegaram; todos os que estão aqui são gente nossa. Não se preocupe, não há espiões.

Eu recusei o açúcar porque sabia que se tratava de uma iguaria difícil de obter.

— Pode comer! N. recebe isso de casa, vem em pacotes enviados a ele. Nós temos permissão para receber essas coisas aqui; é o que nos mantém vivos. As remessas chegam até nós em segurança. É claro que são censuradas, mas tudo chega intacto, porque no Departamento de Embalagens daqui há apenas presos políticos trabalhando. Gente honesta.

— Eu não tenho ninguém para me enviar pacotes — disse, ainda recusando-me a aceitar o açúcar. — Minha mulher está na prisão, meu filho está sozinho em casa e envia pacotes para a mãe.

Meus novos colegas me explicaram que eu desempenharia ali as funções de um "ictiologista"; e nos "regulamentos" que eles me mostraram eu vi que meus deveres incluíam fazer pesquisa sobre biologia e reprodução dos peixes. O destino sem dúvida estava me favorecendo.

Eram cerca de 10 horas quando o assistente do chefe de seção chegou ao seu "escritório" — em um canto da mesma sala. Duas horas depois ele me chamou. Passei essas duas horas de espera imaginando o que poderia dizer a ele, e decidi que especularia sobre trabalho de pesquisa, porque isso exigiria viagens pelo mar e pela costa, permitindo-me uma liberdade de ação que facilitaria minha fuga. Mas eu tinha de inventar algum objetivo para minha pesquisa que fosse de interesse prático para eles — e só poderia fazer isso

NOS CAMPOS DE CONCENTRAÇÃO SOVIÉTICOS

depois de me familiarizar com suas atividades. A experiência soviética me havia ensinado isso.

Fui chamado para ver o chefe, V. A. Kolossoff. Vou interromper por um momento meu relato para contar o que eu ouvi, ao longo dos anos, sobre ele. Ele era advogado por formação, e após a Revolução obteve o cargo de promotor público em algum lugar no Turquistão – em Tashkent, se não me engano. Um acadêmico sem partido só poderia chegar a tal posto se por meio dos seus atos tivesse mostrado claramente sua lealdade aos bolcheviques. Entretanto em 1928 ele cometeu algum tipo de deslize, envolveu-se em um caso criminal e foi sentenciado por uma Corte (não pelo GPU) a três anos no campo de concentração de Solovetzki e a mais três anos de exílio em uma província distante. Ele chegou ao acampamento durante o período mais terrível, mas acabou sobrevivendo e prosperando graças à sua ligação com um homem.

Nessa época o famoso Frenkel estava despontando para o sucesso, de preso político a gepeísta. Frenkel compreendia muito bem que era impossível sobreviver sob as condições vigentes e apresentou ao chefe dos campos um projeto que poderia transformar uma organização deficitária em uma mina de ouro para o GPU: empregar maciçamente trabalho forçado na produção de madeira e na construção de estradas. O projeto foi aprovado e Frenkel se tornou o líder de todo o processo de produção. Foi sua organização do comércio de exportação de madeira que forneceu ao GPU o dinheiro estrangeiro necessário para o trabalho no exterior. Milhares de prisioneiros foram sacrificados para que a carreira de Frenkel tivesse êxito. Entre seus últimos projetos estão o Canal Mar Branco–Báltico e o Canal Moscou–Volga. Um após outro, membros da Tcheka se sucederam no campo, mas Frenkel sobreviveu a todos eles. Ainda está firmemente estabelecido no poder.

Kolossoff tornou-se secretário particular do poderoso Frenkel, e isso lhe conferiu imunidade. Ele gostava de contar que certa vez, quando ainda era prisioneiro, embebedou-se até perder completamente o controle, atacou um sentinela da guarda, desarmou o homem e depois, com o rifle desse sentinela na mão, subiu até a torre de vigia e lá adormeceu pacificamente. Levado à presença do comandante, ele se gabou, orgulhoso: "Sou o secretário do judeu que manda neste campo". Isso bastou. O bêbado Kolossoff foi cuidadosamente conduzido ao seu endereço em Kem. Esse incidente não lhe rendeu nenhuma consequência desagradável. Na manhã seguinte, quando ele se apresentou ao seu chefe, Frenkel lhe perguntou, rindo: "É verdade que na noite passada, no escritório do comandante, você me chamou de 'judeu que manda neste campo'?". E Kolossoff respondeu: "Eu não me lembro de absolutamente nada do que aconteceu ontem".

No final de sua pena, em vez de ir para o exílio ele preferiu permanecer no campo, como funcionário contratado do GPU. Trouxe sua mulher para morar numa residência em Kem e viveu com bastante conforto, aproveitando todos os privilégios da sua posição — o direito de receber mantimentos variados, o uso de um cavalo, e assim por diante.

No setor de pesca, esse engenhoso e astuto homem estava à frente de toda a produção, planejamento e trabalho comercial, embora não soubesse nada a respeito do negócio. Isso, contudo, não é incomum na União Soviética, onde, por via de regra, o chefe se senta em seu escritório, assina seu nome e participa de reuniões e conferências com planos e cálculos preparados para ele por especialistas, de acordo com cada caso específico. Para ser justo com Kolossoff, é preciso admitir que ele fazia muito bom uso desses materiais, e que, portanto, tinha, entre os chefes do GPU a reputação de executivo eficiente e experiente.

Era esse homem que estava agora diante de mim, confortavelmente estendido em uma poltrona, alisando com ar satisfeito seu bigode grisalho. Ele olhava para minha miserável roupa de prisioneiro, pendurada sobre mim como se fosse um saco, e para os tufos de cabelo na minha cabeça. A expressão satisfeita dele me fez acreditar que a superioridade de sua posição lhe dava genuíno prazer. Mais tarde, porém, constatei que ele não era cruel e que sua atitude para com os especialistas-prisioneiros era bastante decente.

— Bem, como é que vamos usar você? — ele disse. — Eu sei que você é um professor e um estudioso na sua área. Mas a produção é nosso negócio, e eu acho que vamos colocar você no trabalho de produção.

— Infelizmente eu nunca trabalhei diretamente em produção — eu me atrevi a responder. — Duvido que meu trabalho nesse setor possa ser útil a você. Minha especialidade é a pesquisa. Julgue por si mesmo — eu disse, e então enumerei os trabalhos de pesquisa mais importantes que havia feito, tomando o cuidado de não mencionar nada a respeito do meu trabalho em produção. — Acredito que um bom trabalho de pesquisa seria muito mais valioso para o empreendimento do que um trabalho medíocre de produção. Além disso, eu jamais me atreveria a assumir um trabalho sobre o qual não soubesse nada.

— Bobagem — ele retrucou. — Você sabe que eu sou advogado por formação e que já fui procurador, e no entanto aqui estou, chefiando toda a produção. Nós não vamos pressionar você. Dê uma olhada à sua volta, tire o dia para descansar, familiarize-se com nosso negócio e nós conversaremos sobre isso mais tarde. Decida você mesmo que tipo de trabalho pode fazer aqui. Você foi designado como um ictiologista, essa é uma ocupação muito indefinida. Nós saberemos usar você em qualquer tipo de trabalho. — E a entrevista chegou ao fim.

Nesse mesmo dia, sentado em um banquinho no canto de uma prancheta de madeira transformada em mesa, comecei a estudar o setor de pesca como um empreendimento. Abriam-se perspectivas diante de mim: eu já estava decidido que não pouparia esforços para obter um trabalho de pesquisa no Norte, com um propósito em mente — escapar.

CAPÍTULO 38

TRABALHO ESCRAVO E GRANDES EMPRESAS: UM ESTADO DENTRO DO ESTADO

Após realizar minhas próprias averiguações sobre o setor de pesca (e com base em conversas que mantive ao longo do tempo com prisioneiros de outros setores e na administração central do campo), comecei a enxergar com mais clareza a complicada estrutura desse setor, bem como suas operações como empresa comercial produtiva. Passo a descrever agora as conclusões a que cheguei.

Em 1931, o campo de Solovetzki atingiu o auge de seu desenvolvimento. Contava com catorze seções. O Rio Swir e o Lago Ladoga formavam seu limite ao sul; ao norte era o Oceano Ártico. Os empreendimentos desse "campo" estendiam-se por aproximadamente 1500 quilômetros ao longo da via férrea de Murmansk, e também se espalhavam por toda a Carélia. Eles continuavam crescendo e tendiam a se expandir para além desses limites. A leste eles paravam em outro enorme empreendimento pertencente ao GPU — os Campos Especiais de Destinação do Norte — e a oeste iam até perto da fronteira com a Finlândia. Portanto, o campo estava se expandindo para as ilhas do Oceano Ártico, Kolgoueff e Vaigash, e para o litoral sul da Península de Kola (litoral de Kandalaksha e de Terek). O número de prisioneiros aumentava dia após dia. Projetos enormes estavam sendo executados e planos para atividades ainda mais ambiciosas estavam por vir.

Operando de maneira independente no território da chamada República Autônoma da Carélia, o campo de Solovetzki estabeleceu ali, em larga escala, seus próprios empreendimentos comerciais, duplicando todos os empreendimentos daquele Estado. O campo tinha as próprias áreas de pesca e madeireiras, a própria fábrica de tijolos, empresa de construção de estradas, fazendas agrícolas e de criação de gado — e todas estavam sufocando terrivelmente a indústria careliana. Além dessas atividades de natureza permanente, o campo também respondia por trabalho de natureza temporária, numa escala ainda maior. Parte desse trabalho tinha objetivo definitivamente estratégico; por exemplo, a construção do Canal Mar Branco—Báltico (atualmente a ligação da Baía de Onega, do Mar Branco, com o Lago Onega), a construção de estradas de rodagem até a fronteira da Finlândia, a recuperação e o aplainamento de grandes extensões de pântanos e florestas para aeroportos militares, a construção — nos pontos estratégicos mais importantes (Kem, Kandalaksha, Loukhi e outros) — de cidades inteiras para o aquartelamento de tropas, com instalações para acomodar milhares de homens, hospitais, armazéns, casas de banho, padarias etc. Além disso, em 1930-1931 o campo também se envolveu em atividades de natureza econômica: a limpeza de terreno pantanoso para ser usado por fazendas do campo, trabalhos prévios para a construção de uma estrada de ferro Soroka-Kotlas, que uniria a linha principal da Sibéria com a Estrada de Ferro de Murmansk (esse trabalho foi abandonado em 1931), a preparação de lenha para Moscou e para Leningrado e outras atividades.

Em 1932, o GPU sem dúvida concluiu que o campo de Solovetzki havia crescido demais e que, portanto, tinha de ser reestruturado. Após muitas mudanças, dois novos campos independentes — o campo Mar Branco-Báltico (para a construção do canal) e o campo de Swir (para a preparação de lenha para Moscou e Leningrado) — foram formados, e não faziam mais parte de Solovetzki.

Cada campo tinha muitas seções. Cada seção era uma entidade comercial completa, similar àquelas que na União Soviética são denominadas "trustes", destinadas a gerar lucro por meio de operações comerciais produtivas. Toda seção tinha o próprio orçamento, seu capital de giro e seu capital investido. A administração da seção, como em todos os "trustes" soviéticos, incluía os seguintes departamentos: Planejamento, Produção, Técnico, Comercial, Contabilidade e Executivo. Eram geralmente três os principais executivos: o chefe de seção e seus dois assistentes. A seção se compunha de unidade de produção e unidade comercial — cuja natureza dependia da atividade da seção: fábricas, comércio, fazendas agrícolas, campos madeireiros etc. Cada seção trabalhava com um campo de produção específico e tinha o próprio território definido. A comercialização de seus produtos era realizada de maneira independente no mercado soviético, ou através de intermediários. Bens produzidos por seções que empregavam trabalhos forçados e vendidos no mercado doméstico eram geralmente estampados com sua marca registrada. Como já comentei, a marca registrada do campo de Solovetzki era um elefante. Operações comerciais com mercados estrangeiros eram, é claro, levadas a cabo através do *Gostorg* (Comissariado para Negócios), e às vezes até mesmo através de um segundo intermediário, a fim de ocultar melhor a origem dos bens. A seção de pesca, o *Ribprom* — na qual eu trabalhava —, tinha uma fábrica de conservas, uma operação de fumagem de peixe, uma oficina de construção e reparo de embarcações, uma fábrica de redes e mais de vinte áreas de pesca espalhadas ao longo das baías de Onega e Kandalaksha do Mar Branco, nas Ilhas Solovetzki e na costa de Murmansk do Oceano Ártico.

As seções foram unificadas pela administração do campo e subordinadas a ela; a administração regulava, combinava e controlava as atividades dessas seções. O resultado era uma massa burocrática extremamente pesada e complicada, inteiramente desnecessária do ponto de vista da eficiência na produção. Além do mais, em Moscou havia uma organização central independente das administrações dos campos, para a combinação, regulação e controle das atividades das seções do campo; essa organização contava com especialistas em vários campos da indústria. Cada especialista encarregava-se de um ramo da atividade industrial em *todos* os campos. Assim, por exemplo, um certo Bikson gerenciava a indústria de pesca no GPU de Moscou. Ex-comerciante de peixe, ele havia sido deportado para o campo Solovetzki e por fim passou a trabalhar para o GPU.

Dessa maneira, a seção tinha dois controladores: a administração do campo e o conselho de especialistas em Moscou. Ambos não perdiam nenhuma oportunidade de se intrometerem na vida econômica da seção, embora toda a responsabilidade pelo trabalho recaísse sobre a própria seção. Esse sistema de dupla subordinação é característico de todos os empreendimentos soviéticos, e os do GPU não eram exceção.

Como todas as outras empresas soviéticas, as seções do campo formulavam planos anuais e quinquenais, os quais eram combinados, por um lado, ao plano geral de cada campo em particular, e por outro, ao plano geral do GPU para determinado ramo da indústria. Não há dúvida de que esses planos acabaram incluídos na *Piatiletka*. Os empreendimentos industriais do GPU, baseados no trabalho escravo de prisioneiros, crescem ano após ano e se tornam um fator de crucial importância na atividade econômica geral da União Soviética.

NOS CAMPOS DE CONCENTRAÇÃO SOVIÉTICOS

Portanto, os campos de concentração são na verdade enormes empresas que operam na mesma área com instituições similares "livres" do Estado soviético. A administração no primeiro caso concentra-se no GPU, e no segundo caso nos vários comissariados. Em muitos casos, a escala de trabalho mantida pelo GPU é maior do que a das instituições soviéticas correspondentes; por exemplo, é bem provável que as operações do GPU envolvendo madeira excedam as dos "trustes" de madeira livres. A construção de obras de infraestrutura passa quase totalmente pelas mãos do GPU, e campos inteiros com centenas de milhares de escravos estão envolvidos nesses trabalhos — o Canal Mar Branco-Báltico, o Canal Rio Moscou-Rio Volga, as vias férreas de Sizran e de Koungour, e a gigantesca Estrada de Ferro Baikal-Amur. Aparentemente, a economia planejada proclamada pelo Estado soviético impediria a existência — ao menos na mesma escala — de uma organização industrial paralela à indústria estatal. Mas a verdade é que *o GPU na União Soviética não é simplesmente uma instituição estatal, mas sim um estado dentro de um estado.* O GPU tem as próprias tropas, a própria Marinha, milhões de servidores (os prisioneiros nos campos) e o próprio território, onde a autoridade e as leis soviéticas não funcionam. O GPU fabrica a própria moeda, proíbe seus servidores de usarem a moeda soviética e não a aceita em seus armazéns. O GPU proclama suas leis para seus servos, tem a própria jurisdição e prisões. Não é surpresa, portanto, que mantenha a própria indústria, paralela à indústria soviética.

Não é possível fazer uma comparação exata entre as empresas estatais e as empresas do GPU, porque estas últimas possuem características peculiares que as diferenciam de todos os outros empreendimentos comerciais, soviéticos ou não. Elas merecem a atenção de economistas.

Segui adiante com minha avaliação da Seção de Pesca e fiquei impressionado com muitas dessas características singulares que constatei. O capital investido era insignificante, o custo de produção excepcionalmente baixo, e os lucros eram enormes. Com a captura de 700 toneladas de peixes e a compra de uma quantidade similar dos pescadores — um total de 1400 toneladas —, o *Ribprom* havia obtido em 1930 um lucro líquido de 1 milhão de rublos. Compare isso com o desempenho da Companhia Estatal de Pesca do Norte, que em 1928, com uma captura de 48 mil toneladas, teve um lucro de menos de 1 milhão de rublos.

Todas as instalações desse empreendimento — consideradas como parte do capital investido — não passavam de galpões do tipo temporário. Os maiores estabelecimentos — as fábricas de enlatados, de peixe defumado e

270

de redes — eram alojados em grandes celeiros que estavam em péssimas condições. O equipamento era primitivo; na fábrica de enlatados, por exemplo, não havia nem água corrente nem água fresca: usava-se água do mar. Na maioria das áreas de pesca a salga era realizada a céu aberto, pois não havia instalações disponíveis. Não existia refrigeração de nenhum tipo, nem mesmo uma câmara fria. Não havia nenhum tipo de mecanização do trabalho: tudo era manual.

Em consequência disso, no cômputo dos custos quase não há depreciação do capital investido. Nesse aspecto, todos os empreendimentos dos campos, até aqueles que envolvem operações complexas, como a construção do Canal Mar Branco-Báltico, apresentam uma semelhança extraordinária. Todo o trabalho é realizado manualmente, nem um simples prédio é erguido como um bem de capital, todas as instalações funcionais são construídas da maneira mais econômica possível. Essa é uma característica que as empresas soviéticas não possuem, pois essas empresas gastam somas enormes em obras básicas e em mecanização, geralmente sem nenhum motivo aparente, exceto a necessidade de "superar, vencer e exceder".

Por que essa diferença? Em primeiro lugar, as empresas do campo não existem para "impressionar". Em segundo lugar — e essa é a principal razão —, os campos contam com *trabalho escravo*. Essa mão de obra é, na verdade, o capital investido dos empreendimentos do GPU; ela supre a necessidade de equipamentos e de maquinário caros. Máquinas requerem instalações, manutenção e combustível de certa qualidade e em quantidades fixas. Isso não acontece com os prisioneiros-escravos. Eles não precisam de manutenção e podem viver em alojamentos que eles mesmos constroem sem calefação. Seu combustível — comida — pode ser regulado de acordo com as circunstâncias: 1 quilo de pão pode ser reduzido para 400 gramas, açúcar pode ser suprimido totalmente. Dê a eles carne de camelo ou de cavalo, e eles trabalharão igualmente bem. Por fim, o escravo é uma máquina universal; hoje ele cava um canal, amanhã ele derruba árvores, e no dia seguinte captura peixes. A única exigência é uma organização eficiente que os obrigue a trabalhar — e essa é a "especialidade" do GPU.

Mas isso não é tudo. Pode-se obter esse capital investido sem custo nenhum; o suprimento de escravos é ilimitado, não é necessário pagar juros de financiamento, nem calcular a depreciação no balancete.

Também devem ser considerados os "custos de mão de obra", de vital importância para as empresas soviéticas: salários, seguro social, contribuição sindical, e assim por diante. O GPU não precisa se preocupar com isso. Entre os milhares de trabalhadores em uma seção de um campo, não mais do que uns poucos empregados contratados são livres e recebem salário; o restante trabalha sem pagamento. É verdade que o GPU paga prêmios aos prisioneiros que realizam um trabalho impecável, mas isso representa não mais do que 3 ou 4 por cento do que o GPU teria de pagar a um trabalhador livre. E mesmo esse pagamento miserável não é feito em moeda soviética, e sim com vales do GPU. O prisioneiro pode comprar com isso (apenas em armazéns do GPU) uma quantidade insignificante de comida, que são sobras que de outra maneira não poderiam ser vendidas. E aqui mais uma vez o GPU tem lucro.

Assim sendo, podemos afirmar que os custos com mão de obra não têm impacto relevante no custo de produção do GPU. A ausência desses dois itens de despesa – depreciação e salários – permite ao GPU uma economia de não menos que 35 por cento em um empreendimento como o da pesca, e uma economia consideravelmente maior em trabalhos como a construção do Canal do Mar Branco.

De mais a mais, a marca registrada do GPU garante um mercado interno certo para seus produtos – um consumidor soviético nunca recusa produtos oferecidos a ele por essa "firma", produtos esses que são vendidos em franca violação dos regulamentos de comércio do governo soviético. Um aumento de 100 a 150 por cento sobre o custo é o cálculo habitual, de acordo com os próprios "planos", e esse sobrepreço é praticamente sinônimo de "lucro" – considerando que as empresas estatais soviéticas não podem obter lucros de mais de 8 por cento. Na verdade, o GPU não se contenta com o limite de lucro aprovado em seus planos, e muitas vezes vende os produtos com sobrepreço de 200-300 por cento, e algumas vezes até mais que isso.

Eis um exemplo. A Seção de Pesca negocia com peixe que captura ou que compra de pescadores (trabalhadores livres), que vendem sua pesca para o GPU e também para outras empresas estatais (corporações e consórcios) a preços fixos estabelecidos pelo comitê executivo local. (A venda de peixe a particulares ou por um preço maior que o estabelecido é estritamente proibida, e é feita apenas secretamente e em quantidades muito pequenas.) A Seção de Pesca comprou arenque congelado de pescadores ao preço fixo de 10 copeques o quilo. Esse peixe foi levado ao armazém da Seção e será revendido no próprio local a outra organização do GPU – chamada Dynamo – por 1 rublo (100 copeques) por quilo. O novo comprador transportará isso para o hotel estatal Kem, a duas quadras de distância, e venderá esse peixe lá por 3 rublos (300 copeques) o quilo. E assim termina a transação para o GPU. Eu poderia acrescentar que o proprietário do hotel, que não tem nada a temer das autoridades, vai salgar levemente esse peixe e depois revendê-lo em seu restaurante ao preço de 1 rublo por peixe. O arenque do Mar Branco é pequeno — são necessários de cinquenta a sessenta arenques para perfazer 1 quilo —; o consumidor então pagará por eles o equivalente a 50/60 rublos o quilo, o que representa de 500 a 600 vezes o preço de 10 copeques estabelecido pelas autoridades soviéticas.

Eu já mencionei anteriormente que o GPU se livrava de suas mercadorias defeituosas com grande facilidade. Mercadorias defeituosas são a maldição de todas as empresas soviéticas. Materiais maltratados e sem valor, mão de obra inexperiente, maquinário complexo com o qual ninguém sabe lidar de maneira apropriada, extrema afobação, administradores-comunistas sem instrução à frente dos empreendimentos — todos esses fatores fazem a quantidade de mercadorias defeituosas elevar-se a uma porcentagem colossal, arruinando todos os planos e estimativas. Nesse aspecto, os "negócios" do GPU encontram-se em vantagem em relação aos de seus competidores soviéticos. Um comprador dificilmente se atreveria a reclamar que o GPU lhe enviou mercadoria ruim; ele simplesmente repassa essa mercadoria ao indulgente consumidor soviético. E se as mercadorias estiverem tão defeituosas que nem o GPU possa descartá-las no mercado, então elas serão vendidas nos armazéns do GPU para prisioneiros, a preços até mais altos do que os dos produtos do GPU que são normalmente vendidos no mercado aberto. Essa mercadoria também é distribuída como prêmio a quem trabalha "dobrado". O prisioneiro faminto fica até feliz quando recebe isso.

Em comparação com as empresas soviéticas comuns, a prática generalizada de suborno é outra característica marcante em todos os empreendimentos do GPU. Propinas são aceitas em toda e qualquer ocasião e sem razão nenhuma, por todos — desde os líderes mais importantes do GPU de Moscou até o guarda mais insignificante. O suborno nas entranhas do GPU e em seus campos se enraizou tão profundamente que passou a ser considerado natural, e os funcionários contratados do GPU dão e aceitam propina abertamente, sem nenhuma vergonha. O dinheiro na União Soviética tem pouco valor, ou, mais precisamente, tem valor simbólico. Propinas em dinheiro propriamente ditas ocorrem apenas em "casos" fantásticos do

NOS CAMPOS DE CONCENTRAÇÃO SOVIÉTICOS

GPU nos quais capitalistas estrangeiros supostamente compram especialistas soviéticos com "moeda soviética". Na verdade, é improvável que alguém na União Soviética possa ser tentado com dinheiro soviético. Seja como for, o GPU aceita propinas apenas em bens; a qualidade e a quantidade dependem do caso específico e da importância e da posição da pessoa que recebe a propina.

A Seção de Pesca usa o próprio produto — peixe — como propina. O camarada Boki, do GPU de Moscou (membro do Conselho do OGPU, responsável pelos campos), e seus pares receberam salmão destinado à exportação para a Inglaterra, e um tipo especial de arenque de Solovetzki marcado com quatro zeros. Com efeito, arenque "quatro zeros" nunca era colocado no mercado; era reservado para propinas. O salmão para exportação e o arenque "quatro zeros" também eram dados ao chefe do campo e aos chefes do Departamento de Investigação. Administradores de menor importância recebiam salmão de qualidade inferior, e uma caixa ou duas de arenque defumado comum do Mar Branco; e funcionários inferiores recebiam algumas latas de peixe em conserva. Em alguns casos, essas propinas eram mascaradas pelo envio de uma conta de valor ridiculamente pequeno.

Sempre que um "plano" ou um relatório tivesse de ser apresentado à administração do campo ou a Moscou, os arranjos necessários eram providenciados em duas áreas de trabalho contrastantes: nos escritórios, onde os prisioneiros-especialistas trabalhavam dia e noite preparando memorandos; e no almoxarifado, onde outros prisioneiros acondicionavam peixes em barris, caixas e cestas — esse era o trabalho mais importante. O chefe de seção, Simankoff, muitas vezes acompanhado de seus dois assistentes, supervisionava pessoalmente o empacotamento, inspecionava os "presentes" que seriam enviados aos "mandachuvas" e anotava com cuidado o destino de cada pacote. Não podia correr o risco, em hipótese nenhuma, de que um assistente recebesse um "presente" maior do que um chefe. E a prática era a mesma quando autoridades do mais alto escalão apareciam para uma visita oficial. A principal preocupação era proporcionar uma boa recepção e preparar um encantador pacote contendo um presente. A Seção de Pesca não era exceção a esse respeito. Todas as seções enviavam "presentes" aos chefes. A Seção de Agricultura enviava presuntos, manteiga e os melhores vegetais; às autoridades locais enviava creme, e, para as mulheres, flores. As fábricas de sapatos e de roupas, que tinham como prisioneiros-trabalhadores os melhores alfaiates e sapateiros de Leningrado e de Moscou, vestiam e calçavam seus chefes e suas famílias, enquanto a Seção de Artesanato fazia caixas elaboradamente entalhadas para seus superiores.

Esse sistema global de suborno sem dúvida adiciona colorido à vida dos funcionários do GPU.

Prisioneiros dormindo dentro de um alojamento com teto de turfa em um gulag siberiano.

CAPÍTULO 39

GUARDAS – ESPIÕES – EDUCADORES

A mão de obra escrava em seus negócios obriga o GPU a manter em seus campos três organizações especiais que as empresas soviéticas normais desconhecem: a Guarda Militar – VOHR, o Departamento de Informação e Investigação – ISO, e o Departamento Educacional-Cultural – KVO.

VOHR

A guarda militar tem a função de evitar fugas e perseguir fugitivos. Organizada como um exército, o com centro de comando na administração do campo, suas tropas estão vinculadas a todas as seções do campo, e destacamentos ficam posicionados em cada ponto, subcampo e distrito onde existam prisioneiros.

Os membros da guarda usam uniforme do Exército; os oficiais têm revólveres e os homens recrutados têm rifles. Entre os recrutados não há homens livres: são todos prisioneiros, sem exceção – criminosos condenados, a maior parte deles recrutada entre homens do Exército Vermelho que cumpriam pena. E entre os oficiais, apenas alguns poucos são homens livres. Desse modo os prisioneiros parecem vigiar a si mesmos, e o custo de manutenção é muito baixo.

Os deveres e responsabilidades desses homens são numerosos: policiar o campo; escoltar prisioneiros dentro e fora de seus limites; operar as celas de punição em todos os pontos do campo; vigiar as rotas ao longo das quais os fugitivos possam passar; e montar sentinela em todas as estações ferroviárias desde Petrozavodsk até Murmansk; inspecionar todos os trens ao longo dessa seção da via férrea, a fim de detectar fugitivos; treinar cães da

NOS CAMPOS DE CONCENTRAÇÃO SOVIÉTICOS

raça pastor-alemão para que sigam o cheiro, pulem sobre o fugitivo, derrubem-no no chão e o contenham pela gola da roupa. Nós podíamos observar esse treinamento de cães quando passávamos pelos canis perto do campo de Veguerashka. Havia também exercícios com rifle e com granadas de mão para os guardas, e nós podíamos assistir a ambos.

O VOHR é aquartelado em alojamentos especiais — 100 homens num espaço no qual teriam amontoado um número de prisioneiros dez vezes maior. Esses homens tinham camas dobráveis com lençóis e cobertores e recebiam comida melhor: 1 quilo de pão por dia, açúcar, manteiga e outros luxos. Durante perseguições a fugitivos, eles recebiam rações especiais: carne enlatada, manteiga, açúcar, biscoitos e macarrão; e também recebiam um prêmio de 10 rublos por cabeça (em vales do GPU) pela recaptura de um prisioneiro fugitivo.

Os membros do VOHR têm boa comida e boa bebida e têm mulheres também, principalmente nos grandes campos onde há sempre um grande número de prisioneiras, ladras e prostitutas do submundo da cidade, e muitas camponesas dispostas a viver em concubinato. (Em 1931, na prisão de Veguerashka, um exame médico revelou que 90% da guarda sofria de doenças venéreas na forma aguda e 10% na forma crônica.) Para localidades distantes, onde não há mulheres, o VOHR envia uma cozinheira, uma lavadeira ou uma arrumadeira — uma prisioneira — que é forçada a servir a guarda em vários aspectos.

ISO

O Departamento de Informação e Investigação, com ramificações em todos os campos e seções mais importantes, desempenha o mesmo papel dentro do campo que o GPU desempenha "fora", mas talvez de forma ainda mais impiedosa. As funções desse "GPU dentro do GPU" são as mesmas: espionar tanto os prisioneiros como os gepeístas livres contratados; observar secretamente todas as instituições e empreendimentos do campo; investigar casos de "espionagem", "sabotagem", "contrarrevolução"; lidar com todos os casos de "fugas". O ISO mantém campos de prisioneiros conhecidos como "isolamentos", onde "confissões" são forçadas: ficar detido neles é uma experiência terrível.

Como o GPU, o ISO tem uma equipe de interrogadores que também fabrica "casos" contra prisioneiros — uma palavra descuidada, ou a negligência mais leve, até mesmo involuntária, são consideradas crimes atrozes. Às vezes esses pretextos nem são necessários, já que o ISO pode condenar um homem por ser "irrecuperável" quando as autoridades do campo decidem livrar-se de um prisioneiro indesejável.

O ISO mantém listas secretas de todos os prisioneiros, e nenhum deles pode ser indicado para nenhum trabalho, nem transferido para uma nova atribuição, sem a aprovação do ISO — que não precisa explicar seus motivos para desaprovar. Além disso, o ISO conduz todas as buscas, censura a correspondência de prisioneiros, emite permissões para visitas, e assim por diante.

A equipe do ISO não é grande e, exceto pelos oficiais mais graduados, é recrutada entre gepeístas enviados ao campo por algum crime. Contudo, seus agentes secretos, chamados "SEESOT", são muitos; eles se introduzem em todas as atividades do campo. O ISO se esforça ao máximo para recrutar prisioneiros políticos para esse grupo, porque esses prisioneiros têm melhor educação, e não se suspeita deles prontamente como espiões. O número de homens educados que cede a essa tentação é provavelmente pequeno demais para satisfazer o ISO, mas eles podem ser encontrados em qualquer campo.

Os alojamentos do ISO são isolados de todas as outras atividades do campo, e a sua equipe de colaboradores desfruta de todos os confortos possíveis, entre os quais rações selecionadas e os serviços de jovens mulheres educadas escolhidas entre grupos de prisioneiras políticas. De modo geral, a situação das mulheres jovens no campo é lamentável. Resistir às atenções de um gepeísta contratado ou de um colaborador do ISO resulta em transferência para o trabalho "geral" na companhia de prostitutas e ladras, onde as "atenções" podem tomar uma forma ainda mais desagradável; e pode resultar também na instauração de um "caso", numa acusação de contrarrevolução ou de "irrecuperabilidade" — e em execução.

KVO

A terceira organização — o Departamento Educacional-Cultural (KVO) — é estritamente vinculada ao ISO e tem o próprio corpo de agentes, oficialmente denominados "correspondentes de campo" (LAGCOR), mas também tidos como espiões pelos prisioneiros.

A atividade do KVO tem duas vertentes: detecção e publicidade. A primeira, e a mais importante, envolve assistência produtiva ao ISO na organização da detecção; em sua maioria, os funcionários do KVO são ao mesmo tempo agentes secretos do ISO, e ambos os departamentos costumam fazer intercâmbio entre seus membros. Um "educador" que se destacou por uma denúncia que fez é promovido a interrogador, ao passo que um interrogador incompetente, ou um interrogador que se torna alcoólatra, é rebaixado a "educador".

O segundo campo de atividade é conhecido como "reeducação" ou "transformação". Sob essa máscara, o GPU camufla seus empreendimentos comerciais, representando-os como instituições destinadas a reeducar criminosos inveterados e transformá-los em "entusiastas da construção soviética". O método é um tanto primitivo. Homens ineptos para qualquer outro tipo de trabalho são recrutados como "educadores". Os chefes do KVO e de suas seções são principalmente membros da Tcheka que se tornaram bêbados inveterados e para os quais era preciso encontrar uma colocação. Os prisioneiros que trabalham no KVO são pessoas bastante inadequadas para qualquer empreendimento produtivo; com a exceção dos acadêmicos, dos quais falarei mais adiante, eles são criminosos, antigos colaboradores de jornais soviéticos ou funcionários de sindicatos profissionais que foram deportados por fraude ou desfalque.

O orçamento para o trabalho "cultural-educacional" é pequeno, e a maior parte dele é destinada à publicação do jornal do campo. Levando-se em conta que o trabalho na sala de impressão é feito pelos prisioneiros, e que eles são obrigados a comprar o jornal quando recebem prêmios em vales do GPU, sua publicação não pode ser um grande peso financeiro para o GPU.

Esse jornal é uma coisa estranha. Uma nova edição aparece de três em três dias em cada campo. O pioneiro nessa área foi o *Perekovka* (Transformação), publicado pela primeira vez no campo de Solovetzki e mais tarde transferido para o campo Mar Branco-Báltico; em seu lugar, *Trudovoi Trut* — em nada diferente do *Perekovka* — foi publicado no campo de Solovetzki no outono de 1931.

No título do *Perekovka*, a letra "K" era representada como um martelo golpeando a letra "O", da qual pequenos fragmentos e faíscas voavam para todas as direções. No alto da folha liam-se duas inscrições: "Proibida a circulação fora do campo" e "O trabalho na U R S S é honra, glória, valor e heroísmo!".

Esse periódico é muito parecido com qualquer outro jornal de província soviético: os mesmos lemas, slogans do dia e títulos chamativos. No texto, sempre o mesmo assunto: falanges, trabalhadores que dobravam suas cotas, colunas militares, entusiastas, frente de batalha, feitos socialistas, lutas e vitórias do proletariado, e assim por diante — tudo isso intensificado pelo uso exagerado de pontos de exclamação e títulos no modo imperativo, como: "Pare!" , "Realize!", "Liquide!", "Desenvolva!", "Rompa!", "Ataque!".

O jornal se ocupa quase completamente da vida no campo; notícias da União Soviética ou do resto do mundo recebem um espaço muito pequeno na última página — coisas como os 100-200-300 por cento de satisfação com os planos soviéticos, ou as greves, a fome e as crises mundo afora. Artigos, escritos por prisioneiros da equipe editorial, louvam as autoridades ou exigem a exposição e a punição dos culpados pelas várias "brechas na linha de frente". Os culpados são sempre prisioneiros. Denúncias anônimas enviadas de lugares de trabalho aparecem numa coluna especial intitulada "Correspondentes do campo escrevem"; essa correspondência serve como base para a formação de "casos" contra prisioneiros pelo ISO.

Nós não tínhamos um tostão e estávamos confinados atrás de cercas de arame farpado, mas mesmo aqui não estávamos livres de mentiras, de denúncias e da constante ameaça de alguma nova acusação fantástica e estúpida. E todos aqueles entre nós que recebiam algum tipo de recompensa eram obrigados a assinar esse jornal, embora não tivéssemos nenhum tipo de proteção contra sua negra difamação.

Além desse jornal impresso, que é editado no próprio campo, cada "ponto" tem seu "jornal de parede", com artigos escritos à mão executados com o patrocínio do KVO e exibidos cinco ou seis vezes por ano nos campos maiores, e uma ou duas vezes por ano nos campos menores. Não apenas os prisioneiros mas também gepeístas contratados consideram esses jornais desagradáveis e até detestáveis.

O KVO também promove grandes encontros para prisioneiros, como determinado pelos centros de comando de tempos em tempos, principalmente quando há uma nova lista de prioridades estatal, ou a organização ou um "esforço concentrado" para uma nova ação contra alguma praga de percevejos. Esses encontros são organizados em grupos de discussão depois que o dia de trabalho termina. Os encontros "gerais" mais formais acontecem ao ar livre, num espaço fechado cercado por arame farpado, dentro do qual os prisioneiros, acompanhados por guardas, são colocados em formação militar, em volta de uma plataforma para esperar, no frio congelante, a chegada das autoridades. Então um dos líderes "educadores" inicia seu discurso. No

NOS CAMPOS DE CONCENTRAÇÃO SOVIÉTICOS

meu tempo (1931-1932) os temas favoritos eram "as intrigas do imperialismo francês", "o avanço do comunismo nas eleições alemãs", "a marcha vitoriosa da revolução comunista na China" e "o sucesso da *Piatiletka*". Outros assuntos estão sendo apresentados agora, sem dúvida.

Discursos sobre a reeducação dos prisioneiros eram menos frequentes e transmitidos por rádio a fim de alcançar um público mais amplo do que os condenados que estavam experimentando os benefícios da "transformação". Em Solovetzki, em 1931, certa vez ocorreu um incidente divertido ligado a um desses discursos. O "educador" sênior estava bêbado, mas quando isso foi descoberto já era tarde demais, e não foi possível parar o homem. Em seu entusiasmo, o pobre-diabo ultrapassou todos os limites da discrição; mas o discurso dele foi o único que os prisioneiros ouviram com interesse e atenção. Sem querer, ele declarou que o movimento de "comunicação no campo" (que significa denúncia anônima) estava crescendo enormemente, que já havia 5 milhões de "correspondentes de campo" misturados entre os prisioneiros... Nesse ponto ele parou de repente, sem nenhuma razão aparente, e então gritou ao microfone sua brilhante frase de conclusão: "O próprio Lenin foi correspondente de campo honorário".

Podemos desse modo perceber que nos campos de concentração os prisioneiros não apenas compõem a força de trabalho e organizam a produção e o comércio como zelam eles mesmos para evitar a própria fuga e perseguem os próprios fugitivos, organizam um sistema para espionar a si mesmos, aprisionam os próprios prisioneiros em "isolamentos", sentenciam a si mesmos à execução ou se aplicam "reeducação" e "transformação".

Isso pode parecer inacreditável à primeira vista. Mas se levarmos em conta que esse sistema foi desenvolvido a partir de "campos de destinação especial", cujo propósito principal — o extermínio — foi consumado pelos próprios prisioneiros, a situação atual nos novos tipos de campo não parecerá tão inacreditável. É preciso lembrar que o contingente de presos não é homogêneo; pois quando habilmente fragmentou esse contingente em grupos como ex-membros da Tcheka, criminosos e políticos, submetendo esses grupos a diferentes condições de vida e de trabalho e então incitando-os uns contra os outros, o GPU passou a ter o poder de pôr em prática tudo o que desejasse.

CAPÍTULO 40

OS TRÊS PILARES DE SOLOVKI

Costuma-se dizer que o campo de Solovki se sustenta sobre três pilares — imprecação, favorecimento e delação. Eu acredito que nesse campo a imprecação — e eu incluo nisso todas as formas injuriosas de linguagem — alcançou seu patamar de desenvolvimento mais elevado. A imprecação é universalmente empregada: por autoridades, como evidência de seu poder sobre prisioneiros, e por prisioneiros, como expressão de seu desdém por uma vida de escravidão, por todos os que os cercam e por si mesmos.

Os funcionários subordinados, os guardas e os criminosos sentem prazer em usar a palavra "intelectual" combinada com a linguagem mais obscena que se possa imaginar. Essa prática é indubitavelmente resultado do trabalho "educacional-cultural" cujo objetivo é incitar os elementos criminosos contra os presos políticos, e especialmente contra os intelectuais; é uma repercussão da mesma campanha contra a classe intelectual que o governo vem conduzindo nos últimos quinze anos.

Essa atitude encontra-se bem ilustrada na versão de Solovetzki para *Chapeuzinho Vermelho*, aqui conhecida como *Shourka Tcheruonchik* — nome que revela sua condição de mulher "de vida fácil". Com um lenço vermelho amarrado na cabeça, ela vai participar de um encontro geral promovido pelo partido, mas, uma vez dentro dos limites do campo, ela se depara com um enorme lobo cinzento que, exibindo seus enormes dentes, pergunta a ela vorazmente: "Aonde você vai, Chapeuzinho Vermelho?".

"Não chegue perto de mim, seu intelectual $%#@$&%#@%", ela responde, com uma fuzilaria de palavras impublicáveis, aterrorizando e colocando para correr o pobre lobo.

Os outros dois pilares de Solovki, porém, são muito mais importantes do que a imprecação.

O "favorecimento" — que significa, na linguagem do campo, o desfrute de privilégios ilegais ou de proteção — foi, na verdade, transformado em um sistema peculiar que teve origem no GPU, cujos membros funcionários — os gepeístas — aproveitam-se em larga escala dos favores do governo soviético. Uma carteira ostentando essas três letras mágicas escancara portas para oportunidades de obter todas as coisas de que milhões de trabalhadores são privados. O gepeísta pode ter sua "habitação" (moradia e lenha), suas provisões e roupas, assento no teatro ou reserva em um trem — tudo como resultado desse favorecimento, e segundo sua posição relativa e suas conexões. E isso não é tudo. Ele não está sujeito às leis do país; está acima delas. Se comete um crime sério, como assassinato ou estupro, não é detido para ser julgado por um tribunal comum, mas sim tratado de maneira "compreensiva". Se por acaso ele tiver boas conexões no GPU, provavelmente escapará livre e sem problemas. Se não tiver, a punição é reduzida a um mínimo, talvez uma transferência para outro local de trabalho dentro do mesmo GPU.

Nos campos, os gepeístas obtêm proteção talvez em escala ainda maior. Seu principal apoio é Moscou, e aqueles que têm conexões na Administração Central dos Campos são verdadeiramente afortunados. Mas ainda assim eles também precisam de proteção "dentro" dos campos, pois nunca estão satisfeitos com as rações e remessas generosas a que têm direito. Como muitos cargos de comissariado são obtidos por prisioneiros, esses acabam ganhando o favorecimento das autoridades, obtendo delas vários privilégios, como o direito a morar em habitações "livres", a ser designado para serviços fora dos limites do campo ou a receber permissão para longas visitas a parentes. A vida desses prisioneiros tão favorecidos difere acentuadamente da existência dos prisioneiros comuns — camponeses, trabalhadores e especialistas.

Contudo o mesmo sistema é também empregado entre os prisioneiros comuns, mas com muito menos sucesso. O gepeísta sob proteção consegue uma bela moradia, móveis, salmão reservado para exportação, caviar fresco, carne de porco, creme, roupas importadas, perfumes. Já o prisioneiro comum pode conseguir apenas mais uns poucos centímetros de espaço para dormir, uma chance para comprar 200 gramas a mais de pão preto ou um pacote de tabaco; e, se ele conseguir duas ou três porções de açúcar, ou permissão para caminhar por Kem sem a vigilância de um guarda, ele se gaba de ter uma grande proteção.

Embora sejam insignificantes, esses benefícios materiais são extremamente valiosos e seu efeito psicológico, unicamente em razão do favor, é considerável. O prisioneiro tem uma chance de se destacar da triste massa submissa, de ganhar pelo menos uma ligeira superioridade em relação aos seus companheiros. Isso lhe dá satisfação e traz algum consolo à sua vida deprimente. Por esse motivo ele não faz nenhuma tentativa de ocultar esse fato, como seria natural entre camaradas. Ao contrário, na maioria das vezes faz alarde sobre o ocorrido. A reputação de ser um "protegido" torna sua vida mais fácil, e outros favores se seguem.

Esforçando-se para receber e desfrutar desse "favor", cada um dos prisioneiros está igualmente pronto para estendê-lo a outros. Isso talvez seja o que lhes proporcione mais orgulho, e frequentemente é também o resultado de um desejo sincero de ajudar outras pessoas. Alguém que se tenha conhecido casualmente no campo, ou que trabalhe no mesmo grupo, ou que tenha passado anteriormente pela mesma prisão, sempre se torna digno de "favor" no futuro. O cozinheiro colocará algumas gotas de óleo mineral na sua *kasha,* o conhecido no armazém vai se considerar na obrigação de dar a você uma caixa de fósforos a mais, e aquele amigo do almoxarifado vai escolher para você um par das melhores botas.

Oficialmente, esse sistema está proibido, sem dúvida. Todos os armazéns do GPU do campo de Solovetzki em 1932 exibiam dois cartazes: "Não é permitido dar nada como favor", e "O favorecimento está banido" – e a isso os prisioneiros invariavelmente acrescentavam: "mas continua por aí", parafraseando o famoso panfleto: "Lenin está morto, mas seu trabalho sobrevive".

O caso mais extraordinário de "favorecimento" de que já tomei conhecimento foi o do prisioneiro Lublinski (não é o nome verdadeiro), que eu conheci na Seção de Pesca. A relação entre os gepeístas do campo e os protegidos é tão peculiar que eu não posso me abster de descrevê-la.

Eram cerca de 11 da manhã nos escritórios do *Ribprom*. Um senhor chegou, vestindo um sobretudo preto e portando uma bengala. O sobretudo estava aberto, desabotoado, e era possível ver que debaixo dele o homem usava um terno bem passado, um colarinho engomado e uma gravata; em torno de seu pescoço um cachecol de seda, e sobre o colete uma corrente de relógio. Tinha enormes óculos de armação grossa, como os adotados por comunistas que estiveram no exterior. Seu rosto era feio: nariz grande e largo, boca libidinosa aberta e orelhas protuberantes. Ele tirou seu chapéu de feltro cinza e enxugou a cabeça careca com um lenço limpo de fina textura.

NOS CAMPOS DE CONCENTRAÇÃO SOVIÉTICOS

Tinha cerca de 40 anos. Eu, inexperiente que era, acreditei que ele fosse algum tipo de gepeísta ou funcionário do Comitê Executivo. Mas ele apertou as mãos de todos os prisioneiros, veio até mim e se apresentou como "Edward Alexandrovitch Lublinski", e então se sentou numa banqueta, com as costas viradas para a mesa, e se dirigiu ao gerente do escritório com uma voz indiferente:

— Vsevolod Arkadievitch (*o assistente do chefe*) está aqui? Não? Isso é ruim! Eu me apressei para vir até aqui, mas perdi meu tempo; nem pude parar para tomar meu café.

Ele então se espreguiçou e bocejou, e falou tranquilamente:

— Eu gostaria que me trouxessem agora uma xícara de chocolate quente com creme chantilly e biscoito. Bem, nem tudo é possível, não podemos ter tudo o que queremos. Vou dar uma volta. Vou até a lanchonete tomar uma xícara de café. Alguém quer alguma coisa da lanchonete para funcionários livres? Lá eles têm tortinhas de maçã excelentes a 25 copeques cada uma.

Depois de recolher dinheiro de vários homens, ele saiu, balançando a bengala.

— Quem é ele? — perguntei a um dos prisioneiros quando ele se foi.

— Um prisioneiro, como eu e você. Isso lhe causa espanto? Ele é um "protegido", e um vigarista. Tenha cuidado com ele. Não confie nenhum dinheiro a ele, nem um copeque, porque ele vai tomá-lo de você num piscar de olhos. Ele foi apanhado muitas vezes, mas sempre consegue se dar bem. Qualquer outro já estaria apodrecendo no "isolamento" há muito tempo, mas esse aí... Olhe só pra ele, o homem se veste como um almofadinha. Ele é íntimo dos mandachuvas; eles o chamam dos nomes mais baixos na cara dele, mas ele é recebido na casa deles, joga cartas com eles, faz apostas e quando necessário até perde dinheiro para eles. Ele faz compras, vai à estação de trem encontrar-se com gepeístas e suas esposas, entra na fila para comprar bilhetes de trem, passa recados pra toda a administração do campo. Dizem que é especialista em fazer arranjos que proporcionam aos gepeístas todas as perversões nas quais são tão viciados. E além do mais ele vive bem, vive melhor do que quando era livre. Tem um quarto em uma moradia, faz suas refeições na lanchonete para empregados livres que recebem salário e recebe mais prêmios em dinheiro do que qualquer outro prisioneiro. Oficialmente ele está lotado na Seção de Pesca, mas na verdade não trabalha. É um trapaceiro incrivelmente esperto, mas não é um delator.

— Mas quem é ele, afinal? Por que foi enviado para cá?

OS TRÊS PILARES DE SOLOVKI

— É difícil dizer. Tudo o que ele conta sobre si mesmo é mentira. Ele diz que viveu no estrangeiro, que se graduou em Oxford, que foi diretor de uma grande companhia na América. Ele não pode fazer nem o trabalho de contador aqui, mas certamente tem outros talentos. Certo dia nós estávamos sentados aqui, sete de nós, famintos e mais abatidos do que nunca. Tentamos conseguir um quarto de leite na Seção de Agricultura, mas o chefe nos recusou uma permissão. Então o Lublinski veio até nós e modestamente ofereceu seus serviços; ele era apenas um novato aqui, então nós explicamos que havia a necessidade de uma permissão. Porém ele insistiu, e saiu rápido, com uma chaleira que comportaria 1 litro de leite. Nós demos muita risada! Mas ele não demorou a voltar, e sem dizer uma palavra colocou a chaleira em cima da mesa. "Nossa, você já voltou? Não seria melhor ficar esperando na fila?", nós o provocamos; mas quando ele ergueu a chaleira vimos que estava cheia de leite. Totalmente cheia! "Mas como você fez isso? Quem lhe deu isso?" Ele não respondeu, só deu de ombros. Depois disso, ele nos trouxe leite todos os dias. Uma vez, um de nós o seguiu para descobrir como ele fazia. Muito simples. No Departamento de Leite havia uma longa fila de guardas, esposas e criados, empregados contratados, enfermeiras do hospital. Ele se adiantou, posicionou-se à frente de todos na fila e colocou a chaleira sobre o parapeito, e então disse com tranquilidade: "Para Lublinski, 1 litro de leite". O homem que servia leite pegou a chaleira das mãos dele respeitosamente e encheu-a até a borda. Ninguém na fila disse uma palavra. Evidentemente, todos naquela fila pensaram que aquele misterioso Lublinski fosse algum visitante gepeísta importante.

Quando meu camarada terminou de falar, o próprio Lublinski reapareceu na rua, caminhando ao lado do assistente do chefe da Seção de Pesca e balançando despreocupadamente sua bengala. Os guardas o saudaram, e Lublinski respondeu com um leve aceno de cabeça.

Uma vez dentro do escritório, ele se dirigiu ao chefe com inigualável insolência:

— Com sua permissão, eu comprei tortas para meus camaradas na lanchonete para empregados contratados.

— Quanto deram a ele pelas tortas? — o chefe nos perguntou. — Vinte e cinco copeques? Esse safado levou vantagem mais uma vez. Cada torta custa 20 copeques.

O único trabalho de Lublinski na Seção de Pesca era conseguir ligações telefônicas com os pontos da seção localizados fora de Kem; essa não era uma tarefa fácil, porque o serviço era ruim, mas ele se saía admiravelmente bem, da seguinte maneira: "Operador! Alô! Sabe com quem está falando? Conhece minha voz? Sim, sim, é Edward Alexandrovitch, do OGPU. Preciso falar com Soroka imediatamente. A linha está ocupada? Desconecte o ramal. Você não pode fazer isso? Então você vai ser responsável pelo atraso, eu tenho uma mensagem urgente do OGPU. Obrigado. Alô? Soroka? Ligue-me com a Seção de Pesca. Quem fala aqui é Lublinski, do OGPU", e assim por diante.

Ele empregou esse método muitas vezes. A linha estava ocupada, mas arrogantemente a interrompia: "Você devia reconhecer minha voz!". Infelizmente para Lublinski, numa dessas ocasiões era o chefe da administração do campo quem estava falando — e por essa insolência Edward Alexandrovitch foi mandado para o "serviço geral" num campo madeireiro, o que para qualquer pessoa significava a morte. Para qualquer pessoa, mas não para ele. Ele conseguiu, mediante proteção, viajar sem a vigilância de um guarda, vestido com a roupa refinada, incluindo luvas e óculos com armação especial, e várias malas. Ao chegar à estação exigiu transporte a cavalo para si e para sua bagagem; e assim ele apareceu diante do chefe do campo madeireiro, que, presumindo que ele fosse um inspetor secreto, não se atreveu a enviá-lo para o trabalho; em vez disso, alimentou-o bem e deu-lhe hospedagem. No final das contas, alguém interferiu e ele foi mandado de volta a Kem!

Lublinski não é exceção no campo — existem muitos como ele. Quando escritores soviéticos descrevem cenas tocantes de reuniões com prisioneiros em campos de concentração, suas penas eloquentes são influenciadas por encontros com vários Lublinskis, alguns menos talentosos, alguns mais, mas sempre gente do mesmo tipo.

O terceiro pilar de Solovki — a delação — baseia-se em três sistemas independentes de espionagem que cobrem todas as instituições do campo. O primeiro: os agentes secretos do ISO. O segundo: os correspondentes de campo do KVO. E o terceiro: os "voluntários". De acordo com os prisioneiros com os quais eu falei e que permaneceram no campo muitos anos, o ISO recruta seus agentes secretos exatamente da mesma maneira que o GPU faz "do lado de fora", selecionando uma vítima adequada para servir de espião — na maior parte das vezes um prisioneiro político respeitável com um passado "burguês". Oferecem a esse prisioneiro uma redução na sua pena; e se ele se recusa, é ameaçado com o início de um novo caso contra ele ou com a prisão de seus parentes. Sua função é "informar" sobre questões de importância geral: o estado de espírito dos prisioneiros, o trabalho das instituições do campo, casos de "sabotagem", etc. Ele deve denunciar não apenas prisioneiros, mas também gepeístas livres que recebem salário. Por puro acaso, o relatório de um desses agentes, incluído em alguma correspondência comercial, veio parar nas minhas mãos. Eu alertei alguns dos meus camaradas para o fato de que poderiam estar em perigo, mas nada falei sobre o "agente" propriamente dito. Era melhor não expô-lo, pois agora que o conhecíamos ele não representava nenhuma grande ameaça.

Além desses agentes regulares, sempre há prisioneiros prontos — quando surge uma oportunidade — para delatar outros prisioneiros, na esperança de melhorar a própria situação. Alguns deles têm medo de ser acusados de transmitir "informação falsa". Denúncias relacionadas a preparativos para fuga são particularmente frequentes e perigosas.

No outono de 1931, uma dessas falsas denúncias quase causou a morte de um homem inocente. A Seção de Pesca estava enviando pequenos barcos a motor do Mar Branco para Murmansk para a pesca de arenque; tripulações e capitães eram prisioneiros. Quando um dos barcos entrou no porto para pegar água fresca, a tripulação caiu sobre seu capitão, o amarrou, chamou o barco da guarda costeira do GPU de Murmansk por telefone, entregou o capitão e testemunhou que ele os havia incitado a tirar vantagem da viagem marítima para escapar. A situação do capitão era desesperadora, embora fosse evidente que a acusação era absurda. O capitão era prisioneiro no campo fazia oito anos, havia estado no mar muitas vezes durante esse tempo, e lhe restavam apenas alguns dias para terminar de cumprir sua pena. Mesmo assim, ele foi colocado no "isolamento" nas condições mais difíceis, e sua execução foi adiada somente porque alguns membros da tripulação caíram em contradição em seus depoimentos. Durante metade de um ano o capitão se defendeu com excepcional coragem e compostura, até que finalmente foi colocado em liberdade — um desfecho que foi considerado milagroso. Mas seus acusadores não foram punidos — como já se esperava, pois era algo típico do GPU —, apesar da falsidade de sua denúncia.

O segundo sistema de espionagem é operado pelo KVO, o departamento educacional, por meio de seus "correspondentes de campo" — já mencionados —, os quais, escrevendo anonimamente, forneciam denúncias contra prisioneiros. Isso é considerado "trabalho social", e para essa atividade esses "correspondentes" são recrutados entre trabalhadores de máximo desempenho, que superam cotas; e esses trabalhadores recebem vários privilégios.

Em pequenos campos, porém, sua identidade é descoberta rapidamente, e então sua posição deixa de ser aceitável; os prisioneiros, bem como as autoridades dos campos, fazem o possível para que o correspondente seja removido para algum outro ponto, e então alertam os seus colegas de trabalho a respeito de sua encantadora ocupação.

A terceira categoria de delatores é a mais numerosa e importuna, embora provavelmente a menos perigosa. Esses delatores são conhecidos como "voluntários", e tentam ganhar favorecimento das autoridades informando sobre violações corriqueiras dos regulamentos do campo. Tudo é passível de denúncia: quem falou das autoridades de modo desrespeitoso, quem não trabalha com dedicação suficiente, quem procura vodca, quem se demorou conversando com uma pessoa "livre", e assim por diante.

Imprecação, favorecimento e delação estão organicamente ligados ao sistema do GPU e refletem seu nível moral: eles são os pilares principais do campo do GPU, a base dessa "educação dinâmica" e "transformadora" que hoje os escritores soviéticos tanto louvam.

CAPÍTULO 41

A PENA PROSSEGUE

A atitude dos prisioneiros com relação ao trabalho forçado é adequadamente definida em uma de suas máximas favoritas: "A pena prossegue". Se um preso trabalha com afinco ou se foge do trabalho, se executa bem ou mal sua tarefa, isso não importa: o tempo segue seu curso e a sentença chega ao fim. O GPU não ignora essa atitude, e desenvolveu os próprios "métodos de coerção".

Até 1930, nos "campos de destinação especial" essas medidas eram muito simples: os prisioneiros recebiam tarefas, e aqueles que não as cumpriam passavam fome, eram espancados, torturados, mortos. Agora, nos campos de "trabalho correcional", esses métodos são de natureza mais variada, mas o uso da força física ainda persiste. Por exemplo: de acordo com a natureza do trabalho, tarefas diárias ainda são dadas e a punição para aqueles que não as cumprem é a redução das rações de comida. O alimento básico é o pão preto. O prisioneiro que realiza trabalhos pesados recebe 800 gramas por dia. Se ele não completa sua tarefa, sua ração de pão é reduzida para 500 gramas ou até para 300 gramas, dependendo da porcentagem de trabalho inacabado. Uma ração diária de 300 gramas de pão, em um trabalho desse tipo, beira a inanição, levando-se em conta que o resto da comida não fornece nutrientes; então o primeiro método de coação permanece como antes: fome. Quando isso não funciona, o prisioneiro é mantido uma noite inteira numa cela de punição, sob condições horrendas, e ao amanhecer é levado para o trabalho. O próximo passo é a transferência para o "isolamento" como um preso "incorrigível". Eu nunca estive no isolamento, mas já vi prisioneiros serem trazidos desses isolamentos sob forte escolta; eles já não pareciam homens – eram meras sombras.

NOS CAMPOS DE CONCENTRAÇÃO SOVIÉTICOS

Para especialistas e funcionários de escritório, o primeiro método de coerção é "trabalho geral" — trabalho forçado; a próxima medida é uma acusação de sabotagem e confinamento no isolamento, onde o transgressor costuma ficar até ser executado.

Outros meios de coerção são mais sutis. Prisioneiros que cumprem as tarefas recebem "compensação extra" em vales especiais do GPU — trabalhadores braçais recebem de 3 a 4 rublos por mês, e especialistas com muita qualificação podem receber 25, e até 35 rublos. Com esse dinheiro eles podem comprar "produtos especiais", apenas nos armazéns do GPU, de uma lista que muda todos os meses. A qualidade desses produtos piora a cada ano que passa. Em 1931 era possível comprar, durante um mês, cerca de 200 gramas de açúcar, 100 gramas de biscoitos, de dois a três pacotes do tabaco mais barato, de duas a três caixas de fósforos, e às vezes 200 gramas de banha de porco derretida. Já em 1932, açúcar, biscoitos e banha foram retirados da lista. Além disso, o prisioneiro podia obter com seus vales especiais 200 gramas a mais de pão por dia, mas nem mesmo essa ração adicional — extremamente valiosa para os prisioneiros — era garantida, pois com frequência faltava pão nos armazéns. Por mais insignificante que fosse, porém, essa compensação extra não deixava de ser um poderoso incentivo para prisioneiros famintos.

Contudo, havia incentivos bem mais fortes, e que não custavam nada ao GPU. O principal deles era a visita. Se *durante metade de um ano* o preso tivesse realizado seu trabalho impecavelmente, ele poderia obter permissão para que o parente mais próximo o visitasse no campo. Há dois tipos de visitas: "em espaço aberto" e "particular". As visitas "em espaço aberto" se dão no pavilhão do comandante do campo, na presença da autoridade em serviço, e não duram mais do que duas horas por dia, de um a três ou quatro dias. Não são muito diferentes das visitas na prisão: em um corredor sujo e estreito, cheio de funcionários, o prisioneiro se senta num banco diante de sua mulher ou de sua mãe. Com as constantes e rudes advertências dos supervisores — "Falem mais alto!", "Nada de sussurros!", "Nada de pacotes!" —, esses encontros não são animados. E, para ter direito a isso, o prisioneiro precisa trabalhar até quase o esgotamento por seis longos meses.

A visita "particular" é o sonho de todo prisioneiro. Nesse caso, o prisioneiro tem a permissão de ficar em uma moradia "livre", ou seja, em um quarto ou na área de um quarto que o parente que veio visitá-lo encontra e aluga. Se o prisioneiro está em um campo em cujas cercanias não há aldeias nem habitantes livres, reserva-se um canto nos alojamentos; em Solovki há um recinto especial bem separado. O prisioneiro não é dispensado do trabalho, por isso só pode ver seus parentes durante o intervalo do jantar e à noite. Apesar dessas limitações, uma visita "particular" é considerada um grande privilégio; para conquistá-lo, um homem tem de chegar ao limite de sua resistência, embora essa visita dure não mais do que três ou quatro dias e seja concedida apenas àqueles que contam com grande "proteção" na administração dos campos.

Mas o fascínio das "visitas" não era suficiente, porque muitos prisioneiros tinham parentes muito pobres, na prisão ou no exílio. O gênio criativo dos membros da Tcheka inventou outro método, um novo "privilégio" que o GPU anunciou com pompa e circunstância no verão de 1931. Os prisioneiros devem se conscientizar de que não se tratava somente de uma ordem de rotina, mas sim de um evento real, um exemplo sem precedentes de clemência especial — como explicou um alto funcionário dirigindo-se aos presos em uma reunião. Os prisioneiros que tivessem um registro imaculado quanto ao comportamento e ao cumprimento de suas tarefas seriam agraciados com uma redução no tempo de sua pena, como se segue: cada três dias trabalhados seriam contados como quatro dias de sentença. Aqueles que estivessem inscritos nas "brigadas de desempenho máximo", isto é, que superassem suas cotas e demonstrassem confiabilidade política participando ativamente do trabalho social, teriam dois dias de trabalho contados como três. Desse modo, um prisioneiro que tivesse executado suas tarefas diárias irrepreensivelmente durante três anos seria considerado um prisioneiro que cumpriu quatro anos de sua sentença; e se além disso ele fosse um "trabalhador de desempenho máximo", dois anos de seu trabalho seriam contados como três anos de sua sentença. Essas reduções de sentenças deviam ser computadas três vezes por ano, e a regra propriamente dita entrou em vigor no dia 1º de agosto de 1931.

Os "educadores" responderam em nome da multidão de prisioneiros calados, dando voz à sua gratidão ao benevolente GPU e prometendo, em retribuição, que eles empregariam todos os seus esforços na "transformação" de si mesmos e se empenhariam pelo "pleno cumprimento dos planos", etc. Enquanto isso, nós nos mantínhamos em fila e ouvíamos, alguns acreditando, outros duvidando, mas todos se perguntando qual seria o real objetivo por trás das palavras dessa nova regra.

As "interpretações técnicas" não demoraram a aparecer. Pessoas que haviam sido privadas de seus direitos antes da prisão — ex-comerciantes, o clero e outros

NOS CAMPOS DE CONCENTRAÇÃO SOVIÉTICOS

"elementos não produtivos" — podiam ter quatro dias de trabalho contados como cinco, mas não podiam se juntar às "brigadas de desempenho máximo". Além disso, essa redução de pena não era automática e igual para todos; ela seria concedida apenas por comissões especiais, que poderiam negar a redução até mesmo aos trabalhadores mais conscientes se esses fossem considerados deficientes em relação à "atividade social" ou à "psicologia do proletariado".

Essas interpretações acabaram por enfraquecer a atratividade da nova regra para os prisioneiros, mas de modo geral a regra alcançou o efeito desejado, porque a liberdade é a meta de toda pessoa encarcerada. "Quando vai ser o dia?", é a pergunta que mais se faz no campo. Todo dia árduo e monótono tem sua importância, pois traz para mais perto o momento da libertação — "a pena prossegue". E por isso o prisioneiro, por mais cético que esteja, se dispõe a acreditar em qualquer rumor se isso lhe der alguma esperança de ser libertado mais cedo. A vida no campo seria impossível sem esperança.

A nova regra fortaleceu essa esperança. Um homem condenado a cinco anos de encarceramento, e que já havia cumprido dois anos, faria tudo o que estivesse ao seu alcance para ingressar nas "brigadas de desempenho máximo" e assim reduzir para dois os três anos que restavam. Um ano inteiro a menos de aprisionamento! A liberdade subitamente parecia tão real, tão próxima. Seria como se esse homem rejuvenescesse um ano. Ele não parava para pensar que nessas "brigadas de desempenho máximo" ele poderia estar cavando o próprio túmulo, e não pavimentando a estrada para a liberdade. Dificilmente alguém conseguia resistir à tentação do sonho.

Eu era um dos poucos pessimistas, talvez sobretudo porque não quisesse nem pensar que poderia ficar no campo até o final da minha sentença. Os pessimistas insistiam que não era possível acreditar que o GPU fosse cumprir suas promessas, pelo menos no que toca aos prisioneiros políticos, e que nossas sentenças eram tão longas que o GPU mudaria suas políticas mais de uma vez. Mas mesmo que o decreto continuasse em vigor (tendo provado sua eficácia como meio de coerção), por que pensar nesse assunto quando todos sabem bem como o GPU tem tratado aqueles cujas penas chegam ao fim? Se suas sentenças tivessem sido impostas por um tribunal — não pelo GPU —, eles seriam libertados dentro do prazo, como no caso dos criminosos (tais como assassinos, golpistas, ladrões profissionais). Esses criminosos representam não mais do que 10 por cento do total de prisioneiros. A grande massa de condenados — os 90 porcento restantes — sonhou seu sonho de liberdade "no grande dia", e o que aconteceu?

294

Deixem-me explicar como se dá essa "soltura"; eu já vi isso acontecer mais de uma vez. A sentença do prisioneiro chega ao fim. Seus camaradas se reúnem em torno dele, brincando amigavelmente com sua impaciência e seus tímidos planos para uma vida livre. Tentando ocultar a emoção, ele vai até o Departamento de Registro e, com o coração apertado, aproxima-se do guichê com a inscrição "Liberação", onde fica de pé, esperando que um cansado prisioneiro-escriturário encontre seus documentos nos arquivos. "A resposta sobre seu caso não foi recebida ainda; volte de novo dentro de um mês", diz o escriturário. Um segundo mês se passa, e então um terceiro — um ano, às vezes. E esse homem continua prisioneiro, forçado a trabalhar, ameaçado com a cela de punição e o isolamento. Por fim, seus "documentos" chegam, e com eles uma nova sentença, muito frequentemente. Aos prisioneiros políticos que haviam terminado de cumprir suas penas eram dadas três alternativas: (1) uma nova pena a ser cumprida num campo de concentração; (2) exílio numa aldeia longínqua no Extremo Norte; (3) em casos muito raros, "menos 6" ou "menos 12", o que significava que o próprio prisioneiro poderia escolher o local do seu exílio na União Soviética com a exclusão de seis ou doze cidades maiores e seus distritos adjacentes. Todas as regiões fronteiriças estavam igualmente excluídas — toda a Carélia, Murmansk, o Cáucaso, a Crimeia e assim sucessivamente —, de maneira que na vasta extensão do país não restavam muitos locais para escolher, principalmente para um homem treinado em alguma especialidade exclusiva e restrita.

Eu me lembro bem da tragédia de Gamid, o mensageiro da Seção de Pesca, que vinha da Transcaucásia e falava o idioma russo muito mal. Ele era excepcionalmente honesto e diligente em seu trabalho, e suportava o encarceramento com um fatalismo verdadeiramente oriental e uma gentileza fora do comum. Todos no *Ribprom* o adoravam e faziam piada com seu russo esquisito e seus esforços malsucedidos para melhorá-lo. A animação dele aumentava à medida que se aproximava o final de sua sentença. Quando o grande dia finalmente chegou, ele tirou da caixinha que havia trazido de casa uma camisa de seda limpa, um cinto caucasiano e botas altas bem lustradas; durante todos os anos de cárcere ele jamais havia mostrado essas coisas a ninguém. De manhã cedo ele se apresentou no Departamento de Registro. Voltou chorando. Sua "soltura" era na verdade outra sentença: três anos de exílio no Distrito de Archangel, o que para o pobre Gamid — um sulista cuja saúde já havia sido bem afetada pelo norte — podia se tornar uma tragédia maior que a da primeira deportação para o campo de concentração. Ele se despediu de nós como se partisse para seu túmulo.

Com esses acontecimentos em mente, por que deveríamos trabalhar para obter a redução de pena que havia sido prometida na nova regra de 1931?

O GPU percebeu essa atitude, e então, no início do verão de 1931, prisioneiros começaram a ser libertados depois de apenas alguns dias de atraso, ou algumas semanas no máximo. E a soltura deles foi "plena", sem penas adicionais de exílio. O prisioneiro recebia seus documentos e podia escolher sem restrições o local de sua futura residência. E isso não era tudo: o campo pagava sua passagem do campo até a cidade de sua escolha.

As primeiras solturas desse tipo produziram uma excelente impressão. Os mais inveterados pessimistas agora passavam a acreditar que o GPU realmente estava mudando sua política, e os prisioneiros estavam estupefatos. Alguns até se sentiam embaraçados quando voltavam do Departamento de Registro como homens completamente livres: como eles contariam isso aos seus camaradas, já que até então a soltura só era concedida como recompensa por denúncias? Entretanto, esses processos de soltura rapidamente se tornaram uma rotina, e prisioneiros políticos começaram a partir até mesmo para Leningrado e Moscou. Isso nos deu novo ânimo: a esperança de liberdade estava se concretizando, e, a fim de conquistá-la, homens estavam dispostos a trabalhar até não se aguentarem mais de pé.

Mal transcorreu um mês, porém, antes que boatos horríveis começassem a se espalhar pelo campo, rumores de que prisioneiros que tinham acabado de chegar em suas casas haviam sido presos novamente, sem acusação, e deportados para algum outro campo de concentração ou mandados para o exílio em províncias do Norte. A confirmação desses rumores não tardou a surgir. Cerca de dois meses depois da libertação de B., meu vizinho de alojamento em Veguerashka, a esposa de um dos prisioneiros foi a Kem para uma visita. Ela conhecia B. de Leningrado, e o conhecia bem, e falou sobre o destino que ele teve. B. havia voltado em segurança para sua esposa e filho em Leningrado, onde conseguiu trabalho e estava feliz. Depois de algumas semanas, um soldado apareceu na residência dele e lhe entregou uma notificação para que comparecesse à delegacia de polícia. B. se dirigiu à delegacia sem levar nada consigo, confiante de que queriam sua presença lá apenas para resolver algumas formalidades a respeito dos seus documentos. Mas ele não voltou da delegacia de polícia, e alguns dias mais tarde sua mulher descobriu que ele se encontrava na prisão da *Rua Nijegorodskaya*, uma prisão provisória do GPU. Uma semana depois ele foi deportado diretamente de lá para a parte norte do Distrito de Archangel — e nenhuma acusação havia sido formulada contra ele.

Ainda mais convincente foi o caso um pouco mais recente de um dos nossos colegas de trabalho no *Ribprom*, o qual, como recompensa por seu trabalho e comportamento exemplares, foi libertado segundo as disposições da "nova regra" antes que sua pena expirasse. Um mês após sua "plena" soltura, nós recebemos uma mensagem dele: *"Eu estou em Veguerashka, num alojamento com criminosos; vão me mandar para o "trabalho geral"; ajudem-me a voltar para a Seção de Pesca".* Por meio do Departamento de Registro, nós soubemos que ele tinha recebido uma nova sentença de três anos num campo de concentração. Não havia nenhuma nova acusação contra ele, mas um pedaço de papel foi juntado aos seus documentos nos arquivos: "Trecho da ata da reunião do conselho do OGPU. Caso de N., que completou sua sentença de três anos no campo de concentração. Decisão: *aumentar sua pena por mais três anos".*

Casos como esse se multiplicavam dia após dia; dessa maneira, os prisioneiros no campo se convenceram de que a "plena soltura" não passava de outra armadilha do GPU. Essa convicção fez surgir um grande abatimento, mais intenso, eu acredito, do que toda a alegria anterior, e os prisioneiros retornaram àquela velha atitude — "a pena prossegue" — que pelo menos lhes permitia preservar o que ainda restava de suas forças.

Porém o GPU ainda não havia terminado. Sabendo que rumores de anistia, de qualquer tipo, eram um ponto fraco dos prisioneiros, o GPU começou novamente a espalhá-los.

É preciso lembrar que todo prisioneiro político carrega, no fundo do coração, a tênue esperança de que a política tomará um novo rumo, de que as acusações insensatas contra eles serão retiradas e que eles retornarão à sua vida normal. Essa esperança não é de todo injustificada. Determinados prisioneiros foram às vezes soltos sem nenhum motivo aparente. Na época em que eu era prisioneiro, vários engenheiros importantes, que haviam sido deportados em 1931 para o campo de Solovetzki com longas sentenças, foram repentinamente libertados. No outono de 1931, durante uma das disputas com o Japão, não menos do que vinte policiais, que em tempos passados haviam servido na Marinha soviética, foram libertados. Todos esses casos foram acaloradamente debatidos entre os prisioneiros e aceitos como indicações de que a vez deles também chegaria. De tempos em tempos, os gepeístas espalhavam boatos de anistia juntamente com algum grande projeto.

NOS CAMPOS DE CONCENTRAÇÃO SOVIÉTICOS

Na Seção de Pesca, por exemplo, sempre circulavam rumores de que, caso ocorresse uma grande pesca e o cumprimento do plano, os homens que haviam trabalhado "mais duro" seriam colocados em liberdade. Eu observei mais de uma vez como as autoridades estimulavam tais rumores; por exemplo, quando pescadores eram enviados para pescar o arenque que aparecia na árida Costa de Murman. Lá, para além do Círculo Ártico, eles viveram e trabalharam incansavelmente, atravessando o outono e o inverno de 1931-1932. Malvestidos e parcamente calçados, tendo barracas gastas como abrigo e como comida pão bolorento e arenque seco, eles apanharam 1000 toneladas de peixe — mas nenhum homem foi libertado.

Não posso deixar de mencionar aqui o famoso caso de "anistia" concedida mediante o término do Canal do Mar Branco-Báltico (iniciado em dezembro de 1931) — um caso escandalosamente anunciado para o mundo inteiro pelo GPU e pelo governo soviético. No início dessa gigantesca operação correram rumores de uma anistia para os prisioneiros reunidos num campo especial para esse empreendimento — de 200 mil a 300 mil homens. No outono de 1932, os jornais soviéticos anunciaram que o trabalho ainda não estava concluído. Em 1º de janeiro de 1933, a regra concedendo uma redução de pena por trabalho impecável (sobre a qual já comentei) foi cancelada — os prisioneiros que haviam criado esse milagre de engenharia com as próprias mãos nuas foram enganados, porque o cancelamento era retroativo. Então, no verão de 1933, deu-se a transferência de 85 mil deles, a maioria para um novo campo, para a construção do Canal Moscou-Volga. Alguns novos estímulos foram necessários para avivar o entusiasmo pelo trabalho entre os que permaneceram para concluir o Canal do Mar Branco. Naquele momento, em 1º de agosto de 1933, o GPU anunciou sua "anistia"; alguns dos trabalhadores foram libertados, e outros realmente tiveram a pena reduzida. No total, cerca de 70 mil foram beneficiados nas duas situações. Obviamente não houve anistia real; foi somente como se o decreto cancelado tivesse sido restaurado. Portanto, na verdade, apenas um quarto do número total de prisioneiros que originalmente trabalharam no campo Mar Branco-Báltico foi beneficiado por essa anistia.

Todas essas coisas que eu constatei sobre o sistema do campo e o tratamento de prisioneiros pelo GPU serviram apenas para fortalecer minha determinação de fugir. Eu estava tão obcecado por essa ideia que quando a *Internacional* foi cantada eu podia ouvir apenas um verso dela, e repetir cada palavra desse verso com o mais entusiasmado prazer e sem risco:

"Nós conquistaremos a liberdade por nossas próprias mãos".

CAPÍTULO 42

QUE PREÇO PAGA UM FUGITIVO?

Com a intenção de preparar o caminho para minha fuga, eu decidi encontrar qualquer algum a trabalho experimental que serviriam como justificativa para que os diretores do Ribprom me enviassem para fora, para uma prolongada missão pelas partes mais selvagens da Região Norte dos campos, por onde se espalhavam muitas pequenas estações da Seção de Pesca e onde a supervisão não podia ser rígida.

O único homem que viajava pela região e visitava essas estações era o chefe do *Ribprom*, S. T. Simankoff, um astuto pescador que havia se tornado comunista e que conquistara uma carreira burocrática nos moldes soviéticos na distante província da Carélia. Quando o GPU estava organizando a Seção de Pesca em Kem, não conseguiu encontrar nem um único gepeísta que tivesse algum conhecimento sobre o negócio da pesca. Simankoff, então presidente do comitê executivo regional, representando as autoridades locais, foi levado para o GPU. Trajando um longo sobretudo, característico de gepeístas, botas altas de couro com esporas, uma estrela vermelha em seu chapéu e a insígnia de um general na lapela, o novo chefe estava pronto. O título de chefe de seção de campo dava a ele incontáveis vantagens materiais.

Eu sugeri a ele que me enviasse, antes da chegada do inverno, para inspecionar e informar sobre todas as áreas de pesca, estações ou pontos do *Ribprom*, avaliando ao mesmo tempo a possível organização de novos tipos de atividades relacionadas à pesca, como a utilização de resíduos de peixe e também de peixes que não podem ser negociados no mercado. Achei que uma nova expansão dos negócios seria algo tentador para ele. Eu planejava fazer o trabalho de pesquisa usando um pequeno barco a remo para ter a possibilidade de desembarcar em qualquer local que desejasse.

NOS CAMPOS DE CONCENTRAÇÃO SOVIÉTICOS

No "plano para meu trabalho em 1931" eu intencionalmente não indiquei a região exata da pesquisa, embora fosse óbvio que um levantamento de todas as estações do *Ribprom* em um verão seria impossível — significaria uma viagem de mais de 1000 quilômetros ao longo da linha costeira. As zonas ou pontos do *Ribprom* localizam-se basicamente em duas regiões: no norte, a Baía de Kandalaksha; no sul, a costa da Baía de Onega do Mar Branco. Esta última fica a cerca de 300 quilômetros da fronteira da Finlândia, ao passo que as seções do norte da Baía de Kandalaksha localizam-se a apenas 100 quilômetros de distância da Finlândia. A seção do Extremo Norte próxima da Vila Kandalaksha era montanhosa, não tinha estradas, e era praticamente desabitada desde a costa marítima até a fronteira. Por outro lado, a região entre a Baía de Onega e a fronteira com a Finlândia possuía uma extensão de terra plana e pantanosa, com numerosos lagos e rios de tamanho considerável, que poderiam dificultar a viagem. Eu não tinha medo das montanhas — a faixa de montanha que se estendia ao longo de Kandalaksha tinha cerca de 1000 metros acima do nível do mar, e eu poderia facilmente encontrar um modo de passar por ela.

Porém, quanto mais firmemente eu me decidia a escolher a Região Norte, mais cuidadosamente eu ocultava meu interesse nela. Meu programa foi discutido e condescendentemente aprovado, mas nem a região nem o dia da partida foram definidos.

Eu não tinha pressa. Em todo meu plano, uma questão vital permanecia indefinida. Precisava saber qual havia sido o destino da minha mulher. Eu só sabia que não havia nenhum "caso" apresentado contra ela, mas ela continuava presa. Eu tendia a acreditar que o interrogador estava se empenhando para inventar um "caso" contra ela. Eu recebia notícias alarmantes a respeito dos prisioneiros recém-deportados que chegavam de Leningrado: muitos especialistas do Museu Hermitage, do Museu Russo, do Museu Etnográfico e outros tinham sido deportados. Minha esposa havia trabalhado no Hermitage, e era bem possível que tivesse sido "acrescentada" a esses grupos de deportados.

O chuvoso e frio mês de junho passou, e então vieram os meses de julho e de agosto, claros e quentes. Restava cerca de um mês para que o trabalho se tornasse inviável naquelas regiões do norte, onde a neve costumava chegar mais cedo em setembro e permanecer nas montanhas até o verão seguinte. Meus colegas no *Ribprom* não estavam otimistas. "Você não vai a lugar nenhum", insistiam alguns deles. "As autoridades sempre têm ideias extravagantes! Além do mais, uma viagem dessas depende largamente do ISO. Se o ISO considerá-lo um prisioneiro "especial" ou se suspeitar que você pretende escapar, não lhe darão permissão para sair de Kem, não importa o que seu chefe faça."

"Não", diziam outros, "não é bem assim. Talvez o ISO não tenha nada contra você. Mas você acabou de chegar, ainda não houve tempo suficiente para testá-lo. Neste campo as tentativas de fuga são feitas geralmente no decorrer do primeiro ano, e na primeira oportunidade. Na maior parte das vezes, a primeira missão é realizada em algum lugar próximo, onde haja uma boa supervisão. Se o comportamento do prisioneiro for satisfatório, então ele pode ser enviado para uma zona mais distante".

Eu decidi tentar uma missão desse tipo — numa estação distante 20 quilômetros de Kem, onde o salmão era tratado, na Vila de Podujemie. Essa localidade era servida pela *Rodovia Kem–Ukhtin* e levava à fronteira com a Finlândia. Diversas vilas se localizavam ao longo dessa via, e uma linha regular de comunicação era mantida entre elas por caminhões. A estrada era patrulhada por gepeístas do campo e por guardas da fronteira. A distância até a fronteira com a Finlândia era de 250 quilômetros.

As autoridades não correriam nenhum risco se decidissem permitir que eu rumasse nessa direção. Para garantir ao ISO que eu não pensava em fugir, eu estava dizendo a todos que minha mulher se encontrava na prisão e que eu havia deixado para trás, em Leningrado, um filho de 12 anos, cujas cartas para mim — as únicas que eu recebia — eram inspecionadas pelo ISO. Se eu fugisse sozinho, meus entes queridos ficariam à mercê deles.

Um carregamento de salmão, vindo de Podujemie, chegava de caminhão diariamente a Kem. Uma vez em Kem, o salmão passava por uma triagem e era acondicionado em sal ou em gelo, destinado a "presentes" ou a ser exportado para a Inglaterra. As pessoas especializadas em tratar o peixe reclamavam de que a porcentagem de peixe adulterado de Podujemie era muito alta. Inspecionei os carregamentos por vários dias, concluí que essa alta porcentagem se devia ao modo incorreto de matar e de manipular o peixe, e preparei um relatório sugerindo um novo método para matar o salmão.

Como já havia sido pescador, Simankoff se mostrou interessado.

— É só me mandar para Podujemie — argumentei. — Eu posso demonstrar o novo método aos pescadores e lhes ensinar como isso deve ser feito. Depois, seus salgadores podem opinar sobre o peixe morto por esse processo, e eu garanto que nenhum deles ficará defeituoso.

NOS CAMPOS DE CONCENTRAÇÃO SOVIÉTICOS

Ele aprovou minha proposta, e dois dias depois minha partida foi oficialmente organizada. O ISO me deixou ir. Mais um pequeno passo na direção do meu objetivo.

Numa linda tarde de verão — 10 de agosto — eu me sentei ao lado do motorista de um caminhão Ford que partiu de Kem na direção oeste. À nossa direita estava a estrada de ferro — cortando a zona costeira —, uma barreira mágica que me mantinha em cativeiro. Eu teria de cruzá-la algum dia. A leste dela, cidades, vilas, barreiras de arame farpado e guardas. A oeste, uma floresta selvagem, pântanos, lagos, com poucos povoados e alguns campos madeireiros aqui e ali.

A *Rodovia Kem—Ukhtin*, construída através da floresta sobre a margem esquerda do Rio Kem, é um dos mais trágicos empreendimentos jamais encampados e levados a cabo pelo GPU. ████████████████ 300 ██ no "Paraíso Soviético" ████████████████ mais condições, o carro chacoalhava e ██████, e as pontes já não pareciam seguras. O motorista tinha um relógio (um objeto proibido para prisioneiros comuns, porque poderia servir como uma bússola), e pelas placas de sinalização nós estimamos nossa velocidade em 30 quilômetros por hora. "Dez horas para chegar à fronteira!", ocorreu-me então. Mas eu soube pelo motorista que o combustível era fornecido sob controle rígido: não mais do que o suficiente para chegar ao destino.

O sol estava baixo no horizonte e dourava os troncos das árvores e os espaços abertos da costa. Pensei na minha mulher numa cela solitária na prisão de Shpalernaya, com seu ar sujo e fedor de prisão. Senti-me envergonhado por respirar o ar fresco da floresta, por poder contemplar as lindas matas.

Em Podujemie, encontramos um guarda do GPU e um prisioneiro, que recebia o salmão dos pescadores locais e o enviava a Kem. O quarto do prisioneiro, alugado pelo GPU na casa de um camponês, servia também como escritório, onde os pescadores eram pagos. Antes de ser preso, o prisioneiro havia trabalhado para o GPU como informante, mas foi deportado por dez anos por falar demais. Ainda assim, para o GPU ele era um aliado, e assim eu me vi nas mãos de dois guardas de confiança. Tive de passar aquela longa noite de verão com eles, e com toda a cautela reunir informações sobre fugas, enquanto fingia estar interessado em outra coisa.

Fugas de criminosos já me interessaram mais, quando eu ainda estava na prisão. O criminoso não corre muitos riscos: uma surra no momento da

QUE PREÇO PAGA UM FUGITIVO?

captura, um mês no isolamento ou um aumento de tempo na sentença. O prisioneiro político, por outro lado, tem tudo a perder. Ser capturado significa um terrível espancamento, só para começar. Depois se seguem o isolamento, sessões de tortura para que você confesse e entregue cúmplices que nunca existiram, e por fim uma bala na nuca.

O prisioneiro político, portanto, faz sua tentativa apenas depois de se preparar de todas as maneiras possíveis, enquanto o criminoso foge quando surge a primeira oportunidade. Os guardas não levam muito a sério a fuga de criminosos, e não se esforçam muito na sua perseguição; sabem que eles acabarão aparecendo na estrada de ferro ou numa cidade. Mas quando se trata de sair em perseguição a prisioneiros políticos, destacamentos são organizados imediatamente: algumas vezes todas as vilas da vizinhança são mobilizadas, e a guarda da fronteira é chamada para ajudar. O prisioneiro político sempre tenta escapar para o exterior — ele não tem refúgio dentro de sua terra natal.

Isso me foi revelado pelos meus guardas. Não era nada encorajador. Tentativas de escapar eram frequentes aqui, mas raramente tinham êxito. Os prisioneiros sempre cediam à tentação de seguir a rodovia, mas isso era fatal. A rodovia era vigiada, e todos os povoados ao longo dela eram conectados por telefone e telégrafo com Kem. Se o fugitivo se mantivesse na floresta paralela à estrada, a guarda poderia facilmente se antecipar a ele e bloquear o caminho em lugares que conhecia bem, onde pântanos, lagos e rios eram intransitáveis. Além disso, através da floresta os 300 quilômetros até a fronteira aumentariam para 450 quilômetros, e isso levaria mais de duas semanas; obter e carregar uma quantidade de comida suficiente para todo esse tempo era impossível. A fome forçaria o fugitivo a procurar uma vila — onde ele se depararia com camponeses carelianos.

Encontrar esses camponeses pelo caminho durante uma fuga não era nada bom. Caçar fugitivos era um esporte para eles — com um prêmio de um pacote de farinha por cada captura. Os perseguidores eram pessoas bem alimentadas, com bons calçados, armadas e familiarizadas com a região; os fugitivos, por sua vez, eram pessoas famintas, enfraquecidas pela vida na prisão e no campo, com calçados sofríveis e vagando por uma floresta estranha. Mesmo assim, era difícil encontrar um fugitivo ali. Após algum tempo, porém, quando suas forças chegavam ao fim, ele saía em busca de algo para comer e se tornava mais vulnerável.

"Seres humanos moram aqui", o fugitivo pensaria. "É possível que eles me entreguem para que eu seja torturado e morto?"

303

NOS CAMPOS DE CONCENTRAÇÃO SOVIÉTICOS

Ele seria recebido com amabilidade e piedade, convidado a se sentar a uma mesa e alimentado; provisões seriam preparadas para ele, e insistiriam para que ele ficasse mais tempo e descansasse. E, enquanto a dona de casa cuidava tão bem dele, seu filho pequeno sairia correndo para acionar a guarda.

Os guardas me contaram que bem poucos dias atrás os habitantes da vila haviam apanhado um jovem camponês que tinha escapado do campo de Solovetzki. Ele entrara em uma das casas nos arredores da vila para pedir um pedaço de pão. Depois de receber o alimento, retornou para a floresta, mas acabou caindo em uma emboscada. Começou a correr, mas foi atingido por duas balas, levado para a vila e aprisionado em um celeiro. Mas era um homem dotado de uma força excepcional, e durante a noite, apesar dos ferimentos, ele quebrou a porta e conseguiu sair do celeiro. A fuga logo foi descoberta, cães foram enviados em seu encalço, ele foi alcançado e atacado, severamente espancado, amarrado e levado de volta para a vila. Resolveram trancá-lo em um banheiro público, mas, assim que soltaram suas mãos, ele atacou seus torturadores, ferindo seriamente dois deles. A essa altura, a guarda do GPU havia chegado. O prisioneiro foi dominado e pendurado no celeiro pelas pernas. Corria sangue de sua boca, ele mal podia respirar e implorava para que o descessem. Isso só foi feito depois que ele perdeu a consciência — os fugitivos deviam ser levados de volta ao campo, vivos. Assim que recobrou a consciência, ele ficou de pé de um salto, pegou uma pedra e a arremessou contra um guarda com tamanha força que lhe quebrou o osso esterno. Então foi novamente surrado, amarrado e preso atrás de uma carroça que imediatamente partiu para Kem. Quando ele caiu, o cavalo o arrastou pela estrada e os guardas o chutaram. Eles o arrastaram por 3 ou 4 quilômetros, e então pararam. O fugitivo estava morto.

Essa terrível história, como outras semelhantes a ela, foi narrada tranquilamente pelos homens que me acompanhavam; para eles os detalhes técnicos do caso eram impressionantes — como o fugitivo foi capturado, como foi surrado, etc. Mas em nenhum momento pareceu ocorrer a eles que se tratava de um ser humano. Ele estava ali apenas para ser caçado, e representava para os caçadores a chance de ganhar um saco de farinha. E os impressionou com sua obstinada recusa em morrer.

No dia seguinte, eu conduzi meus experimentos com sucesso. Os pescadores pareciam interessados, mas, depois de falar com eles e vê-los trabalhando, eu me convenci de que eles não usariam meu método. A razão para isso residia no fato de que o salmão defeituoso não era "comprado" deles oficialmente e era deixado para o próprio uso, enquanto todo o peixe bom tinha de ser entregue para o *Ribprom* por um preço fixo. Pelo salmão de melhor qualidade eles recebiam de 70 copeques a 1 rublo o quilo, enquanto pelo peixe defeituoso, vendido secretamente, eles conseguiam de 10 a 15 rublos o quilo.

Fui levado de volta para Kem no mesmo caminhão, tarde da noite, e imediatamente caí no sono na minha tábua. Depois de alguns minutos, fui acordado. Diante de mim encontrava-se o assistente do capataz. Ele tinha nas mãos algo que se parecia com um livro.

O que significava isso? Eu seria mandado para algum outro lugar? Para a cela de punição? Quando eram interpelados inesperadamente, todos os prisioneiros tinham esses pensamentos.

— Telegrama. Assine aqui.

Controlando com dificuldade minha excitação, eu assinei meu nome e peguei o telegrama. O que poderia ter acontecido?

"Retornei em segurança para casa." Assinado pela minha esposa.

Ainda existia alegria na União Soviética.

Fui tomado por uma imensa alegria e por um tremendo alívio. Ela havia saído da prisão — o sonho de todo prisioneiro! E já estava com nosso filho. O garoto não estava mais sozinho.

O telegrama havia chegado no dia 10 de agosto, o dia em que eu saí do campo pela primeira vez; esse era um bom presságio.

Todos os meus planos de escapar haviam agora mudado. Tudo se tornou mais simples. Minha mulher e meu filho estavam livres. Era extremamente importante vê-los; porém, de acordo com o regulamento do campo, um prisioneiro só podia receber visitas seis meses a contar de sua chegada. Antes disso não seria possível, nem sob as condições mais favoráveis. Portanto eu não teria a oportunidade de ver minha família antes do dia 2 de novembro, quando já seria inverno. Isso significava que a fuga teria de ser adiada para 1932; mas então teríamos a chance de fugir juntos.

Eu não dormi a noite inteira. Pensamentos sobre a fuga não me saíam da cabeça. O amontoado de gente, o fedor, a sujeira e a falta de ventilação, e até mesmo os percevejos — eu parei de me incomodar com essas coisas. A partir desse momento eu vivi intensamente alimentando apenas um único pensamento: escapar.

A vida de condenado transcorria como um sonho. Se esse tempo maldito se arrastaria dessa ou daquela maneira, que diferença fazia? Eu tinha

NOS CAMPOS DE CONCENTRAÇÃO SOVIÉTICOS

tantas providências a tomar! Acima de tudo, precisava recuperar minhas forças e me exercitar nas atividades de caminhada e de remo. Eu também precisava, antes de novembro, levar a cabo minha possível viagem rumo ao norte e retornar a Kem para o encontro com minha esposa. Aí então nós poderíamos conversar sobre a fuga.

Eu escrevi um relatório no dia seguinte. Os salgadores do *Ribprom* aprovaram o salmão que eu havia preparado. Eu não recebi nem elogios nem repreensão da parte das autoridades. Isso era um bom sinal, de acordo com meus colegas de trabalho.

Kolossoff, o subchefe, mandou me chamar dois dias depois.

— Como vão os preparativos para a sua expedição? — ele perguntou, pronunciando a palavra "expedição" com uma inflexão sarcástica.

— Preparei tudo o que foi possível. Posso começar a qualquer momento.

— De que ponto você pretende começar sua pesquisa?

Tive uma grande vontade de responder "do norte", mas dei de ombros e disse com voz indiferente:

— Não faz diferença. Posso começar tanto pelo sul quanto pelo norte.

— Nós temos mais interesse na Região Sul. Comece de lá. Faça um relatório detalhado para o chefe da seção. Ele mandará chamá-lo. Esteja pronto para partir.

Isso era ruim para mim. Como eu conseguiria contornar essa dificuldade? O chefe e seus assistentes estavam sempre em desacordo — por que não aproveitar isso?

Quando apresentei meu relatório a Simankoff, eu disse a ele no final de nossa reunião:

— Seu assistente ordenou que eu iniciasse a pesquisa pela Região Sul.

— Bobagem. Você começará pela Região Norte. Vai partir amanhã para Kandalaksha.

A sorte estava sorrindo para mim.

CAPÍTULO 43

EXPLORANDO O TERRENO

Antes de começar, eu tive de passar dois dias reunindo os seguintes documentos e certificados: (1) uma passagem militar de trem dada a mim por ordem do GPU; (2) um certificado autorizando-me a vestir roupas civis (isso seria um crime sem esse certificado); (3) um certificado escrito de maneira um tanto rude: "O prisioneiro Tchernavin, ictiologista, foi despachado para a Seção Norte para realizar trabalho de pesquisa por dez dias"; (4) instruções detalhadas escritas por mim num papel do *Ribprom* assinado por Simankoff, providenciando os suprimentos necessários para uma viagem de barco a remo de dois meses. A contradição entre esses dois últimos documentos era evidente. As regras do campo proibiam a emissão de certificados desse tipo para mais de dez dias; ao fim desse prazo, o tempo poderia ser aumentado no próprio lugar, se necessário, após comunicação telegráfica com Kem. Em qualquer localidade o chefe da guarda poderia me deter e mandar-me de volta sob escolta, caso eu estivesse sob suspeita ou se tivesse causado uma impressão desfavorável. Finalmente, o chefe da Região Norte em Kandalaksha tinha poder para me impedir de ir mais longe. Por isso eu levava comigo um papel de Simankoff no qual ele certamente explicava, à sua própria maneira, por que deviam permitir que eu prosseguisse com minhas viagens.

Meu equipamento para trabalho não chegava a ser completo: um pequeno compasso de fabricação soviética, de qualidade tão ruim que era impossível medir qualquer coisa com ele, duas caixas de ferro para a coleta de peixes e 1 quilo de formalina. Além disso, eu havia obtido, a título de "favor", uma régua com escala e dois tubos de ensaio — para convencer os guardas de que meu trabalho era sério e científico. E recebi uma tarrafa que serviria para apanhar espécimes para estudo. Com ela eu também poderia pescar peixe para comer.

Embarquei no trem para Kandalaksha no último instante. O vagão estava lotado. Em sua maioria os passageiros eram camponeses, predominantemente da Ucrânia e do Cáucaso do Norte, com suas mulheres e crianças, carregando seus pertences domésticos indefinidos em pequenos baús de fabricação caseira. As roupas que usavam eram simples e gastas, com rasgos e remendos. Os calçados eram feitos de casca de árvore (*lapti*). Os pescadores locais olhavam para esses calçados com curiosidade; só tinham visto prisioneiros usando isso. As crianças estavam sujas, magras, pálidas e praticamente nuas. Esses camponeses que enchiam os trens, depois de perambularem durante dias por estações sujas, seguiam caminho para a Carélia em busca de pão. A proximidade com a rica Finlândia e a dificuldade de vigiar essa extensa fronteira forçavam as autoridades soviéticas a fornecer uma ração maior de pão na Carélia, a fim de evitar uma grande fuga de carelianos para a Finlândia. O confisco das propriedades dos *kulaks* nessa região também foi executado de modo mais cauteloso. Rumores sobre esses lugares onde havia pão em "abundância" se espalharam rapidamente por toda a União Soviética, e os camponeses que tinham perdido tudo, de lugares onde antes havia fartura, arrastaram-se para essa região de pedras e pântanos e árvores secas, na esperança de serem alimentados com as rações distribuídas pelo Estado.

Muitos deles eram trabalhadores contratados. Havia uma escassez tão grande de mão de obra para as grandes "construções" — tais como as fábricas químicas de Kandalaksha, a central elétrica na Baía de Kniaje e outras — que esses empreendimentos tinham de contar com agentes de recrutamento de mão de obra que prometiam 1 quilo de pão por dia e botas de cano alto. Os famintos camponeses de pés descalços aceitavam ir a qualquer lugar por essas coisas; uma vez no Norte, porém, sofrendo com o frio e instalados em alojamentos congelantes e infestados de piolhos, começavam a se arrastar abatidos de volta para sua terra natal. No mais das vezes, eles não recebiam nem mesmo as tão desejadas botas de cano alto e, além disso, todos os seus documentos eram tomados deles pelos agentes recrutadores. Sem dinheiro para pagar por sua viagem de volta, eles se tornavam mendigos, muitas vezes de pés no chão e vestindo trapos, caminhando de estação em estação em busca de comida. Na linguagem soviética oficial, o nome para isso era "a fluidez da mão de obra". Alguém devia testemunhar a gravidade da miséria dessa "mão de obra" para compreender a razão dessa "fluidez".

EXPLORANDO O TERRENO

A multidão, a sujeira e o choro de crianças famintas no vagão causavam aflição até a mim — um condenado. Fui para a plataforma e falei com um camponês magro vestido em farrapos. Ele tossia sem parar, seu rosto estava verde e tinha olhos fundos. Tratava-se, sem dúvida, de uma pessoa nos últimos estágios da tuberculose. Ele havia passado três meses em seu último emprego, mas foi enganado e não recebeu o pagamento; começou então a procurar outro trabalho. Sua mulher havia morrido, e ele arrastava consigo cinco crianças, todas famintas, sujas e doentes.

— Eu trabalhei para o GPU. Construí uma casa para eles na fronteira, mas fui enganado, eles não me pagaram — ele me disse.

— Onde você construiu essa casa? — perguntei.

— Hum... Uns 80 quilômetros bem na direção oeste da estação X.

— A casa era grande?

— Uma casa para uns quinze guardas.

— Você estava bem alimentado?

— Bom, eles comiam bem, mas davam pra gente uma comida pior que a dos cachorros deles.

— Eles têm muitos cães lá?

— Três cães. Acredite em mim, meu senhor, aqueles guardas têm tudo. Eles comem *kasha* todos os dias, e com manteiga. A sopa de repolho deles é feita com carne, e o pão é tanto que eles nem conseguem dar conta de tudo. E como é fácil aquele trabalho deles! Um trajeto de 15 quilômetros, e fazem a patrulha em pares. Quando dois voltam, dois outros saem. Na maior parte do tempo eles ficam deitados, ouvindo o rádio. E tem mais — ele acrescentou, rindo sarcasticamente. — Não gostam de entrar na floresta. Eles têm medo.

— Medo de quê?

— Dá pra acreditar? Dois homens, cada um portando um rifle, e ainda assim têm medo. Dizem que lá há prisioneiros fugitivos escondidos, esperando que entrem na floresta para matá-los.

— Eles levam os cães junto nas patrulhas?

— Não, eu nunca os vi levando os cães. Talvez os cães não sejam treinados.

E dessa maneira, acidentalmente, eu tive informações sobre a localização de um novo posto na fronteira numa região importante para mim.

Eu já tinha viajado bastante pela Estrada de Ferro de Murmansk, e a paisagem e as estações me eram familiares. Mas agora eu olhava para tudo com novos olhos. Algum dia *eu* me arrastaria por aí com um bastão e uma

NOS CAMPOS DE CONCENTRAÇÃO SOVIÉTICOS

trouxa: um mendigo, um prisioneiro em fuga, mas livre e não mais um escravo do GPU.

Cerca de 15 quilômetros antes de chegar a Kandalaksha, a configuração do terreno era particularmente interessante para mim. Nesse ponto a estrada de ferro passava pela extremidade nordeste da Baía de Kandalaksha, atravessando uma lagoa profunda que se estendia na direção oeste por cerca de 20 quilômetros. Se fosse possível iniciar a fuga de barco por essa lagoa, eu não apenas pouparia 20 quilômetros de caminhada como tornaria mais difícil a perseguição, já que os cães não teriam nada para farejar e seguir.

Imerso nesses pensamentos, eu nem percebi que tínhamos chegado a Kandalaksha. Na plataforma notei o olhar perscrutador dos guardas, alguns de uniforme e outros com roupas civis. Estavam em serviço na estação. Eu me encontrava agora em um lugar que conhecia bem, porque já havia estudado ... que o Mar Branco. Abaixo de mim, ao longo da baía, em ... o Rio Niva estendia-se a velha aldeia de ... eu tive de subir uma colina cerca de 1 quilômetro ... longado, torres de vigia e alojamentos podiam ser avistados. Fui parado no portão por um sentinela que verificou meus papéis e examinou todos os meus pertences. Até meus bolsos foram revistados. No escritório do comandante, meus documentos foram novamente examinados, bem como minhas bolsas.

Até a primavera de 1931, Kandalaksha foi o centro da seção norte do negócio de madeira do campo de Solovetzki, em torno do qual se agrupavam diversas estações. Agora os alojamentos estavam quase vazios. Eu tive de aguardar por mais formalidades, sem mais nada para fazer além de passar o dia inteiro perambulando pela área cercada e olhando para as montanhas e para a baía que se estendia abaixo de mim. Muito além da Baía de Kandalaksha, que eu provisoriamente havia escolhido como ponto de partida para minha fuga, erguia-se o pico nu da montanha Gremiakha, com as silhuetas púrpuras de outras montanhas desaparecendo na direção oeste. A que distância estavam? Talvez 50 ou 60 quilômetros — e a fronteira ainda ficava para além delas. Eu selecionei um dos picos mais altos e determinei, com a ajuda de um relógio pendurado no escritório do comandante, a direção da linha que unia a Gremiakha àquele pico distante. Isso poderia ser útil para mim caso eu tivesse que escapar sem relógio ou bússola. Caso conseguisse alcançar a Gremiakha, eu dimensionaria seu cume e escolheria outro cume no horizonte a oeste como o próximo objetivo a ser alcançado.

No terceiro dia recebi permissão para ir à vila inspecionar o píer e as instalações de transbordo para produtos de pesca. Fui revistado quando saí e também quando retornei ao campo. Tanto meu horário de saída quanto o de entrada foram anotados. Eu tinha três horas no máximo para fazer meu trabalho. Se ultrapassasse esse tempo, qualquer guarda poderia me prender. Que condições tão estranhas para realizar trabalho de pesquisa, principalmente para o GPU, que adora alardear que especialistas-prisioneiros são sempre empregados com profissionalismo!

Uma semana se passou e o chefe da Região Norte, enfim, decidiu assinar minha permissão para inspecionar os estabelecimentos do *Ribprom*. Fui novamente revistado, colocado num esquife do GPU e levado através da baía para a estação mais próxima do *Ribprom*, conhecida como Palkin, num promontório arborizado no lado careliano ou ocidental da Baía de Kandalaksha, não longe da Baía Palkin, que avança para o interior por uma distância considerável. Cinquenta prisioneiros vivem ali, em alojamentos feitos com toras. Não havia arame farpado nem torres de vigia, e apenas dois guardas para vigiar os prisioneiros e para organizar perseguições em caso de fuga.

O principal recurso para evitar fugas em campos como esse era um sistema de vigilância articulado entre os próprios prisioneiros, por meio do qual os preparativos necessários para uma fuga eram descobertos; o prisioneiro geralmente acabava se entregando quando guardava alimentos, ou quando dizia algo suspeito. Além disso, um sistema de responsabilidade mútua havia sido introduzido recentemente: se algum prisioneiro escapasse em uma área de pesca, os outros seriam considerados cúmplices.

Essas condições eram novas e estranhas para mim — estar cercado não por arame farpado, mas pela floresta e pelo mar. Havia barcos parados na praia. Não fosse por minha mulher e meu filho, eu poderia ter me rendido à tentação e escapado no primeiro dia de minha chegada.

Na manhã seguinte eu decidi testar a força e a influência dos meus documentos, e os limites da minha liberdade. Dirigi-me ao guarda de posição mais elevada na hierarquia, mostrei-lhe minhas instruções, nas quais se viam vários carimbos, e disse a ele que, segundo as ordens que eu havia recebido, minhas pesquisas deveriam começar na manhã seguinte, às 7 horas, e eu não retornaria até 8 ou 9 da noite. Falei com ele durante uma hora sobre a utilidade da ciência e sobre a enorme importância prática das minhas pesquisas. Ele me fez várias perguntas que mostravam que ele estava bastante impressionado com meu conhecimento; por exemplo, interessava a ele saber por que a amora-silvestre amadurecia antes do mirtilo, embora crescessem lado a lado.

— O que você acha? — eu respondi com expressão bem séria. — Com 10 anos, o camarada Lenin foi inteligente o suficiente para governar um país, enquanto alguns sujeitos chegam aos 15 anos sem saber como cuidar de um porco. O mesmo acontece com a amora e o mirtilo, que são frutas vermelhas. Elas não são iguais. — E eu sugeri que ele tentasse preparar um chá fervendo as frutas juntas e adicionando açúcar. Isso lhe agradou imensamente; ele iria experimentar isso na manhã seguinte — e eu pude me embrenhar pela floresta o dia inteiro.

Na manhã seguinte eu levei comigo uma cesta, onde coloquei meus tubos de ensaio como estímulo visual aos guardas, para que eles tivessem a confirmação de que minhas intenções eram sérias e científicas. Entrei na floresta e segui um trajeto ao longo da praia, imaginando se estava sendo seguido. Em um trecho de mata cerrada eu dei meia-volta e retornei pelo mesmo caminho por onde vinha, a fim de verificar as pegadas; mas só encontrei as minhas. Segui em frente, aliviado, desfrutando do silêncio da floresta. Meu cesto não demorou a se encher de chapéus de cogumelos comestíveis. Diversas vezes eu me surpreendi ao ver galinholas, galos pretos e perdizes comendo frutas silvestres. Eu estava tão encantado com essa liberdade, com o prazer de estar sozinho, que o tempo, o cansaço e a fome passaram despercebidos, embora o regime imposto na prisão e no campo tivesse minado seriamente minhas forças.

O sol estava a sudoeste quando eu parei para descansar ao lado de um riacho barulhento, e decidi comer algumas frutas silvestres. A floresta era belíssima; as águas da baía cintilavam através das árvores, e eu podia ouvir o rugir das ondas quebrando. Podia ter seguido em frente, atravessando a floresta até as montanhas púrpuras a oeste; porém, como um escravo obediente, eu "tinha" de voltar.

Fiz um trajeto tortuoso na volta, a fim de estudar a região. Escalei uma encosta de montanha e subi na sua árvore mais alta. A Baía de Kandalaksha estava diante de mim como um mapa. A oeste erguia-se meu ponto de referência, o Monte Gremiakha.

Fiquei durante cinco dias na estação Palkin e fazia caminhadas todos os dias. Muitas vezes eu me deparei com camponeses locais que se dirigiam às áreas de pesca para pescar arenque. Sempre que surgia uma oportunidade eu me aproximava deles e lhes fazia perguntas. Perto de Prolif, onde a estrada de ferro passava, encontrei um homem idoso.

— Diga-me, meu avô — perguntei. — Antes de construírem a estrada de ferro, o salmão costumava subir a Baía de Kandalaksha, não é?

— E por que não haveria de subir? — ele respondeu. — Bem no começo da baía corre o Rio Kanda. Veja. — e ele apontou para o Gremiakha. — De um lado dele corre um rio chamado Kanda, e do outro um riacho que também se chama Gremiakha. Há ainda outros riachos correndo, e o salmão ia para lá em busca de água fresca — salmões aos montes. Até que construíram essa ferrovia. Agora o salmão não pode mais atravessar. Eles deixaram uma abertura debaixo da ponte, mas com a maré baixa não passa nem barco a remo. Os salmões tentam, mas poucos conseguem.

— Onde eles desovam?

— No Kanda. Eles sobem as águas turbulentas para as corredeiras.

— Fica longe do lago?

— Mais ou menos a uns 60 quilômetros do começo da baía, continuando a noroeste do Gremiakha. De lá até a fronteira com a Finlândia são cerca de 80 quilômetros.

— Deve ser difícil atravessar a floresta carregando provisões — eu observei.

— Nós estamos acostumados. Há um caminho ali. Começamos quando o sol nasce, descansamos e comemos ao meio-dia, e chegamos lá antes que o sol esteja ao norte. Às vezes carregamos quase 20 quilos nas costas.

— Deve ser difícil caminhar. Não há pântanos lá? — perguntei discretamente.

— É, o que você diz faz sentido. Algumas áreas por lá têm terreno macio, bem macio quando se pisa.

— Diga-me, meu avô, foi por esse caminho que eles transportaram armas da Finlândia durante a guerra? — indaguei, relembrando uma antiga história.

— Não, não. Você fez uma bela confusão. Não foi por esse caminho, mas sim por uma trilha de exploração de madeira no nosso lado da fronteira. Só finlandeses vivem lá. Também há um posto avançado na fronteira.

— E o que eles vigiam por lá? — eu perguntei, sorrindo.

— Quem pode saber? Acho que tentam pegar contrabandistas e condenados em fuga. Deve haver uns quinze homens lá.

— Será que há condenados andando por lá?

— Nós não sabemos. Talvez sim. Como a gente poderia saber? Desde que a atividade de exploração de madeira cessou, há poucos condenados nas redondezas.

Continuei fazendo perguntas ao homem, sem pressa, mas as informações que eu já havia obtido eram confiáveis e muito valiosas para mim. Por intermédio dele eu tomei conhecimento da localização de um segundo posto de guarda na fronteira, e agora eu sabia que teria de tomar cuidado com um caminho que era curto e limpo, porém perigoso.

A ideia de começar minha fuga em um barco me agradava cada vez mais, por isso decidi investigar a passagem sob a ponte da estrada de ferro. Peguei um barco na área de pesca, fingindo que fazia sondagem, passei um dia inteiro na água, e cheguei à conclusão de que para escapar seria necessário ter um barco na parte interna da ponte.

Eu não consegui obter permissão para prosseguir sozinho na minha expedição, e tive de permanecer na estação de Palkin até que houvesse alguém para me acompanhar. Isso me deu a oportunidade de estudar detalhadamente os arredores. Agora eu podia ir para qualquer lugar num raio de 15 quilômetros, de dia ou de noite. Para ter informações sobre lugares mais distantes eu recorri aos camponeses locais, que me disseram muitas coisas que sabiam. A fim de classificar toda essa informação, desenhei mapas, memorizei-os e então os destruí. Cheguei à conclusão de que essa região seria favorável para uma fuga. Mas como fazer para atravessar a fronteira junto com minha mulher e meu filho? Esse seria um problema e tanto.

Eu já vinha pensando na possibilidade de organizar uma fuga articulada. Quanto mais pensava nisso, mais a ideia me agradava. Meu plano não teria de ser alterado; apenas seria necessário determinar o tempo e o lugar para o encontro. Eu teria mais chance de sucesso se pudesse escapar diretamente dessa região; portanto, eu precisava inventar algo que despertasse o interesse do *Ribprom* para ser enviado ao local que eu desejava. Para que isso acontecesse, eu tinha de encontrar um pretexto agora, durante minhas atuais pesquisas. O tempo escoava; era final de agosto, e as geadas se iniciariam em setembro.

Finalmente a pessoa que me acompanharia chegou: era um jovem universitário formado que havia sido sentenciado a três anos. Sua pena estava quase no fim. Em casa ele tinha uma esposa e duas crianças pequenas esperando por sua volta. O rapaz trouxe consigo uma pilha de documentos e também uma ampliação da minha permissão. No dia seguinte nos deram um velho barco com quatro remos e uma pequena vela bem simples.

É impossível descrever aqui essa singular viagem de exploração. Dois condenados em um barco aberto, usando roupas grosseiras, sem nenhum instrumento — nem mesmo uma bússola —, viajando no outono no Mar

Branco, ao norte do Círculo Ártico, sem uma barraca, sem nem mesmo uma lona para nos proteger da chuva. Quando chegávamos a alguma zona do campo, tudo dependia do humor do guarda. Às vezes acabávamos em um confinamento solitário total. Outras, quando as tempestades nos atingiam, passávamos várias noites na mata, como os andarilhos mais livres do mundo. Muitas vezes sofremos devido à fome, estávamos sempre encharcados, e não raro, depois de uma noite na floresta, nossas roupas ficavam cobertas de gelo. Mas também havia dias bons, quando pegávamos peixe em grande quantidade e nos banqueteávamos diante do fogo, devorando arenque gordo e truta de carne rosada. Cogumelos e frutas silvestres também nos forneciam sustento.

Nosso barco fazia água, e duas vezes fomos apanhados por um vento marítimo; no final, só conseguimos chegar à praia depois de um terrível esforço. Ainda assim percorremos 500 quilômetros, sondamos as áreas de pesca da região e fizemos uma descrição de catorze zonas do *Ribprom*. Também descobrimos várias novas espécies de peixe ainda não divulgadas do Mar Branco. Além disso — o que era muito mais importante para mim —, fizemos levantamentos com base nos quais eu poderia sugerir ao *Ribprom* a conveniência de um novo empreendimento aqui, o que me daria a chance de seguir adiante com meu plano de fuga.

No segundo dia de novembro eu retornei a Kem. Lá havia uma carta da minha mulher à minha espera — ela tinha decidido vir para o Norte para tentar me ver. Eu sabia que isso seria difícil, mas minha expedição havia causado uma boa impressão, não tanto pelo registro das minhas observações oficiais, mas principalmente pelo fato de ter viajado 500 quilômetros num barco a remo. Meu rosto castigado pelo mau tempo, com uma enorme barba hirsuta, e minha roupa e meus calçados em estado de completa desintegração chamaram atenção do chefe da *Ribprom*. Ele também ficou impressionado com meu livro de anotações e seu registro diário das nossas atividades, planos mostrando a localização de todas as áreas de pesca e zonas do *Ribprom* com esboços de instalações e estruturas. Era um verdadeiro guia de viagem para a região. O chefe não conseguia disfarçar sua satisfação, e eu decidi tirar vantagem disso apresentando-lhe uma solicitação escrita de antemão para uma "visita particular" de minha esposa e do meu filho. Foi um movimento certeiro: meus chefes estavam contentes e aprovaram minha solicitação para uma visita de cinco dias.

Minha mulher veio e trouxe nosso filho. Não descreverei aqui nosso encontro, pois minha mulher já fez isso em seu livro. Nós decidimos fugir juntos e elaboramos um plano provisório para o final do verão seguinte. Também decidimos sobre a localização pela qual começaríamos e sobre o exato ponto de encontro. Minha esposa e meu filho deveriam chegar a esse ponto de encontro num dia a ser combinado; eu então escaparia e os encontraria lá, e depois os levaria para a fronteira. Nós combinamos um código para nossas cartas, que eram todas lidas pelo censor do GPU.

Os cinco dias chegaram ao fim e eles partiram. Eu ainda era um prisioneiro, mas com um propósito solene durante os sete meses que se seguiriam: viver para conquistarmos a liberdade, ou morrer, se for preciso — juntos.

CAPÍTULO 44

VENDIDO:
UM CONDENADO

A sorte ainda estava sorrindo para mim no campo de concentração. Eu não apenas havia recebido permissão para trabalhar na minha especialidade como havia feito uma longa viagem para muito além da cerca de arame farpado; e como não bastasse, eu tinha visto minha esposa e meu filho depois de apenas seis meses cumprindo pena como condenado. E agora, outro golpe de sorte: eu fui "vendido" (para usar uma palavra geralmente aceita pelos prisioneiros para descrever essa prática do GPU) por três meses.

A venda de profissionais especialistas, amplamente praticada nos campos de concentração durante o período de 1928-1930, foi suspensa em 1931, aparentemente por ordem do "Centro", devido a uma campanha no exterior contra o trabalho forçado na União Soviética. Durante minha permanência no campo de concentração em 1931 e 1932, as vendas de especialistas foram bastante raras. Eu ouvi falar de apenas três: a primeira, um advogado vendido como consultor jurídico a uma instituição estatal em Petrozavodsk; a segunda, K., outro especialista em piscicultura; e a terceira — a minha.

Eu estava terminando de trabalhar nos materiais recolhidos na minha viagem e escrevendo um relatório a respeito da minha pesquisa quando o chefe do *Ribprom* mandou me chamar. Ele explicou que a Seção de Educação Pública do Comitê Executivo de Kem estava organizando um curso de três meses para administradores encarregados da pesca coletiva. Tudo estava pronto, o dinheiro destinado e o local adequado já providenciado (soube-se mais tarde que esse "local adequado" não passava de uma sala sem aquecimento). Até mesmo um problema complicado como o da alimentação de

317

NOS CAMPOS DE CONCENTRAÇÃO SOVIÉTICOS

estudantes havia sido resolvido com eficiência. Eram 35 estudantes, todos pescadores profissionais, enviados de toda a Carélia por seus sovietes locais. Um professor de assuntos políticos estava à disposição, mas havia uma falha séria — não havia professores para a matéria principal do curso: pesca. Simankoff tinha um prospecto anunciando os seguintes cursos especiais: (1) Os elementos da hidrologia no Mar de Barents e no Mar Branco; (2) A ictiofauna dessas bacias; (3) A caça de animais marinhos; (4) Novas técnicas de pesca, desconhecidas dos pescadores locais; (5) A preparação básica dos produtos à base de peixe e a organização dos empreendimentos de pesca.

Todas as tentativas do Comitê Executivo de encontrar um professor para essas disciplinas especiais foram infrutíferas. Os estudantes deveriam chegar dentro de uma semana, e não havia ninguém para ministrar os cursos a eles. Em consequência disso, o Comitê Executivo chegou a um acordo com a administração do campo para fornecer alguns especialistas aprisionados. Simankoff foi encarregado de selecionar esses especialistas; ele escolheu um versado especialista, K., que cumpria uma sentença de dez anos como "sabotador", e eu. K. é bem conhecido na Rússia como um excelente professor, e autor de um livro sobre produtos derivados de peixe que teve várias edições e havia sido reeditado pelo Bureau Editorial do Estado enquanto o autor se encontrava no campo de concentração. Caberia a mim ministrar os três primeiros cursos, e a K. os dois últimos.

O contrato de "venda" foi cuidadosamente examinado pelo representante do Comitê Executivo e pelo consultor jurídico do *Ribprom*, Zelemanoff, que já havia sido assistente de promotoria do Distrito de Leningrado. Foi redigido com todos os habituais refinamentos do jargão jurídico, e naturalmente foi de grande interesse para mim quando eu discuti esses detalhes com Zelemanoff. Apresento a seguir alguns dos pontos relevantes:

"Kem — Dezembro de 1931"
"A Administração dos Campos de Trabalho Correcional Solovetzki — Kem, doravante designada como USLAG, de um lado, e de outro lado a Seção de Educação Pública do Comitê Executivo Central da Cidade de Kem, doravante referida como ONO, têm acordado entre si o seguinte contrato:"

"...USLAG coloca à disposição da ONO dois professores, os prisioneiros K. e Tchernavin, que possuem considerável experiência pedagógica, com o objetivo de proporcionar uma série de cursos (ver lista a seguir).

"...USLAG se reserva o direito de trazer de volta qualquer um dos prisioneiros acima mencionados, a qualquer momento e sem aviso, mas é obrigado a substituí--los por outros prisioneiros com qualificações similares.

"...ONO concorda em pagar à USLAG a quantia de 5 rublos por cada hora de aula." [Aqui foram listados o número de horas, as datas de pagamento, e assim por diante.]

Isso soará estranho, sem dúvida, mas o fato é que K. e eu estávamos muito felizes com o negócio, e todos os prisioneiros, incluindo os especialistas que trabalhavam na administração do campo e contavam com uma boa "proteção", nos olhavam com inveja. Nós tínhamos sido vendidos para um bom "senhor". O que poderia ser melhor para um prisioneiro, como poderia ele sonhar com um destino melhor?

Saímos de um alojamento sujo e frio e fomos instalados em um hotel na cidade de Kem. Colocaram-nos em um quarto, um quarto inteiro para nós dois. Nós dois tínhamos cada qual uma cama. Havia duas cadeiras; cadeiras de verdade, em vez de banquetas ou bancos. E livros! Além disso, tínhamos uma pequena mesa e até um espelho pendurado na parede. E, para coroar o grande momento, nós recebemos uma chave para que pudéssemos trancar nosso quarto quando bem entendêssemos — nós, que estávamos acostumados a ser trancados por outros. Mas a coisa não parou por aí: o Comitê Executivo se comprometeu a nos alimentar, e nós tivemos direito a jantar no refeitório dos estudantes, onde a comida era ruim, mas nós nos sentávamos a uma mesa e comíamos em pratos.

A venda, na verdade, foi de grande importância para mim. Durante três meses eu vivi em condições mais ou menos decentes, e tive a oportunidade de descansar e de refazer minhas forças. Afinal, eu teria à minha frente a organização da fuga e a fuga em si, e para ter sucesso nisso era um fator decisivo contar com força física e ter o medo sob controle.

Sem dúvida havia muito trabalho à minha espera. Ensinar disciplinas tão diversificadas e incomuns a um grupo de estudantes não era exatamente uma tarefa fácil. Além disso, embora meus alunos tivessem parca educação e alguns mal soubessem ler ou escrever, todos tinham excelente treinamento prático e conheciam como ninguém o mar, o peixe e a atividade da pesca em suas respectivas regiões, já que haviam passado a vida inteira envolvidos com esse trabalho. O mais insignificante erro do professor seria imediatamente percebido por esses alunos e jamais seria esquecido. Além do mais, metade da minha classe era composta de comunistas, munidos de uma dose cavalar de arrogância; pessoas que haviam absorvido fragmentos de informação e muitas palavras de ordem cujo significado elas não compreendiam. No meu trabalho, em épocas passadas, eu já havia me deparado com estudantes desse tipo. Eles fizeram trabalho experimental no meu laboratório, recusando-se a estudar, mas criticando meus métodos de ensino sobre assuntos a respeito dos quais eles não tinham a mais vaga noção. Em minha antiga posição eu podia lidar com eles, mas agora, como prisioneiro — estigmatizado como "contrarrevolucionário", um "sabotador" —, como eu os enfrentaria?

Esses pensamentos se tornaram mais perturbadores quando eu dei início à minha primeira aula. Depois da primeira hora, contudo, percebi que meus medos eram infundados. Meus estudantes eram camponeses pescadores, totalmente diferentes dos trabalhadores que eu havia conhecido em Murmansk, que não tinham interesse em pesca, e dos estudantes comunistas, que tinham se tornado ictiologistas porque foram destinados a esse ramo de atividade pelo comitê comunista da universidade. Os homens a quem eu agora estava ensinando haviam crescido para ser pescadores, como seus pais e seus avôs antes deles: eles adoravam o trabalho, e se interessavam por tudo o que dizia respeito a ele. Descobri imediatamente que falávamos uma linguagem comum, e que todos — desde o mais velho e mais iletrado até o jovem mais exaltado e mimado pela propaganda comunista — me escutavam com atenção, tentando não perder uma única palavra. A princípio eu evitei certos tópicos de hidrologia por acreditar que seriam enfadonhos e incompreensíveis para eles. Mas não demorei a descobrir que essas questões eram de seu interesse. Ao explicar a eles as propriedades do sal e da água fresca, eu observei que seus pontos de congelamento eram diferentes. Para a minha grande surpresa, toda a classe ficou extremamente impressionada com esse fato.

— Agora nós entendemos por que a água de gelo derretido congela enquanto nós fazemos buracos no gelo de água salgada — alguém comentou.

Minhas observações (repletas de detalhes técnicos) sobre correntes, sobre o movimento das marés e sobre a história do Mar Branco foram ouvidas com grande interesse. Meu curso de ictiologia, contudo, foi o que mais interessou a eles. Eles fizeram perguntas pertinentes relacionadas às suas observações pessoais sobre a vida e as características dos peixes, e pediram que eu os ajudasse a entender certos problemas biológicos complexos que eles não podiam resolver por conta própria. Gostavam muito quando eu usava o quadro-negro. Eu desenhei de memória um mapa do Mar Branco e do Mar de Barents, e os alunos tentaram localizar nele as ilhas e baías onde haviam pescado. Eles ficaram particularmente impressionados com meus desenhos de peixes.

— Vejam só isso! É como se o bacalhau estivesse vivo!

— Vejam só esse salmão! Dá pra ver que a forma dele mudou; ele engoliu água fresca.

Depois da aula, eles me procuraram para fazer perguntas que por timidez não haviam feito durante a aula. Alguns deles escreveram-me longas observações sobre os assuntos que lhes interessavam.

Trabalhar com esses pescadores foi de fato um prazer. Eles mostraram uma atitude atenciosa e gentil. Para eles, eu era um condenado e um contrarrevolucionário, mas em momento algum eu ouvi nem a mais leve referência à minha condição; pelo contrário, eles sempre deixaram clara a sua boa vontade para comigo.

Eu estou convencido de que esse contato com pescadores que mais tarde se tornariam administradores no setor de pesca estatal foi o melhor tipo de influência contra a perseguição soviética aos especialistas e aos intelectuais, e também contra o sistema do GPU e o que o GPU chamava de "justiça". Eu acredito que a maioria de meus alunos agora sabe da minha fuga e aprova minha atitude.

No final do curso, um exame foi aplicado na presença dos membros do Comitê Executivo. O exame foi um trunfo para nós. O único membro do comitê capaz de avaliar as respostas dos alunos e julgar quanto aprenderam era uma mulher que comandava a Seção de Educação Pública e que havia passado dois anos em uma universidade. Os outros não entendiam nada e não podiam avaliar coisa alguma, mas estavam muito impressionados com as respostas dos pescadores.

Os estudantes e os representantes do Comitê Executivo nos agradeceram e trocamos apertos de mão. Só faltou ali um jornalista soviético para descrever a tocante cena da recuperação e da reeducação de dois contrarrevolucionários (K. e eu) realizada com sucesso pelo GPU.

Nós tivemos de retornar mais uma vez ao confinamento cercado por arame farpado. O mês de abril já estava próximo. O *Ribprom* havia sido reorganizado e transferido de Kem para a vila de Soroka, cerca de 60 quilômetros ao sul. Um dia depois do exame nós fomos mandados para lá.

O Comitê Executivo pagou pontualmente ao *Ribprom* o valor estabelecido no contrato. De acordo com os regulamentos do campo, o GPU tinha de pagar 10 por cento do dinheiro ganho aos prisioneiros; nós então teríamos de receber 50 copeques cada um por cada hora de aula ministrada. Jamais recebemos um copeque sequer.

CAPÍTULO 45

PREPARANDO A FUGA

Eu tinha diante de mim agora a tarefa de me concentrar em um dos vários projetos de novos empreendimentos no *Ribprom* — no projeto que me garantiria a possibilidade de trabalhar no Norte na ocasião apropriada, dando-me, assim, a oportunidade de fugir pela rota que eu havia escolhido.

Eu não me importava muito com os detalhes técnicos desses projetos, mas me preocupava com a impressão que eles poderiam causar no GPU — a quintessência do bolchevismo. Para que meus projetos fossem aprovados, eu precisaria elaborá-los levando em conta a psicologia peculiar daqueles que iriam examiná-los, e as questões técnicas eram de menor importância.

Eu estava convencido de que o GPU buscaria algum propósito oculto da minha parte — o desejo de escapar. Eu queria ser enviado para o Norte, para uma região pouco habitada relativamente próxima da fronteira. Isso naturalmente geraria suspeita; portanto elaborei projetos para o ano inteiro, indicando possibilidades de trabalho no Norte, no Sul e também em mar aberto. Eu tinha a esperança de que o GPU não percebesse que entre esses planos eu havia incluído aquele que me permitiria estar no lugar que eu havia escolhido para fugir e no momento propício. Essa artimanha funcionou de modo perfeito.

Eu já havia elaborado seis novos projetos: (1) Mexilhões; (2) Pesca da lampreia, ainda não desenvolvido no Mar Branco; (3) Pesca do salmão no mar aberto; (4) Pesca no mar profundo, em grandes profundidades; (5) Pesca de tubarão; e (6) Pesca de esgana-gata para a produção de farinha de peixe e gordura.

Descrevi esses projetos de modo a satisfazer as preferências soviéticas. Escolhi, por exemplo, como título para o projeto número (1): "Emprego dos mexilhões numa dieta alimentar fundamental". Isso soaria familiar e satisfatório aos ouvidos burocráticos do GPU. Comecei minha exposição pelo

NOS CAMPOS DE CONCENTRAÇÃO SOVIÉTICOS

ponto de vista histórico: os mexilhões eram levados vivos para a corte de Catarina II, transportados com dificuldade de carroça por todo o trajeto de Murmansk até São Petersburgo. Então eu descrevia seu conteúdo de albumina e de gordura e seu valor calórico. Os bolcheviques gostavam de usar palavras que não entendiam — nenhum projeto recebia aprovação se não trouxesse essas palavras.

O próximo passo era fazer uma "estimativa aproximada da matéria-prima" — esse era também um requisito de cada projeto. Em países capitalistas os profissionais não calculam quantos peixes há no oceano antes de organizar a pesca. Mas as coisas não são assim na União Soviética, onde existe uma "economia planejada", e onde eles temem capturar menos peixes do que poderiam capturar. Essa "não valorização de oportunidades" seria muito perigosa. O pesquisador na União Soviética não vê dificuldade em estimar a riqueza natural na terra, no mar ou sob a terra. Ele marca 1 metro quadrado em uma determinada área onde se encontra a planta ou o animal em questão, conta o número dessas plantas ou animais dentro desse metro quadrado e então multiplica isso pelo número total de metros quadrados da área inteira. O número resultante costuma ser bastante impressionante em sua magnitude.

Depois dessa definição "científica" da riqueza natural, é possível dar prosseguimento ao planejamento de qualquer tipo de produção; pode-se calcular o custo de um produto e os benefícios que advirão para os cidadãos da União Soviética, tornando-os mais felizes e mais prósperos.

Eu dei atenção especial ao projeto número (6) — a produção de farinha de peixe a partir do esgana-gata — porque planejava usá-lo como trampolim para minha fuga. Esse projeto na realidade tinha um embasamento vigoroso e poderia ter sido conduzido com sucesso e ser lucrativo.

O esgana-gata é um pequeno peixe que tem cerca de 9 centímetros, com ferrões afiados em suas barbatanas. Pode viver tanto em água salgada quanto em água doce. Aparece em grandes quantidades no Mar Branco, mas é considerado nocivo, porque, quando é apanhado em redes, ele impede a captura de outros peixes. Minha ideia era usá-lo para produzir farinha de peixe, que serviria de alimento para o gado. Um experimento que eu havia realizado rendeu 3 por cento de óleo e uma farinha de qualidade bastante satisfatória. Escrevi um prospecto baseado nessa informação, intitulado "A solução do problema alimentar na Carélia".

Apresentei meus projetos a Simankoff. Ele olhou para o volumoso material e o enfiou numa gaveta. Era necessário exercer alguma pressão sobre

PREPARANDO A FUGA

ele de modo a forçá-lo a desengavetar meu projeto e dar-lhe prioridade. Decidi recorrer à "opinião pública" do campo. Na União Soviética, a opinião pública é representada por autoridades a serviço do Estado; a imprensa não é nada mais do que a porta-voz dessas autoridades. Além disso, todas as organizações públicas estão fortemente associadas ao GPU. No campo, a vida pública era representada pelo KVO, o Departamento Cultural e Educacional; o KVO tinha em seu poder o porta-voz da opinião pública, um jornaleco chamado *Caminho do Trabalho*. Ciente disso, eu percebi que poderia fazer o jornal e as organizações públicas trabalharem em meu benefício para fugir do campo.

Enquanto estava sendo "alugado" em Kem, eu me encontrei várias vezes com um certo camarada Gruzd, editor do *Caminho do Trabalho*. Ele também era um prisioneiro, embora bastante jovem; jornalista, tinha sido comunista no passado e cumpria pena no campo por fraude. Ali ele gozava de posição privilegiada, vestia-se bem, morava fora do campo, bebia muito e se relacionava com prostitutas entre as prisioneiras. Ofereci a ele uma série de artigos curtos sobre as riquezas naturais do Mar Branco. Dei ao primeiro artigo o nome de "Mexilhões", que Gruzd imprimiu com um título mais pitoresco: "Manjares de Catarina II a serviço do Proletariado".

Outros artigos sobre lampreia, tubarão e esgana-gata foram publicados e fizeram grande sucesso. O próprio chefe do campo deu atenção especial aos escritos do contrarrevolucionário recuperado. Parecia que ele apreciava muito a lampreia frita que ele não conseguia encontrar em Kem. O artigo sobre o esgana-gata recebeu comentários favoráveis da seção de agricultura, que sugeriu que o *Ribprom* financiasse essa iniciativa.

Alguns prisioneiros eram críticos a respeito desse assunto e chegavam a dizer: "Nós sabemos o que o Tchernavin quer com essas invenções: ele quer uma redução na sua pena". Então, a fim de levar meus chefes a acreditarem que isso era verdade, eu apresentei meus projetos, por meio do escritório do *Ribprom,* ao "Comitê de Invenções", uma instituição inútil que existe em todo lugar na Rússia soviética.

Meu estratagema surtiu efeito: Simankoff foi obrigado a pôr em prática meus projetos. Ele mandou me chamar e me disse para cuidar dos preparativos necessários para a produção de farinha de esgana-gata e da pesca da lampreia. Eu propus levar a cabo a pesca do esgana-gata no verão. A pesca da lampreia eu adiei para o outono, a fim de poder concentrar toda a minha atenção na primeira atividade; fiz apenas alguns leves preparativos para a segunda. Eu tinha certeza de que quando setembro chegasse eu estaria na Finlândia — ou então estaria morto.

Foi um grande problema para mim organizar a transformação do esgana-gata em farinha. Eu estava bem familiarizado com o processo, mas na época em que realizei um trabalho em larga escala eu contava com o auxílio de um equipamento técnico complicado. Agora, contudo, eu não tinha praticamente nenhum equipamento — quatro tanques velhos de ferro fundido sem tampa, 3 quilos de pregos e 100 sacos velhos para serem usados como filtros. A questão da habitação dos pescadores não foi nem mesmo mencionada, pois essa era sempre a última preocupação em um campo de prisioneiros. Nós mesmos teríamos de erguer um alojamento, reunindo todo o material no próprio local do trabalho. A madeira tinha de ser obtida na praia, e os tijolos e o ferro recolhidos de construções abandonadas. Em outras palavras, teríamos de roubar tudo o que não conseguíssemos obter de outro modo. Esse é um dos métodos mais solidamente consagrados do GPU no trabalho de edificação e de construção.

Para esse trabalho eu contaria com a ajuda de dez pescadores e dois especialistas na área, todos prisioneiros. Sob minha direção eles construiriam o equipamento necessário, capturariam o peixe e preparareriam a farinha. Eu me responsabilizaria pelo sucesso do trabalho. Recebi permissão para organizar a produção em dois lugares. Em um deles pretendia produzir farinha de peixe, portanto tinha de ser próximo de uma área de pesca onde eu sabia com certeza que encontraria peixe esgana-gata suficiente; o outro lugar foi escolhido apenas porque ficava próximo do ponto em que eu planejava iniciar minha fuga. Esse lugar ficava perto de Kandalaksha e era conhecido como "Estreito". Infelizmente, até onde eu sabia havia pouco esgana-gata próximo do Estreito; mas consegui localizar uma grande quantidade desse peixe cerca de 100 quilômetros ao sul desse ponto.

O trabalho preliminar foi bastante limitado devido à absoluta falta de materiais necessários, e também pela severidade do regime prisional em Soroka. Dia após dia eu esperei receber a ordem para partir para o lugar do meu trabalho. Por fim, o chefe do *Ribprom* me chamou e me explicou, de maneira bastante vaga, que, devido ao fracasso da pesca de arenque ao longo da Baía de Onega, o *Ribprom* havia decidido equipar um navio pesqueiro para procurar arenque no mar. E eu seria designado para comandar a expedição.

— Mas e quanto ao esgana-gata? Vão cancelar tudo? — perguntei.

— Ah, esse projeto vai prosseguir sem você. Seu assistente pode liderar esse trabalho.

Em vão eu tentei explicar a ele que a ideia era minha, que eu é que deveria levá-la adiante e me responsabilizar pelos resultados. Também tentei convencê-lo de que eu não seria útil para encontrar arenque na Baía de Onega, pois essa região era completamente desconhecida para mim. Porém ele insistiu, dizendo que eu assumiria essa expedição por um mês apenas e então retomaria meu trabalho.

Um mês! Eu perderia a primeira corrida do esgana-gata, com a qual eu contava muito. Sem mim os outros nunca prepaririam nenhuma farinha; o *Ribprom* ficaria desapontado e suspenderia todo o negócio, e eu jamais iria para o Norte nem poderia realizar a minha fuga.

Porém era preciso obedecer. Eu deixaria que começassem o trabalho sem mim — talvez a corrida do esgana-gata ocorresse mais tarde que o habitual. Além do mais, eu conhecia esses barcos do *Ribprom*; seria quase um milagre se um deles pudesse enfrentar o mar por um mês inteiro. Quando vi como a nossa embarcação a motor estava equipada, tive certeza de que ela não aguentaria a viagem. Alguma coisa iria acontecer com o navio. Ele teria de rebocar oito barcos de pesca grandes e, com o seu motor de 25 hp, jamais conseguiria resistir à primeira brisa marítima — alguns barcos se perderiam, outros afundariam, e nós teríamos de voltar. Isso me confortava.

Eu não vou descrever demoradamente nossa viagem pela Baía de Onega. Vinte e cinco pescadores ficaram a bordo comigo no porão frio e úmido do navio, onde estavam também as redes. Nossa comida era pão seco; não havia aparelhos para cozinhar.

Nós não encontramos arenque. No décimo dia o vento se intensificou, e quando anoitecia explodiu uma tempestade. O motor começou a chacoalhar e o barco não se movia contra o vento. Por fim, o motor parou. Os barcos bateram contra o navio; alguns emborcaram e afundaram. Nós fomos jogados de um lado para outro na baía durante toda a noite. No dia seguinte, já pela manhã, conseguimos nos abrigar em uma ilha e descobrimos que nosso navio pesqueiro estava tão danificado que não poderia mais nem sair do lugar. Peguei um barquinho e remei por 20 quilômetros de distância em direção à terra firme, onde telefonei para a vila mais próxima de Soroka e solicitei um reboque.

E assim se encerrou a expedição em busca do arenque. Felizmente vários outros navios haviam sido danificados durante aquela tempestade, por isso meu chefe reagiu muito calmamente à perda de alguns dos botes de pesca. Era estranho, mas Simankoff estava bem-humorado.

— Vou ter de enviá-lo para seus peixes esgana-gata — ele disse, e ordenou ao gerente de escritório que preparasse minhas autorizações de viagem para o Norte. — Você partirá amanhã. Agora deve ir fazer as malas.

Todos agora estavam tão acostumados com minhas viagens que geralmente meus documentos ficavam prontos em poucas horas. Dessa vez, contudo, foi diferente. Um dia se passou e eu não fui chamado ao escritório. Resolvi ir até lá sem ser chamado.

Enquanto eu estava fora, em minha expedição, todos os prisioneiros que trabalhavam no escritório do *Ribprom* haviam sido trocados. O gerente de escritório agora era um criminoso, ex-membro da Tcheka. Quando perguntei sobre meus papéis, ele riu ironicamente e disse:

— Não estão prontos. Por que está tão interessado nos seus papéis a ponto de vir aqui sem ser chamado?

Eu respondi que não estava interessado nos papéis, e sim no trabalho, e saí da sala. No corredor me encontrei com Simankoff, que se dirigiu a mim asperamente:

— O que faz aqui? Por que ainda não partiu para seu trabalho?

— Os documentos ainda não estão prontos — respondi.

— Por que não estão prontos? Vou falar com o gerente de escritório.

Quando voltou do escritório do chefe, o novo gerente lançou-me um olhar ferino. Ele logo foi seguido pelo próprio chefe, que passou por minha mesa fingindo que não me via. Algo de ruim estava acontecendo.

Naquela noite, nos alojamentos, um prisioneiro que eu mal conhecia veio até mim e disse num sussurro:

— O ISO não quer que você vá. Simankoff já havia assinado seu salvo-conduto, mas Zaleskantz, o chefe do ISO, escreveu "eu não endosso" nele. Você está sendo observado. Não volte mais ao escritório.

Será que eu havia me traído? Avaliei com cuidado meu último ano no campo, e cada passo que dei para preparar minha fuga. Eu sabia que não havia quebrado a regra mais importante, a suprema regra: não havia confiado em ninguém, nem direta nem indiretamente. Eu recebia cartas e pacotes da minha mulher regularmente e escrevia uma vez por mês para ela e para meu filho. Eles vieram me ver; o ISO podia deduzir examinando esse material que eu estava ligado à minha família e não tentaria fugir. Será que nosso código tinha sido descoberto? Não; ele era tão simples e infantil que estava inteiramente a salvo de detecção. Além do mais, se esse código tivesse sido descoberto eu teria sido imediatamente enviado ao "isolamento".

PREPARANDO A FUGA

Eu já não era mais o prisioneiro tímido de um ano atrás — olhando com perplexidade e respeito para os especialistas que tocavam os negócios do campo. A essa altura eu já conhecia bem os meandros da vida no campo. Em Kem eu poderia criar problemas para Zaleskantz por meio da "publicidade do campo", mas aqui em Soroka era impossível. Minha única esperança era Savitch, chefe do Departamento Administrativo do *Ribprom*. Savitch era um competente membro da Tcheka que, devido a alguma atividade obscura, cumpriu pena em Solovki antes de galgar altas posições no ISO e no setor de pesca. Quando Savitch ia às dependências onde especialistas estavam trabalhando, ele sempre falava em um tom de voz alto e arrogante, contando histórias incríveis sobre si mesmo.

"Será que eu posso colocá-lo contra Zaleskantz?", eu me perguntei.

Nessa mesma noite ele veio às nossas dependências, e, depois de falar com outro homem, voltou-se para mim e disse:

— E suas invenções, como vão? Quando você parte? Nós estamos esperando a farinha, os tubarões e a lampreia assada. Como você chama aqueles seus moluscos mesmo?

— Você não sabe que Zaleskantz suspendeu todo o meu trabalho? — respondi. — Ele mesmo escreveu no meu passe: "Eu não endosso".

Eu sabia que era perigoso dizer tal coisa, porque não devia ter conhecimento desses detalhes. Mas corri o risco — e fui recompensado. Savitch demonstrou interesse no assunto.

— Não pode ser — ele disse discretamente. — o ISO não *decide* essas questões, apenas expressa sua *opinião*. O homem que decide é o chefe do *Ribprom*. — Depois de dizer isso, ele se virou e se foi.

Em menos de uma hora eu fui chamado ao escritório. O gerente entregou-me um papel e me pediu friamente para assinar o recibo. O papel era uma autorização que me permitia ir para o Norte por duas semanas — assinado por Savitch. Isso me deixou contente, porque quando chegasse a hora da minha fuga — que não seria durante as próximas duas semanas — eu queria ter uma autorização assinada por Zaleskantz, de quem eu sentia um ódio profundo.

CAPÍTULO 46

LIBERDADE OU MORTE

É difícil descrever a sensação de alívio que tomou conta de mim quando embarquei no trem que me levou para o Norte. Cheguei ao meu destino em um dia. Agora eu tinha de mostrar resultados, produzir uma grande quantidade de farinha de peixe e garantir o interesse do *Ribprom* no meu empreendimento. O que eu faria se a corrida do esgana-gata não acontecesse? Ainda faltavam dois meses para a data da fuga que eu planejava.

Decidi ir à zona próxima do Rio Negro onde havia maiores chances de uma pesca bem-sucedida. Não queria permanecer sob a vigilância constante da guarda no "Estreito". Ao chegar à zona de pesca, fui recebido com boas notícias: o esgana-gata já estava em alto-mar. Um dia antes da minha chegada, 1 tonelada desse peixe havia sido apanhada. Os tanques estavam cheios e o forno de secagem já operava.

Às 3 da manhã eu saí num barco a remo para fazer trabalho de exploração. O tempo estava tranquilo e limpo. O peixe podia ser observado facilmente através da água transparente. O esgana-gata estava chegando do mar numa corrente em forma de faixa e abundava ao longo de toda a costa. Nós trabalhamos dia e noite, pois a luz do sol era contínua. Nossas redes eram pequenas, mas mesmo assim conseguimos apanhar 1 tonelada em vinte minutos e fizemos a secagem a céu aberto. Eu enviei relatórios entusiasmados para o *Ribprom,* bem como amostras de óleo e de farinha.

O trabalho prosseguiu por duas semanas. O peixe continuava se amontoando, passando pela costa e pelas ilhas numa massa sólida. Com instalações industriais seria possível produzir farinha de peixe para alimentar o gado de toda a Carélia durante o inverno inteiro.

Retornei a Soroka em 15 de junho. Minha chegada foi um verdadeiro triunfo. A Seção de Agricultura já havia emitido excelentes relatórios sobre a farinha. Disseram-me que o *Ribprom* estava considerando a possibilidade de expandir imediatamente a pesca do esgana-gata, e que em breve haveria uma conferência especial na qual eu teria de estar presente. Enquanto isso, eu precisava ficar em Soroka e aguardar.

Decidi solicitar sem demora uma permissão para que minha mulher e meu filho viessem me visitar novamente. Meu pedido foi encaminhado para Kem, e a resposta chegou rapidamente. O chefe do campo concedeu autorização para uma visita de dez dias, que aconteceria no meu local de trabalho. Essa foi uma dádiva realmente inesperada. A organização da fuga foi facilitada ao extremo: reunir-me com minha esposa e meu filho num lugar predeterminado era o problema mais difícil a ser resolvido, mas agora havia sido solucionado de modo fácil e simples. Cerca de quarenta dias ainda restavam antes do dia fixado. Sem precisar me apressar, aguardei pacientemente que meus chefes marcassem a conferência.

A conferência aconteceu em 25 de junho. Todos estavam presentes: Simankoff e seus dois assistentes, e Zaleskantz, do ISO — uma fascinante companhia. Fiz um breve relato, tentando principalmente impressioná-los com "possibilidades"; meus números aguçaram o apetite deles. Todos falaram, interrompendo-se uns aos outros, cada qual apresentando o próprio plano para ampliar o negócio e produzir milhares de toneladas de farinha de peixe sem equipamento industrial. Zaleskantz os "superou": propôs que não só o gado, mas também os prisioneiros fossem alimentados com o peixe esgana-gata.

Nada de prático resultou desse encontro, mas ordenaram que eu retornasse ao meu trabalho e descobrisse os melhores "caminhos e meios", de acordo com as "possibilidades" que se apresentavam. Como Zaleskantz estava presente e participou ativamente da conferência, eu me convenci de que o ISO não barraria de novo minha partida.

Porém a manhã trouxe notícias ruins: relatórios vindos das minhas duas zonas de trabalho comunicavam que a corrida do peixe havia cessado. Instruções foram solicitadas. Simankoff apareceu perto do meio-dia e ralhou:

— Esse seu esgana-gata é uma piada.

Meus documentos não foram preparados, e eu não me atrevi a perguntar nada a ninguém nesse dia. À noite, a situação piorou ainda mais. Um telegrama chegou do departamento do *Ribprom* em Murmansk: o arenque havia aparecido, e eles precisavam de homens.

Simankoff mandou me chamar.

— Você foi nomeado gerente de pesca de arenque em Murmansk. Amanhã você parte para lá.

— Eu não posso aceitar esse trabalho — respondi com firmeza. Eu sabia bem que, segundo o regulamento do campo, prisioneiros não podiam assumir cargos de comando contra sua vontade. Eu também sabia que, nos casos extremamente raros de recusa, até mesmo especialistas valiosos, não obstante sua situação de saúde, eram imediatamente mandados para o "trabalho geral" — o mais duro tipo de trabalho braçal: derrubar árvores, cavar valas, cortar madeira. Mas eu decidi ir até o fim e arriscar tudo.

— Você vai para Murmansk — Simankoff repetiu.

— Mas e quanto à farinha de esgana-gata?

— Isso é besteira. Não viu os relatórios? Não há mais esgana-gata, e o arenque agora é mais importante para nós.

— Você me manteve aqui parado por duas semanas — eu disse, num acesso de raiva. — Lá havia peixe suficiente para uma pesca de 40 toneladas por dia. Enquanto você estava pensando, nós poderíamos facilmente ter capturado 500 toneladas. Agora o peixe se foi. O peixe não fica amarrado lá, esperando que a gente vá pegá-lo. Hoje ele se foi, mas amanhã pode retornar. Ontem mesmo você estava pronto para mandar construir armadilhas para o esgana-gata, e hoje você ouve falar no arenque em Murmansk e já quer largar tudo para ir atrás de arenque. Quando eu chegar a Murmansk, o arenque já terá sumido de lá, e o esgana-gata estará de volta ao meu ponto de pesca. Então eu vou ficar viajando de um lado para outro. Como espera que eu pegue peixes dentro do trem? Que tipo de pescador você é? Eu não vou a Murmansk. Se quiser, pode me mandar para o trabalho geral ou me colocar na cela de punição.

Ele foi pego de surpresa. Os chefes dali não estavam acostumados a ver prisioneiros expressarem sua opinião dessa maneira, mas esse homem já tinha sido pescador e eu esperava que meus argumentos o influenciassem.

— Vou lhe dar até o dia de amanhã para pensar bem no assunto — ele retrucou. — Você irá para Murmansk.

Fui para meu alojamento e fiquei remoendo com tristeza toda a situação. Ainda ontem eu havia mandado a última carta para minha mulher antes da fuga que planejamos. Agora não havia tempo para avisá-la de que tudo tinha mudado.

NOS CAMPOS DE CONCENTRAÇÃO SOVIÉTICOS

Pela manhã, o chefe me recebeu secamente.

— Bem, e então? Você decidiu ir?

— Eu não vou para Murmansk — respondi com determinação.

Sem olhar para mim, ele mandou um mensageiro chamar o gerente de escritório. Eu estava convencido de que ordenaria que me enviassem para o "trabalho geral". O gerente entrou.

— Prepare uma autorização para que Tchernavin possa ir para o Norte cuidar dos negócios com o esgana-gata. — Então ele se voltou para mim. — Nós esperamos que você produza 500 toneladas de esgana-gata. Não se esqueça disso.

À tarde eu recebi meus papéis, assinados por Zaleskantz, como eu esperava. Dessa vez eu partiria de Soroka para sempre.

Na noite do dia seguinte eu cheguei ao "Estreito". A aparelhagem havia sido montada no lugar que eu havia escolhido, na própria orla da baía. As instalações consistiam em um galpão com buracos para as janelas, e, dentro dele, caldeiras e prensas de fabricação caseira, além do aparato para secagem.

Pela manhã eu investiguei as águas nas proximidades e me convenci de que o esgana-gata havia se retirado da orla. Contudo, pequenos cardumes deles podiam ser encontrados em muitos lugares. Comuniquei tudo isso aos pescadores e disse-lhes que se não pegássemos peixes nos próximos dias a nossa zona seria fechada e nós seríamos mandados para outro lugar. Portanto nós precisávamos pescar uma quantidade de peixes suficiente para encher os tanques pelo menos uma ou duas vezes por dia.

— Nós podemos fazer isso — eles me garantiram com entusiasmo.

De fato, depois de muita busca e de ficarmos o dia inteiro passando algas marinhas e água por nossas redes, nós havíamos capturado meia tonelada de peixe. Os tanques estavam cheios, e o aparato de secagem começou a operar. Enviei imediatamente um relatório para comunicar que os trabalhos haviam sido retomados. Eu acreditava que sob as atuais condições conseguiria arrastar o trabalho pelos vinte dias que restavam até a chegada da minha mulher.

Havia chegado a hora de cuidar dos últimos preparativos para a fuga. O mais importante era encontrar um barco que eu pudesse usar sem interromper as atividades diárias de pesca, e que eu pudesse deixar debaixo da ponte do lado ocidental da baía. Escolhi uma canoa deteriorada, que precisava de reparos; arrastei-a para a terra e durante o meu tempo livre fiz reparos nela e a calafetei. Também fiz remos e juntei pequenos pedaços de lona para ter uma vela. Disse aos pescadores que precisava da canoa para viagens de exploração em busca de peixe.

O próximo passo era confirmar a informação que eu havia obtido sobre os caminhos que levavam da extremidade ocidental da Baía de Kanda até a fronteira, e a localização de casas e habitações nas proximidades. Isso exigiria uma ausência de pelo menos 24 horas, e tinha de ser feito de modo a não despertar suspeitas nos pescadores. Expliquei a eles que na minha opinião o esgana-gata havia passado debaixo da ponte até a Baía de Kanda, e que eu precisava investigar isso com cuidado. Na manhã seguinte, parti em minha canoa rumo à baía para esse suposta investigação.

Já havia anoitecido antes que eu chegasse à ponta da baía e explorasse os dois lados da margem. Acabei encontrando vários caminhos seguindo a margem direita da Baía de Kanda. Qual deles seria o caminho correto? Eu precisava achá-lo. Por volta de 10 da noite, depois de esconder o barco num local de vegetação densa, enveredei por uma rota que levava para o oeste. Era bem arriscado fazer isso: encontrar qualquer um em meu caminho poderia significar a morte. Como eu explicaria minha presença em um caminho que conduzia à Finlândia à noite? Caminhei com rapidez, tentando percorrer o máximo de terreno possível. Era difícil caminhar em meio à floresta densa e selvagem.

Prossegui nesse trajeto durante mais de uma hora, até me assegurar de que esse era o caminho certo a ser seguido na direção oeste. Parei para fazer uma marca de referência em uma árvore, e então fiz o caminho de volta até o barco que havia escondido. Comecei meu longo percurso contra o vento até meu alojamento, ao qual cheguei cedo pela manhã.

Agora estava clara na minha mente a maneira como eu iniciaria a fuga. Os primeiros 20 quilômetros poderiam ser vencidos rapidamente por barco; antes que descobrissem nossa fuga, nós já teríamos chegado ao caminho que nos levaria à direção oeste e poderíamos continuar nele por mais 30 quilômetros durante a primeira noite — isso pouparia muito nossas forças, porque não seríamos obrigados a atravessar uma região de mata virgem.

Eu havia alugado, na casa de um pescador perto do "Estreito", um quarto para que minha esposa e meu filho ocupassem quando chegassem, o que ainda demoraria alguns dias. A hora de entrar em ação se aproximava. Juntos nós alcançaríamos a liberdade — ou morreríamos tentando.

Minha mulher contou a história de nossa fuga — como começamos a escapar em um barco a remo que fazia água, que eu remendei com minhas próprias mãos; como, sem ter bússola nem mapa, nós passamos por montanhas inóspitas, atravessamos florestas e cruzamos pântanos, rumo à Finlândia e à liberdade.

Por mais difíceis que minhas próprias experiências possam parecer, elas foram menos severas do que as da maioria das pessoas instruídas da União Soviética. Muitos dos que sofreram tortura e execução eram mais velhos do que eu, e de importância muito maior para a ciência. Minha sentença — cinco anos de trabalhos forçados — foi bem mais leve do que a punição habitual.

A fé dos russos em um mundo justo pode ser ingênua, mas esses prisioneiros e suas famílias, e as viúvas e filhos sem pai de "sabotadores" executados, ainda acham que o mundo não sabe o que está acontecendo com eles. Eles não querem acreditar que uma civilização cristã permita conscientemente que crueldades tão monstruosas continuem acontecendo.

APÊNDICE: O "CASO ACADÊMICO"

O "Caso Acadêmico" (algumas vezes chamado de "Caso Platonoff", em referência ao nome do acadêmico S. F. Platonoff) foi um dos "grandes casos" conduzidos pelo GPU, comparável ao "Caso dos 48", ao julgamento do "Grupo Industrial" e outros. Na vida dos intelectuais russos, esse caso teve importância bem maior do que o "Julgamento do Menchevique", que foi conduzido com grande pompa na primavera de 1931 e divulgado em detalhes na imprensa soviética e na estrangeira. As circunstâncias do "Caso Acadêmico" são insignificantes agora, porque o GPU nunca o levou a um julgamento público, mas decidiu o destino dos cientistas mais importantes que se encontravam atrás dos muros da prisão. Os escassos detalhes que escaparam, comunicados por pessoas diretamente ligadas ao "caso" ou por seus parentes, eram revelados com tanta cautela e eram tão desconexos que até mesmo os fatos oficiais do caso — por exemplo, a própria acusação — permaneceram em grande medida obscuros e contraditórios.

A essência do "Caso Acadêmico" foi a seguinte: um grupo de pessoas composto por cientistas-historiadores havia supostamente formado uma conspiração "monarquista" diretamente contra o governo soviético. Esse grupo, segundo alegações, não esperava poder derrubar por seus próprios meios o governo, e secretamente havia entrado em um acordo com o governo da Alemanha, o qual havia prometido colaborar usando suas forças militares. De acordo com o GPU, as posições importantes no futuro governo, como foi planejado pelos ditos conspiradores, seriam ocupadas pelos acadêmicos.

Sobre esse caso eu posso relatar apenas o que ouvi dos lábios de pessoas que num dado momento estiveram comigo em celas de prisão e no campo de

NOS CAMPOS DE CONCENTRAÇÃO SOVIÉTICOS

Solovetzki. Além disso, causa-me embaraço o fato de que eu só posso relatar partes das histórias contadas que não levem o GPU a descobrir a identidade de meus informantes.

A primeira peculiaridade do caso é que foi um "fracasso" para o GPU. O GPU conduziu até o fim os Julgamentos do "Grupo Industrial" e do "Menchevique", passando por todas as etapas do processo judicial: o pomposo anúncio da "descoberta da conspiração", o início da investigação, a abertura do julgamento. Publicou o "ato de acusação" e fez do julgamento uma comédia encenada no mais extravagante dos cenários. Na presença de um grande número de espectadores, os homens acusados foram levados ao palco de um enorme salão do antigo Palácio da Nobreza. Eles admitiram publicamente sua culpa, repetindo de memória as partes preparadas para eles pelos interrogadores do GPU. O camarada Krilenko, no imponente papel de procurador da República, empregou toda a sua sagacidade e eloquência, acusando a burguesia do mundo inteiro de conspirar contra o proletariado e lançando seu falatório desafiador sobre os microfones e os repórteres estrangeiros. Os espectadores eram o coro da peça — os ingressos podiam ser obtidos apenas por meio dos sovietes locais, sindicatos profissionais e organizações do Partido — e, fazendo muito barulho, exigiram "o mais alto grau de defesa social" e aplaudiram a sentença de morte. Alguns dos homens acusados, que tinham cumprido à risca o que o GPU desejava, foram "perdoados", e o obediente público aplaudiu o perdão, também com prazer. Enquanto isso, o GPU lidava com as pessoas presas ligadas diretamente ao caso. O número dessas pessoas permaneceu desconhecido, exceto para o próprio GPU, que deu cabo delas da maneira habitual.

Mesmo no caso dos "48" houve alguma aparência de formalidade — primeiro um anúncio da "conspiração", depois a publicação das "confissões", e por fim a sentença com uma lista completa de homens executados.

No "Caso Acadêmico", porém, o GPU foi incapaz de fazer valer um mínimo de formalidade que fosse. Prisões começaram a acontecer antes do anúncio do caso, e continuaram depois do anúncio; o caso se arrastou por dois anos, mas, exceto por uns poucos artigos de jornal difamatórios, nada foi publicado a respeito disso: nenhum material incriminatório, nenhuma "confissão" (embora alguns dos homens acusados fossem mundialmente famosos), nem mesmo a sentença. O próprio caso havia sido "liquidado": alguns dos acusados foram mortos secretamente, a maioria deportada para cumprir dez anos de trabalhos forçados, e alguns poucos felizardos foram

338

APÊNDICE: O "CASO ACADÊMICO"

exilados para províncias distantes. Resoluções relacionadas aos homens envolvidos no caso foram aprovadas em momentos diferentes, e em razão disso ocorreram inconsistências absurdas: os "criminosos" mais importantes, isto é, aqueles que foram escalados para desempenhar o papel de "líderes", acabaram recebendo as sentenças *mais leves*, enquanto outros — que até o GPU admitiu serem de importância secundária — foram condenados à morte ou a dez anos de trabalhos forçados.

Como é de conhecimento público, o caso se desenrolou da seguinte maneira: no outono de 1929, após a "eliminação" que teve lugar na Academia de Ciência — quando aconteceu a demissão de cerca de três quartos da equipe de trabalho e os jornais promoveram um ataque extremamente rude contra todos os que tinham ligação com a Academia —, começaram a ocorrer prisões de pessoas comuns que por acaso tiveram contato com S. F. Platonoff. Espalhou-se um boato de que o texto da renúncia de Nicolau II foi encontrado no Departamento de Manuscritos da Academia de Ciência. É difícil imaginar qual significado prático esse documento poderia ter, mas o GPU se valeu dele para enxergar uma "conspiração monarquista". Quase todos os funcionários do Departamento de Manuscritos foram presos e tiveram suas salas lacradas, e o GPU deu início a uma busca. É claro que nada de realmente incriminador foi encontrado lá, mas a culpa recaiu sobre Platonoff, como diretor da biblioteca, e sobre S. V. Rojdestvenski, seu assistente.

Ao mesmo tempo a imprensa atacava o acadêmico S. F. Oldenburg, ao passo que a prisão de seu secretário, B. N. Mollas, indicava que havia uma grande possibilidade de que ele se tornasse a figura central do caso recém-planejado. A. E. Fersman, também da Academia, estava em uma posição igualmente perigosa. Muitos que mais tarde foram deportados por ligação com esse caso haviam sido acusados principalmente de ser próximos de A. E. Fersman ou de entrar em contato com ele em reuniões. Oldenburg e Fersman acabaram caindo em desgraça e permaneceram nessa condição durante um longo tempo, porém não foram presos.

O "Caso Acadêmico" foi uma proeza do GPU de Leningrado, e no início as prisões aconteceram apenas em Leningrado, principalmente na biblioteca da Academia de Ciência, na Casa de Pushkin, onde todos os trabalhadores foram presos aos poucos, e em vários departamentos subordinados à Academia, principalmente no Departamento de Yakut, onde Vittenberg e muitos de seus funcionários foram presos. O público considerou essas prisões como o derradeiro golpe contra a Academia de Ciência, como uma decisão do governo de Stalin de esmagar a última célula de pensamento independente nessa instituição.

Esperava-se que o "caso" fosse julgado em Leningrado na primavera de 1930. Mas a primavera passou e o "caso" foi postergado até o outono. O número de homens presos crescia sem parar, e outras instituições — não apenas de caráter acadêmico, mas de caráter educacional geral — estavam sendo afetadas. O GPU evidentemente tinha objetivos mais amplos e visava apontar sua artilharia contra os intelectuais de Leningrado como um todo. A Sociedade Técnica da Rússia, o Bureau de Pesquisa Regional, a Sociedade de Professores de Ciência Natural, o Círculo Religioso-Filosófico, trabalhadores avulsos do Museu Hermitage, editores, homens de letras, tradutores vinculados à "literatura mundial" — todas as pessoas e organizações envolvidas em algum trabalho educacional — estavam sendo incluídos na "monumental organização contrarrevolucionária", cujas "ramificações" eram tão variadas que não somente Platonoff mas a própria Academia de Ciência haviam sido relegados a segundo plano.

No início de agosto de 1930, todos ficaram literalmente estarrecidos diante de uma nova onda de prisões — *dessa vez em Moscou*. O GPU de Moscou estava "secretamente elaborando o caso" dos historiadores de Moscou, prendendo os acadêmicos M. K. Lubovski, D. N. Egoroff, os professores U. V. Gotie, S. V. Bakhroujihn e muitos outros. Como D. N. Egoroff havia estado praticamente à frente da antiga Biblioteca Pública de Roumiantzeff (atual Biblioteca Pública de Lenin), também foram presos muitos funcionários dessa biblioteca, bem como várias ex-alunas de Egoroff na Universidade para Mulheres. Enquanto isso, em Leningrado, o acadêmico E. V. Tarle, que gozava de grande popularidade e era considerado uma autoridade nos círculos governamentais, também havia sido preso.

Desse modo, o "caso" tinha se ampliado para além dos limites de Leningrado, e havia rumores de que seria transferido para Moscou. Mas, na ocasião, o GPU de Moscou estava evidentemente ocupado demais preparando outros julgamentos, então cedeu os "historiadores de Moscou" ao GPU de Leningrado e lhes enviou os homens importantes. Todos os "peixes pequenos" foram deportados indiscriminadamente.

O último grande grupo de pessoas foi preso em novembro de 1930, isto é, mais de um ano após o início do caso. O julgamento havia sido adiado para dezembro ou janeiro de 1931, *mas na verdade jamais aconteceu.*

APÊNDICE: O "CASO ACADÊMICO"

O crescimento do "Caso Acadêmico" havia sido, por assim dizer, tão "natural" que poderia ter prosseguido indefinidamente e afetado também muitos cidadãos estrangeiros. Esse crescimento é o resultado inevitável dos métodos usados pelo GPU na condução de casos similares. Em linhas gerais, o método é este: em primeiro lugar, o GPU prende de dez a vinte pessoas que tenham alguma coisa em comum — por exemplo, que trabalhem na mesma área ou na mesma instituição, que sejam membros da mesma sociedade científica, que frequentem a mesma igreja, que sejam clientes do mesmo alfaiate ou barbeiro ou que simplesmente se conheçam. Em seguida, elas são rigorosamente isoladas umas das outras, e todas são acusadas de integrar uma organização contrarrevolucionária cujo objetivo o GPU espera que seja revelado por meio de confissão. No interrogatório, elas são submetidas à habitual rotina investigativa do GPU: ameaças de execução e promessas de indulgência em caso de confissão do crime. Provavelmente dois ou três desses vinte homens não suportariam e assinariam "confissões francas", que sob as instruções do interrogador incriminariam duas ou três outras pessoas. Quanto àqueles que continuam se recusando a confessar, a fim de pressioná-los — e também talvez obter mais informações incriminadoras sobre outras pessoas — o GPU prende alguns de seus parentes. E assim se inicia a segunda e maior série de prisões, que pode ser seguida por outras séries ainda maiores, já que não existe nenhum caso real e consequentemente nenhum limite que possa barrar essa escalada.

Em outubro de 1930, quando eu estava na prisão de Shpalernaya, homens presos em decorrência de ligação com o "Caso Acadêmico" podiam ser encontrados em todas as celas comuns e em muitas celas duplas e solitárias. Segundo nossa estimativa, que não pode ser considerada completa, havia 150 desses homens. Além desses, muitos estavam nas prisões de Kresti e de Nijegorodskaya. A lista de nomes desses prisioneiros era bastante impressionante. Além dos cinco acadêmicos S. F. Platonoff, M. K. Lubovski, N. P. Likhatcheff, E. V. Tarle e D. N. Egoroff, muitos professores estavam entre os prisioneiros. Como não sou historiador, eu me lembro por acaso apenas dos nomes daqueles homens com os quais tive a oportunidade de me encontrar, ou dos quais ouvi falar: professor U. V. Gotie, S. V. Rojdestvenski, S. V. Bakhroujhin, Zaozerski, V. A. Boutenko, Priselkoff, Borodin (historiador, professor da Universidade de Petersburgo), A. G. Woulfius, V. A. Baltz, o especialista em Extremo Oriente, Meervart, os professores G. A. Petri, N. P. Antiziferoff, muitos funcionários das instituições educacionais da Academia

341

NOS CAMPOS DE CONCENTRAÇÃO SOVIÉTICOS

de Ciência, entre eles o bibliotecário Pilkin, o secretário B. N. Mollas, o curador da Casa de Pushkin N. V. Izmailoff, Beliaeff, N. A. Pipin, G. Stern, Khordikainen, os editores Wolfson, Baranoff e outros. Pesquisadores — cerca de trinta homens — que haviam sido presos no início de janeiro de 1931 também estavam sendo acusados de ter ligação com o "Caso Acadêmico". Até a ocasião em que a sentença foi declarada, muitos não sabiam de que estavam sendo acusados.

Ninguém entendia o que o GPU pretendia fazer com um grupo de pessoas pertencentes a uma gama tão grande de especialidades, cujas opiniões pessoais eram tão diversas. Restava apenas observar com angústia os constantes acréscimos a esses números.

Perto do fim de 1930, quando o GPU de Moscou encenava de maneira brilhante o julgamento do "Grupo Industrial", para aqueles de nós que conheciam bem os métodos do GPU, tornou-se claro que o "Caso Acadêmico" havia fracassado e que não seria levado a julgamento. Em suas aparições públicas, até mesmo o GPU precisava manter um certo nível de coerência, e o "Caso Acadêmico" inventado pelo GPU de Leningrado não estava em pé de igualdade com o "Caso do Grupo Industrial" inventado pelo GPU de Moscou. Um dos casos poderia ser levado ao palco, mas não os dois. Como já comentei, a substância do "Caso Acadêmico" supostamente envolvia o governo da Alemanha. No caso do "Grupo Industrial", o GPU havia fabricado uma conspiração de caráter "democrático-republicano", ligando-a ao governo francês. Os papéis de alguns dos personagens envolvidos correspondiam nos dois casos, apesar de sua dessemelhança.

Em 1929, quando o GPU concebeu a ideia do "Caso Acadêmico", provocar a Alemanha pareceu oportuno. No outono de 1930, contudo, as conversações com a Alemanha se desenrolavam de modo amigável, e foi bem mais apropriado apontar as armas na direção da França. Além do mais, circulavam rumores de que o governo alemão havia protestado vigorosamente contra qualquer menção a nomes alemães vinculados ao "caso", e Moscou teve de desistir de seus planos.

E foi dessa maneira que o "Caso Acadêmico", tão amplamente anunciado no país e no exterior, envolvendo cientistas de renome mundial, teve de ser desmontado sem barulho — às escondidas. Libertar esses cientistas como inocentes acarretaria publicidade indesejável. Era, portanto, fundamental manter uma aparência da culpa deles. Assim, em fevereiro de 1931 os "atores" de menor destaque foram sentenciados a dez anos em um campo de

APÊNDICE: O "CASO ACADÊMICO"

concentração, com confisco de suas propriedades. Como essas pessoas eram pouco conhecidas, embora tivessem nome honrado, e como a sentença não foi tornada pública, os lamentos dos intelectuais russos não foram ouvidos por ninguém. A esposa de Engelhardt, irmã do escritor Garshin, entrou em desespero e cometeu suicídio, atirando-se do topo de uma escadaria. A esposa do professor Boutenko se enforcou. A esposa de um dos homens sentenciados foi surpreendida tentando levar ao marido a última porção de comida e também foi deportada. As duas filhas de S. F. Platonoff foram sentenciadas a dez anos em um campo de concentração, e só foram salvas dessa deportação graças à intervenção de alguém.

É difícil descrever a impressão que tudo isso produziu. Sabia-se muito bem que essas pessoas não tinham culpa de coisa alguma.

Em maio de 1931, o grupo seguinte, escolhido de modo arbitrário, recebeu sua sentença, ainda mais cruel: cinco homens foram executados e o restante seguiram deportados para campos de concentração.

Com medo e apreensão, todos esperavam pela sentença dos "líderes". Eles realmente teriam coragem de atirar nesses acadêmicos que, com sua inteligência e seu trabalho, tanto haviam contribuído para a criação da cultura russa, muitos dos quais com mais de 70 anos?

Repentinamente, no verão de 1931, a direção do vento mudou por um breve tempo. Os líderes do GPU que haviam conduzido o período de terror entre 1930-1931 foram rebaixados. Akouloff substituiu Yagoda; Stalin pronunciou algumas vagas palavras dando a entender que nem todos os especialistas eram inimigos. Uma espécie de comissão foi formada com autoridade para revisar os casos que tinham sido decididos com muita pressa e com muita crueldade. Houve rumores de que essa comissão recomendou que certa pessoa fosse perdoada, e que alguns dos interrogadores que empregaram força excessiva no caso dos "48" fossem executados. Esse período feliz teve duração curta, mas os "líderes" do "Caso Acadêmico" acabaram se beneficiando de seus efeitos e inesperadamente receberam sentenças "leves" de exílio para cidades distantes, mas não em campos de concentração. Ao mesmo tempo, a sentença de trabalhos forçados para as filhas de S. F. Platonoff foi comutada para exílio, e, como um privilégio especial, elas receberam permissão para se juntarem ao pai no exílio.

O caso se encerrou em agosto de 1931. A imprensa não mencionou uma única palavra sobre as sentenças. O governo da União Soviética e o próprio GPU evidentemente consideraram esse caso tão obscuro e vergonhoso que preferiram manter silêncio. Apesar disso, todas as vítimas continuaram nos campos e no exílio. Platonoff, Egoroff e Boutenko já haviam perecido, destroçados pelas provações que foram obrigados a suportar. Quantos tiveram esse mesmo fim, e quantos ainda terão — sem uma chance de liberdade, sem uma chance de morrer em casa — nós jamais saberemos.

Um dia se tornará possível apresentar esse caso baseando-o em documentos e no testemunho de pessoas que foram diretamente implicadas. Quando esse dia chegar, esse caso ocupará o lugar que lhe cabe: o de verdadeiro obituário da ciência russa, e sobretudo da ciência histórica. Será uma das páginas mais trágicas da história da destruição da intelectualidade russa.

NOTAS

1. A cidade foi batizada com três nomes ao longo da história. **De 1703** até **1914, a** cidade era chamada de São Petersburgo. Em 1914 o czar Nicolau II a rebatizou de Petrogrado, nome que permaneceu até 1924, quando os soviéticos a rebatizaram de Leningrado. Após a queda da União Soviética em 1991, a cidade voltou ao seu nome original, São Petersburgo. Os três nomes são utilizados no texto, para os diferentes períodos de tempo, se referindo à mesmo cidade.

2. *Pravda* significa "verdade" em Russo. O jornal *Pravda* é o órgão oficial do Partido Comunista.

3. O relato que faço agora desse segredo já não pode prejudicar ninguém em Murmansk. Em razão dos protestos que surgiram na imprensa europeia contra trabalhos forçados, o GPU interrompeu suas atividades nos distritos visitados por navios estrangeiros e transferiu seus prisioneiros de Murmansk para empreendimentos em outras partes do país.

4. Camponeses ricos ou relativamente prósperos que possuíam terras e foram despojados delas em decorrência das políticas soviéticas de coletivização do campo.

5. *Praça Lubianka*, localizada no coração de Moscou.

6. "Gepeísta": membro do GPU.

7. Ver Apêndice

8. O prêmio é o dinheiro pago aos prisioneiros por seu trabalho; para um trabalhador comum, esse valor nunca excede 3 rublos por mês. (N. do A.)

9. Em russo, "slon" significa elefante. (N. do A.)

10. Camponeses favoráveis aos *kulaks*.

11. Assim se inicia esse notável documento, e depois, por duas páginas, seguem-se as suas várias seções. (N. do A.)

CONHEÇA TAMBÉM

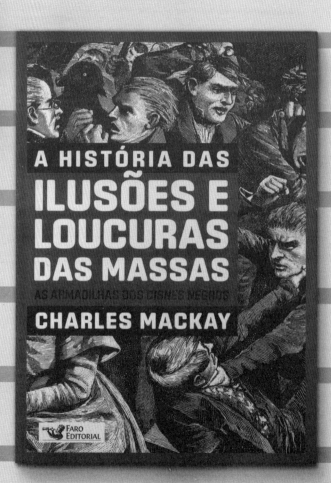

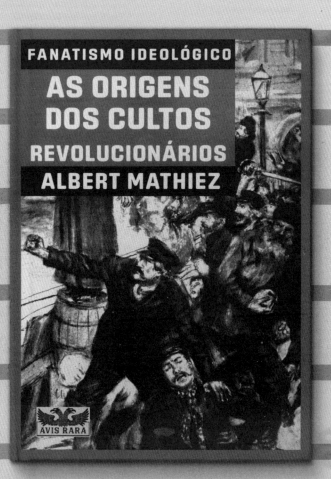

ASSINE NOSSA NEWSLETTER E RECEBA
INFORMAÇÕES DE TODOS OS LANÇAMENTOS

WWW.FAROEDITORIAL.COM.BR

CAMPANHA

Há um grande número de portadores do vírus HIV e de hepatite que não se trata.

Gratuito e sigiloso, fazer o teste de HIV e hepatite é mais rápido do que ler um livro.

Faça o teste. Não fique na dúvida!

ESTE LIVRO FOI IMPRESSO
EM ABRIL DE 2022